REDLINE WIRTSCHAFT

Klaus Schmeh

Der Kultfaktor

Vom Marketing zum Mythos:

42 Erfolgsstorys von Rolex bis Jägermeister

REDLINE WIRTSCHAFT

Klaus Schmeh
Der Kultfaktor
Vom Marketing zum Mythos: 42 Erfolgsstorys von Rolex bis Jägermeister
Frankfurt: Redline Wirtschaft, 2004
ISBN 3-636-01082-4

Unsere Web-Adresse:

http://www.redline-wirtschaft.de

Umschlag: INIT, Büro für Gestaltung, Bielefeld
Coverabbildung: Corbis Düsseldorf

Satz und Gestaltung: Beate Soltész
Druck: Himmer, Augsburg
Printed in Germany

Inhalt

Vorwort 7

Der Kult um den Kult 12

Teil 1: Kultgegenstände und Kultprodukte 19

1. Der andere Computer – Apple 19
2. Vier Räder unterm Regenschirm – Citroën 2 CV 24
3. Amerikanischer Traum auf zwei Rädern – Harley-Davidson 32
4. Einer für alle – Jägermeister 39
5. Das demokratischste aller Kleidungsstücke – Levi's 501 44
6. Just For Cult – Linux 49
7. Steht ein Manta vor der Uni – Opel Manta 54
8. Minimalismus auf Britisch – Mini 60
9. Im Osten viel Altes – DDR-Kultobjekte 65
10. Die Auster stirbt zuletzt – Rolex 70
11. Mobilität im Zeichen des Empire – Rolls-Royce 74
12. Die Kraft der zwei Kerzen – Trabant 80
13. Luftgekühlter Liebling – VW Käfer 85

Teil 2: Kultfilme und Kultserien 91

14. Der Spion, den wir lieben – James Bond 91
15. Everybody needs somebody – Blues Brothers 96
16. Eine wunderbare Freundschaft – Casablanca 101
17. Harry, hol schon mal den Wagen – Derrick 106
18. Same procedure as every year – Dinner for One 111
19. Das Salz der Erde – Ein echter Wiener geht nicht unter 119
20. Jeder nur ein Kreuz! – Das Leben des Brian 125
21. Don't dream it, be it – Rocky Horror Picture Show 131

22. Eine Art Lebensphilosophie – Star Trek 137
23. Möge die Macht mir dir sein – Star Wars 143
24. Das unergründliche Meisterwerk – 2001: Odyssee im Weltraum 149

Teil 3: Kultereignisse und Kultinstitutionen 155
25. Aldi dente – Aldi 155
26. Hoeneß, nein danke – FC Bayern München 161
27. O'zapft is' – Münchener Oktoberfest 166
28. Alles Walzer und viel Vergnügen – Wiener Opernball 170
29. Der Kiezkicker-Kult – FC Sankt Pauli 176
30. Schalke unser – Schalke 04 182

Teil 4: Kultbücher und Kultcomics 187
31. Die spinnen, die Römer – Asterix 187
32. Denkmal einer Generation – Der Fänger im Roggen 193
33. Maid in Switzerland – Heidi 198
34. Der Kult um Mittelerde – Der Herr der Ringe 202
35. Der Werther-Effekt – Die Leiden des jungen Werther 208
36. Größtenteils harmlos – Per Anhalter durch die Galaxis 212
37. Gekotzt wird später – Werner 218

Teil 5: Kultgruppierungen und Kultpersonen 227
38. Populärer als Jesus – Beatles 227
39. Der King – Elvis Presley 233
40. Die mythische Figur – Heino 239
41. Der Teufelsgeiger – Nicolo Paganini 246
42. Dark Lover – Rudolph Valentino 252

Epilog: Die Kultrangliste 257
Die Kriterien 257
Die Kultrangliste 260

Vorwort

„Müller! Müller! Müller!“, schon mehrere hundert Meter vom Kino entfernt waren die Rufe zu hören. Wohin man blickte, sah man junge Leute, mit Schreckschusspistolen bewaffnet und in der Hand eine Plastiktüte voller Papierschnitzel in Geldscheingröße. Die Menschenmassen strömten in Richtung eines Kinos, vor dem sich eine lange Schlange gebildet hatte. Die Kartenschalter blieben geschlossen, da die Vorstellung ohnehin seit Tagen ausverkauft war. Alles wartete darauf, dass die Tür zum Kinosaal geöffnet wurde, um anschließend einen guten Platz zu erwischen. Und dann immer wieder diese Sprechchöre: „Müller! Müller! Müller!“

Keine Frage, meine erste Begegnung mit dem Kultfilm „Müllers Büro“ im Herbst 1991 werde ich nie vergessen. Ein paar Tage vorher war ich für mein Informatik-Studium nach Karlsruhe gekommen. Bevor es mit dem Studieren richtig losging, wurden die Uni-Neulinge im Rahmen einer Einführungswoche in Gruppen eingeteilt, die von Studenten aus höheren Semestern geleitet wurden und die meist irgendwelche Spaßnamen trugen. Meine Gruppe hieß „Geld für zehn“ und war, wie ich erfuhr, nach einem Lied aus dem Film „Müllers Büro“ benannt. Von diesem hatte ich bis dahin noch nie etwas gehört.

Im Rahmen der Einführungswoche erfuhr ich dann einiges über das bevorstehende Studium und noch mehr über „Müllers Büro“. Ein echter Kultfilm sei das, versicherte man mir allenthalben. Er lief damals jeden Monat in der „Schauburg“, einem kleinen, altmodischen Kino in Karlsruhe, und die Vorstellungen waren grundsätzlich ausverkauft. Einige Kommilitonen hatten sich „Müllers Büro“ damals schon über 15 Mal angeschaut. Als Karlsruher Student kam man an dem Film kaum vorbei: Auf Partys lief der Müller-Soundtrack rauf und runter, im Smalltalk diskutierte man Müller-

Themen, und in der Studentenpresse las man darüber. In der Einführungswoche für Neulinge kamen gleich mehrere Leiter auf die Idee, ihre Gruppe „Müllers Büro" zu nennen. Da es jedoch nur eine Gruppe dieses Namens geben konnte, wichen einige auf die Titel der Lieder aus dem Film aus. So kam auch die Bezeichnung für die Gruppe „Geld für zehn" zustande, der ich angehörte.

Auch über die Handlung von „Müllers Büro" war ich schnell informiert. Der Film ist eine in Österreich entstandene Kriminalkomödie, in deren Mittelpunkt der Detektiv Max Müller steht. Müllers Detektivbüro steht kurz vor der Pleite, als plötzlich eine geheimnisvolle Blondine erscheint und damit eine turbulente Täterjagd in Gang bringt. Doch eigentlich war der Inhalt von „Müllers Büro" damals nur zweitrangig, denn die Hauptrolle spielte das Publikum. Echte Müller-Fans hatten zu nahezu jeder Filmszene irgendwelche Aktionen parat: Wenn auf der Leinwand von Geld die Rede war, dann flogen Papierschnipsel durch den Saal, und bei jeder Schießerei zückten einige der Kinobesucher ihre Schreckschusspistole und ballerten mit. Beim Lied „Männer sind wie Marzipan" flog Marzipan durch den Saal. Dazu kamen genau auf die Handlung abgestimmte Zwischenrufe und natürlich sang man jedes Lied inbrünstig mit.

Da die Schauburg „Müllers Büro" nur alle vier Wochen zeigte, konnte ich mir den Film erst etwa zehn Tage nach Studienbeginn erstmals anschauen. Alle wesentlichen Teile des Müllerkults waren mir aus Gesprächen mit Kommilitonen zu diesem Zeitpunkt bereits bekannt. Doch spätestens als ich auf dem Weg zum Kino die „Müller"-Rufe hörte, wurde mir klar, dass man „Müllers Büro" nicht beschreiben konnte, sondern erleben musste. So wurde die Vorstellung zum unvergesslichen Erlebnis, obwohl ich den Film an sich gar nicht so besonders fand. Doch die ausgelassene Stimmung und die Show, die das Publikum bot, hätten sicherlich noch aus dem Wort zum Sonntag einen respektablen Filmabend gemacht. Von nun an wusste ich, was ein Kultfilm ist.

Die Welt des Kults

„Müllers Büro“ ist nur ein Phänomen mit lokaler Bedeutung geblieben und spielt daher in diesem Buch keine weitere Rolle. Ohnehin war die Krimiparodie um den Detektiv Müller nur der Anfang meiner Beschäftigung mit Kultphänomenen. An der Universität waren es natürlich zunächst die Studentenkulte, mit denen ich in Berührung kam. Bereits in der Einführungswoche, die mir meine Begegnung mit „Müllers Büro“ bescherte, machte ich Bekanntschaft mit einem weiteren Phänomen, das vor allem in naturwissenschaftlichen Kreisen kultartige Verehrung genießt: die Buchreihe „Per Anhalter durch die Galaxis“ von Douglas Adams. Bei einem Blick auf die Namen der bereits erwähnten Einführungsgruppen hatte ich mich darüber gewundert, dass eine davon „42“ hieß. Bei meinen Kommilitonen stieß diese Bildungslücke auf ungläubiges Staunen, war doch bekannt, dass die Zahl 42 in „Per Anhalter durch die Galaxis“ für die Antwort auf die Frage nach dem Sinn des Lebens steht. Kaum hatte mir ein Kollege die Grundzüge der Anhalter-Geschichte erklärt, da sah ich mich auch schon in erste Diskussionen über die Intelligenz von Menschen und Delfinen verwickelt – Anhalter-Fans weisen in Anspielung auf die Bücher nämlich gerne darauf hin, dass Delfine im Gegensatz zu Menschen intelligent genug sind, keine Kriege zu führen.

Als weitere studentische Kultfilme lernte ich „Raumschiff Enterprise“ („Star Trek“) und „Krieg der Sterne“ („Star Wars“) kennen. Als mir ein Kommilitone erklärte, der Unterschied zwischen „Star Trek“ und „Star Wars“ entspräche etwa dem zwischen der Judäischen Volksfront und der Volksfront von Judäa, stieß ich auf einen weiteren Kultfilm. Die beiden verfeindeten Volksfronten stammen nämlich aus dem kultartig verehrten Streifen „Das Leben des Brian“ der britischen Komikertruppe Monty Python. Zugegebenermaßen war ich darüber zunächst leicht entsetzt, denn einen Monty-Python-Film hatte ich damals bereits gesehen und dabei grauenhaft schlecht gefunden. Aber wenn's eben Kult ist?

Die „Rocky Horror Picture Show“, der Citroën 2 CV, die James-Bond-Filme – es gab eine Menge an Kult, was mir in der Folgezeit so begegnete.

Ehrlich gesagt habe ich mich an keinem davon je aktiv beteiligt. Dafür interessierte ich mich immer mehr für das Phänomen an sich. Wenn ich jemanden traf, der sich einem Kult zugehörig fühlte, fragte ich ihn aus. Ich entwickelte mich langsam, aber sicher zum Kultexperten und versuchte zu ergründen, wie ein Kult entsteht und was ihn ausmacht. Literatur dazu habe ich bis heute kaum gefunden, und die Suche nach einem Kultrezept habe ich längst wieder aufgegeben. Dafür interessierte ich mich im Lauf der Zeit immer mehr für die wirtschaftliche Seite von Kultphänomenen und deren Vermarktung. Diese Themen bieten zahlreiche interessante Aspekte, da beispielsweise auffällig viele spätere Kultphänomene als Flops starteten. Oftmals entwickelte sich der Kult zudem in einer völlig unerwarteten Zielgruppe, zum Beispiel beim „Studentenauto“ 2CV, das ursprünglich für Bauern konzipiert war. Manche Kulte, wie etwa „Werner“, ließen wieder nach, andere scheinen das ewige Leben zu haben. Es gibt also kaum ein Thema, das so vielfältig ist wie Kult – höchste Zeit, dass ein Buch darüber auf den Markt kommt.

Bevor es losgeht

Zahlreiche Kultobjekte – man denke nur an den Trabi – sind alles andere als perfekt und werden oft gerade wegen ihrer Fehler geliebt. Trotzdem habe ich mich beim Schreiben dieses hoffentlich auch irgendwann Kultstatus erreichenden Buchs bemüht, Fehler zu vermeiden. Falls Sie doch irgendwelche finden sollten oder sonst irgendwelche Anregungen haben, schicken Sie mir bitte eine E-Mail unter klaus.schmeh@web.de. Ich appelliere dabei insbesondere an die Ehre aller Kultjünger, die ihr Kultobjekt bis ins kleinste Detail kennen und denen eigentlich kein noch so nebensächlicher Fehler entgehen dürfte. Wenn Sie mir Bescheid sagen, dann kann ich etwaige Mängel in einer späteren Ausgabe beheben. Mir ist außerdem klar, dass einige Leser enttäuscht sein werden, weil ich ausgerechnet ihr Lieblingskultobjekt nicht berücksichtigt habe. Auch in diesem Fall kann ich nur darum bitten, eine E-Mail zu schicken und darauf hinzuweisen. Vielleicht ist in der nächsten Ausgabe ja Platz dafür.

Bei vielen Kultobjekten gibt es eine Einzelperson, die man als geistigen Vater bezeichnen kann (eine geistige Mutter ist leider selten). In keinem Fall kam der Urheber eines Kults jedoch ohne die Unterstützung zahlreicher anderer Personen aus. Dies ist bei diesem Buch nicht anders. Daher möchte ich mich an dieser Stelle bei allen Unterstützern bedanken. Insbesondere gilt mein Dank: Eberhard Andriuolo (BMW), Birgitte Baardseth, Dr. David Bosshart, Bianka Busch, Ralf Fischer, Dr. Manfred Grieger (Volkswagen), Dr. Ulrike Gutzmann (Volkswagen), Christof Hawerkamp (FC St. Pauli), Karl-Ulrich Herrmann, Rudi Herzig (Harley-Davidson), Ernst Hinterberger, Peter Hipke (Internationales Trabantregister), Ferdinand Hlebayna (Museum Lichtspiele München), Silvie Horch, Florian Hoser (Essential Media/Apple), Klaus Jockel (Bochumer Blues Bande), Willi Mannheims, Immo Mikloweit (Citroën), Céline Monney (Rolex), Annette Montag, Regina Mörwald (Offizieller Star Wars Fan-Club), Marco Mütz (Deutsches Asterix Archiv), Thomas Rolf, Dr. Haio Röckle, Dr. Ralf Sander, Christoph Schlenker, Steffen Schmeh, Volker Schmeh, Reinhard Schwabenitzky, Hellen Tackenberg, Dr. Hubert Uebelacker, Boris Ulrich, Christian Weichmann (Deutsche Tolkien Gesellschaft) und Marco Wyss (Ferienregion Heidiland). Darüber hinaus bedanke ich mich bei Ursula Artmann vom Verlag Redline Wirtschaft für die Realisierung dieses Buchs.

Ansonsten wünsche ich Ihnen einen kultigen Spaß beim Lesen dieses Buchs.

Wellendingen, im Juli 2004
Klaus Schmeh

Der Kult um den Kult

„Das ist Kult." Diesen Ausdruck hat jeder von uns schon dutzendfach gehört. Kinofans begründen damit ihre Liebe zu einem bestimmten Film, Käfer-Fahrer erklären so ihre Beziehung zu ihrem Lieblingsauto und Oktoberfestbesucher sehen darin einen Vorwand für ein hemmungsloses Besäufnis. Anscheinend gibt es nichts, in dem nicht ein potenzielles Kultobjekt steckt: „Das Wort zum Sonntag" wurde genauso schon zum Kult erklärt wie die ARD-Sportschau, Siemens-Kalender, Gregor Gysi, deutscher Weißwein, Udo Lindenberg, die Fernsehserie „Dallas" oder König Ludwig II. von Bayern. Selbst allgemeine Dinge wie Jugendlichkeit oder der menschliche Körper werden zum Jugendlichkeitskult oder Körperkult hochstilisiert. Kult ist damit zumindest eines: ein inflationär verwendeter Begriff, mit dem etwas bezeichnet wird, was eine außergewöhnliche Verehrung genießt. Im Grunde ist der Kult damit sogar selbst eine Kulterscheinung: Um nichts wird so viel Kult getrieben wie um den Kult als solchen.

Da ein Kult bei seinen Anhängern erhebliche Kräfte freisetzt, ist das Thema auch und gerade für die Werbebranche interessant. Welcher Marketingspezialist träumt nicht von einer „Kultmarke", die in einer Form verehrt wird, die herkömmliche Maßstäbe nicht mehr gelten lässt. Ein Patentrezept zur Schaffung eines derartigen Kultobjekts hat jedoch bisher noch niemand entdeckt, oder wie es der Werbeexperte Marcel Loko (Agentur Zum Goldenen Hirschen) im *Zeit*-Interview ausdrückte: „Nur weil ich eine bestimmte Werbung mache, wird das Produkt noch nicht Kult. So doof sind die Leute nicht." So kann leider auch dieses Buch nicht mit einer Anleitung zur Erlangung eines Kultstatus dienen.

Das Buch hat also ein anderes Ziel. Es soll eine Art Kultführer sein, in dem die wichtigsten aller Kultobjekte mit den wirtschaftlichen und marketingrelevanten Hintergründen vorgestellt werden. Es soll vermitteln, welche Phänomene wirklich das Prädikat „Kult" verdienen, wer sich an einem Kult beteiligt und wie er zustande kam. Lehrreich ist ein solcher Streifzug allemal, denn Kult ist allgegenwärtig und das Wissen darüber ein wichtiger Bestandteil der modernen Allgemeinbildung nicht nur für wirtschaftlich interessierte Menschen. Oder wollen Sie etwa behaupten, dass über Beethovens neunte Sinfonie oder den quantisierten Hall-Effekt auch nur annähernd so viel geredet wird wie etwa über „Raumschiff Enterprise" oder James Bond? Darüber hinaus bietet dieses Buch natürlich auch eine Menge Lesespaß, nicht zuletzt weil Ihnen zweifellos bei den meisten Kapiteln sofort jemand aus Ihrem Bekanntenkreis einfallen wird, der gerade diesem Kult huldigt – sofern Sie es nicht selbst sind.

Nebenbei soll dieses Buch auch eine „Hall of Fame" des Kults darstellen. Die 42 im Folgenden vorgestellten Kultobjekte haben sich ihren Status gegen Tausende möglicher Konkurrenten erarbeitet und über Jahre oder gar Jahrzehnte hinweg behauptet. Diesen außergewöhnlichen Leistungen wird in Form dieses Buchs ein Denkmal gesetzt, wobei im letzten Kapitel noch eine Kultrangliste vorgestellt wird. Wenn Sie jetzt noch fragen, warum es gerade 42 Kultobjekte sind, die hier beschrieben werden, dann sollten Sie zum Kapitel über „Per Anhalter durch die Galaxis" vorblättern. Dort werden Sie erfahren, dass es keine kultigere Zahl gibt als 42.

Was ist überhaupt Kult?

Bei einer so inflationären Verwendung ist es fast unvermeidlich, dass es sich bei Kult um einen recht schwammigen Begriff handelt. Schauen wir für eine genauere Definition in den Duden: Ihm zufolge ist Kult eine „übertriebene Verehrung oder Pflege", wobei es sicher kein Zufall ist, dass sich die Erstbedeutung des Begriffs auf eine religiöse Handlung bezieht. Für die folgenden Betrachtungen soll der Begriff noch etwas genauer eingegrenzt werden: Im Sinne dieses Buchs ist ein Kultobjekt eine Sache, die von irgendwelchen Menschen in einer Form verehrt wird, die nach rationalen Gesichtspunkten nicht gerechtfertigt ist. Bei dieser Sache kann es sich um eine Person, ein Produkt, einen Film, eine Fernsehserie, eine Veranstaltung oder etwas völlig anderes handeln.

Doch nicht alles, was in besonderem Maße verehrt wird, ist deswegen gleich Kult. Für dieses Buch gelten daher vier Einschränkungen:

- **Die Verehrung muss aktiv sein**: Ein Film, den viele Menschen anschauen, oder ein Produkt, das sich gut verkauft, ist noch lange kein Kultobjekt. Zum Kult wird eine Sache erst dann, wenn die Verehrung aktiv betrieben wird. Dazu gehören beispielsweise Fanklubs oder Fanveranstaltungen, aber auch Kleidung und Rituale. Insbesondere nehmen viele Kultanhänger – man denke nur an die Fahrer des Citroën 2 CV – klare Nachteile in Kauf, was auch eine aktive Form der Verehrung bedeutet.
- **Die Verehrung muss ein Massenphänomen sein**: Sicherlich kann man auch seine Großmutter, den lokalen Kreisliga-Fußballverein oder seinen Hund aktiv verehren. Für einen wirklichen Kult reicht dies allerdings nicht. Ein Kult im Sinne dieses Buchs ist daher immer ein Massenphänomen, das zumindest landesweit eine große Verehrung genießt.
- **Die Verehrung muss dauerhaft sein**: Ein paar Jahre sollte die Verehrung einer Sache schon anhalten, damit man guten Gewissens von einem Kult sprechen kann. Manche Kultobjekte, wie etwa die Harley-Davidson, halten sich sogar über Generationen. Andere, beispielsweise die Comicfigur Werner oder Rudolph Valentino, können dagegen nur etwa ein Jahrzehnt kultartiger Verehrung für sich beanspruchen – aber auch das ist eine lange Zeit.
- **Die Verehrung darf keine Religion sein**: Natürlich werden auch Gott, Allah, Jesus und Buddha aktiv, massenhaft und dauerhaft verehrt. Religiöse Kulte werden in diesem Buch jedoch ausgeklammert.

Was macht ein Kultobjekt aus?

Eine der interessantesten Erkenntnisse dieses Buches lautet, dass Kult nahezu keine Regeln kennt. Es gibt zwar Eigenschaften, die alle in diesem Buch beschriebenen Kultobjekte gemeinsam haben, doch dabei handelt es sich um recht allgemeine Merkmale, die sich oft zwangsläufig aus der Definition ergeben. Dennoch tauchen bestimmte Merkmale immer wieder auf, wenn man sich mit Kultobjekten beschäftigt. So lässt sich beispielsweise jedes in diesem Buch vorgestellte Phänomen in mindestens einen der folgenden fünf Bereiche einordnen:

- **Schrilles**: Oft wird der Begriff Kult im Zusammenhang mit besonders schrillen und skurrilen Dingen verwendet. Nicht ganz zu Unrecht, wie beispielsweise die „Rocky Horror Picture Show“ oder der Film „Das Leben des Brian“ zeigen.
- **Unkonventionelles**: Ein Mini oder ein getunter Opel Manta fallen im Straßenverkehr sofort auf. Diese Andersartigkeit ist typisch für viele Kultobjekte, man denke nur an die Beatles und ihre Pilzköpfe oder an „Raumschiff Enterprise“.
- **Dauerhaftes**: Manche Kultobjekte existierten Jahrzehnte und wurden zu einer Art kulturellem Allgemeingut, bevor sie schließlich zum Kult wurden. Der VW Käfer, Derrick und Aldi sind Beispiele dafür.
- **Hochwertiges**: Rolls-Royce und Rolex sind zwei Kultmarken, die für Luxus stehen. James Bond und Apple-Computer gelten nicht nur als Kult, sondern überzeugen auch durch Technik vom Feinsten. In manchen Fällen entwickelt sich daher auch Hochwertiges zum Kult.
- **Mit einem Lebensstil Verbundenes**: Viele Kulte stehen für einen bestimmten Lebensstil, bei manchen ist dieser sogar schon eingebaut. Dies gilt beispielsweise für die Comicfigur Werner, der ohne sein Motorrad und seine Bierorgien nicht derselbe wäre. Auch Heidi steht für eine bestimmte Form des Daseins, nämlich für das Leben in einer intakten Bergwelt. Dass eine Sache zum Kult wird, weil sie mit einem Lebensstil ver-

bunden ist, heißt jedoch noch lange nicht, dass die Anhänger des Kults diesen Lebensstil auch selbst praktizieren. Von den Hunderttausenden, die jährlich ins Heidiland pilgern, hat sich beispielsweise noch keiner dort auf einer Alm niedergelassen.

Zusammenfassend lässt sich also sagen, dass ein Kultobjekt in irgendeiner Form etwas Besonderes sein muss. Dies ist freilich keine besonders hilfreiche Erkenntnis, da letztendlich fast alles etwas Besonderes ist oder sich zumindest dazu machen lässt. Ein Kult entwickelt daher stets eine Eigendynamik: Etwas Besonderes wird zum Kult und durch den Kult wird es dann erst recht etwas Besonderes. Warum einige Besonderheiten Kultstatus erlangen und andere nicht, ist der große Mythos, der dieses Thema umgibt.

Der Einfluss von Kultobjekten

Zu den zwangsläufigen Eigenschaften, die alle Kultobjekte gemeinsam haben, gehört, dass sie auch einen Einfluss auf Menschen ausüben, die nicht zu den Kultanhängern gehören. Dieser Einfluss kann sich in unterschiedlicher Form ausdrücken. Viele Kultobjekte haben ihre Spuren etwa in der Sprache hinterlassen: Sei es nun „Same procedure as every year" (Dinner for One), „geschüttelt, nicht gerührt" (James Bond), „Möge die Macht mir dir sein" (Krieg der Sterne) oder „Schau mir in die Augen, Kleines" (Casablanca), ohne Kult gäbe es ein paar geflügelte Worte weniger. Auch Kultgegenstände nehmen Einfluss auf das Alltagsleben über ihren eigentlichen Nutzen hinaus, beispielsweise in Form von Werbevehikeln (Trabant). Und wer kann sich heute beim Kleiderkauf noch dem Einfluss des Jeansstoffes entziehen, auch wenn er damit keine Verehrung verbindet?

Nahezu alle Kultobjekte haben zudem Literatur, Film und Fernsehen beeinflusst. Zu Kultfilmen, -romanen und -figuren gibt es daher meist unzählige Parodien, die teilweise selbst Kultstatus erlangt haben – etwa die Enterprise-Parodie „Schweine im Weltall". Auch Zitate und Anspielungen auf Kultobjekte sind weit verbreitet: So wird beispielsweise in „Asterix" – selbst ein Kultobjekt – unter anderem auf die Beatles und James Bond angespielt.

Manche Kultgegenstände erhalten sogar ihren eigenen Film, wie etwa „Manta, Manta“ oder „Go, Trabi, go“. Ein Kult wird also nicht nur verehrt, er ist auch ein Bestandteil der Zeitgeschichte. Stellen Sie sich beispielsweise einmal das vergangene Jahrhundert ohne Elvis Presley, den Trabant und das Münchener Oktoberfest vor – undenkbar.

Irrational und doch vernünftig

Es versteht sich fast von selbst, dass man einen Kult nie vollständig rational erklären kann. Im Gegenteil: Selbst die Anhänger eines Kults geben meist zu, dass sie – zumindest ein bisschen – verrückt sind. Deshalb verwundert es auch nicht, dass Kultobjekte oft nicht die Qualität bieten, die ein Konkurrent mühelos aufbringen kann. Ein Anhänger des Kultvereins FC St. Pauli muss beispielsweise leiden können, denn derzeit spielt sein Verein in der dritten Liga – dem Kult hat dies aber nicht geschadet. Auch der VW Käfer oder der Citroën 2 CV wurden erst so richtig zum Kult, als sie technisch längst veraltet waren. Kult ist eben stärker als rationale Argumente.

Diese Irrationalität hat nicht zuletzt zur Folge, dass Kulte oft polarisieren. Dies gilt natürlich insbesondere für Kultobjekte aus der Rubrik Schrilles: Monty Python, die „Blues Brothers“ oder die „Rocky Horror Picture Show“ kann man nun einmal nur lieben oder hassen. Auch die Beatles und Elvis Presley lösten neben Begeisterung auch Entsetzen aus, und die österreichische Kultserie „Ein echter Wiener geht nicht unter“ spaltete eine ganze Nation in zwei Lager.

Wie irrational ein Kult sein kann, zeigt sich, wenn man die ursprüngliche Zielgruppe eines Kultobjekts mit den späteren Verehrern vergleicht. In vielen Fällen haben diese wenig miteinander zu tun. So wurde der Citroën 2 CV sicherlich nicht für Wohlstandsverweigerer und Studenten konzipiert, die Jeanshose nie als Modeartikel, der Trabant nie als Spaßmobil und „Dinner for One“ nicht als Silvestersketch. Von Kultphänomenen wie Aldi, Heino oder Jägermeister einmal ganz zu schweigen.

So ist letztendlich auch offensichtlich, dass sich ein Kultobjekt nicht planen lässt. Nicht unmöglich, aber eben sehr schwierig ist es dagegen, einen Kult auszuweiten oder auf ein verwandtes Objekt zu übertragen. Neben vielen diesbezüglichen Flops gibt es Fälle, in denen ein solches Unterfangen gelang. So folgte etwa der MINI mit Erfolg dem kultigen Mini und der New Beetle dem VW Käfer. Aus „Raumschiff Enterprise" entwickelte sich sogar eine ganze Familie von Fernsehserien.

Zu den erfreulichsten Erkenntnissen dieses Buchs gehört zweifellos, dass alle großen Kulte der letzten Jahrzehnte trotz aller Irrationalität nie völlig ins Irrationale abgedriftet sind. So ist im Zusammenhang mit Kultobjekten glücklicherweise nur selten von Rowdytum, Gewalt oder sonstigen Schäden an Leben und Gesundheit die Rede. Auch hat kein aktueller Kult das Ausmaß einer Religion angenommen. Selbst die im Internezeitalter so populären Verschwörungstheorien – so wird beispielsweise behauptet, die Mondlandung habe nie stattgefunden – haben zum Glück nur wenige Spuren im Bereich der Kultobjekte hinterlassen. Natürlich gibt es Ausnahmen: So sind unter den Harley-Fahrern auch Mitglieder gewaltbereiter Rockerbanden, und ein österreichischer Gewerkschaftsfunktionär witterte eine Verschwörung, als er behauptete, die Fernsehserie „Ein echter Wiener geht nicht unter" sei von Industriellen mitfinanziert worden, um die Arbeiterklasse lächerlich zu machen. Trotz solcher unerfreulicher Auswüchse verhalten sich nahezu alle Kultanhänger und ihre Gegenspieler erstaunlich vernünftig.

Beachtenswert ist dies vor allem deshalb, weil es in der Geschichte durchaus andere Erfahrungen gibt: So wähnte man den Geigenvirtuosen Paganini mit dem Teufel im Bunde, der Werther-Roman Goethes verleitete Menschen zum Selbstmord, und auch der Kult um Rudolph Valentino soll zu Selbsttötungen geführt haben. Auch wenn die hier angestellten Betrachtungen nicht wissenschaftlich exakt sind, so bleibt doch die Hoffnung, dass die Menschheit im Lauf der Jahrhunderte dazugelernt hat.

Literatur

„Kult macht Spaß – Interview mit Marcel Loko", *Die Zeit* 42/2000

Teil 1 Kultgegenstände und Kultprodukte

1 Der andere Computer – Apple

Gründungsjahr:	1976
Marktanteil im PC-Bereich:	4 Prozent
Erster Verkaufspreis des MacIntosh:	2.500 Dollar
Jahresumsatz 2002:	5,7 Milliarden Dollar

„Computer besitzt man, zu einem Apple-Rechner bekennt man sich.“ Treffender als mit diesen dem T-Online-Internetportal entnommenen Worten kann man den Unterschied zwischen einem gewöhnlichen PC und einem Computer der Firma Apple nicht beschreiben. Der „Mac“ (ehemals „MacIntosh“), das wichtigste Produkt aus dem Hause Apple, ist weit mehr als nur ein elektrotechnischer Nutzgegenstand – er ist ein Kultobjekt mit eingebauter Weltanschauung. Der Mac gilt schlichtweg als „der andere Computer“.

Dabei gibt es einen entscheidenden Unterschied zwischen dem Mac und vielen anderen technischen Kultobjekten wie dem Citroën 2 CV und der Harley-Davidson: Beim Mac ist der Kult kein bisschen mit Nostalgie oder gar veralteter Technik verknüpft. Im Gegenteil: Die Firma Apple gilt bis heute als technisch führend und bietet fast schon traditionell Produkte an, die der Konkurrenz voraus sind. Der typische Mac-Fan fühlt sich daher nicht als spleeniger Nonkonformist oder gar Innovationsverweigerer, sondern als Teil einer Elite, die den besten aller Computer nutzt.

Natürlich ist dieser Technikkult nur deshalb so ausgeprägt, weil Apple-Anwender trotz der viel gepriesenen Qualitäten ihres Lieblingsrechners nur eine Minderheit darstellen und sich dadurch als verschworene Gemeinschaft fühlen. Gerade einmal 4 Prozent aller weltweit eingesetzten PCs tragen das bekannte Apple-Logo. Ausgesprochen kultförderlich ist zudem, dass es für Mac-Anhänger ein Feindbild namens Microsoft gibt. Der lange Jahre von Multimilliardär Bill Gates geleitete Software-Konzern hat sich mit seinen technisch nicht immer überzeugenden Windows-Betriebssystemen einen stolzen Marktanteil von über 90 Prozent auf dem PC-Markt erarbeitet, und das wurmt jeden Apple-Liebhaber gewaltig.

Um zu verstehen, warum technische Qualität und Markterfolg bei Apple im krassen Gegensatz zueinander stehen, ist ein Blick auf die Geschichte des Unternehmens notwendig. Alles begann im Jahr 1976, als die beiden Elektronikenthusiasten Steven Wozniak und Steven Jobs die Firma Apple Computers gründeten. Der Name „Apple" war die Idee von Jobs, der nach einer einfachen Bezeichnung gesucht hatte und außerdem davon ausging, dass jeder Mensch der Welt Äpfel mochte. Der Zweck des neu gegründeten Unternehmens war der Verkauf eines von Wozniak entwickelten Computers namens Apple I, der jedoch kein Erfolg wurde. Ganz im Gegensatz zum 1977 erschienenen Nachfolger Apple II, der vor allem durch seine für damalige Verhältnisse außergewöhnlichen Grafikfähigkeiten überzeugte. Mit dem Apple II als Verkaufsschlager im Rücken durchlebte Apple Ende der siebziger Jahre einen enormen Aufstieg und entwickelte sich zu einem florierenden Unternehmen mit mehreren Tausend Mitarbeitern.

Im Jahr 1984 brachte Apple mit dem MacIntosh sein späteres Kultprodukt auf den Markt. Damit sorgte das Unternehmen für eine Revolution, denn der für 2.500 Dollar angebotene MacIntosh bot als erster erschwinglicher Computer eine grafische Benutzeroberfläche. Dadurch musste der Anwender nicht mehr umständlich seine Befehle eintippen, sondern konnte in der heute bekannten Form bequem mit dem Mauszeiger und grafischen Symbolen arbeiten. Mit dem MacIntosh war Apple der Konkurrenz um Jahre voraus. Auch die damals aufstrebende Firma Microsoft hatte dem benutzerfreundlichen Apple-Produkt nichts entgegenzusetzen, auch wenn Bill Gates

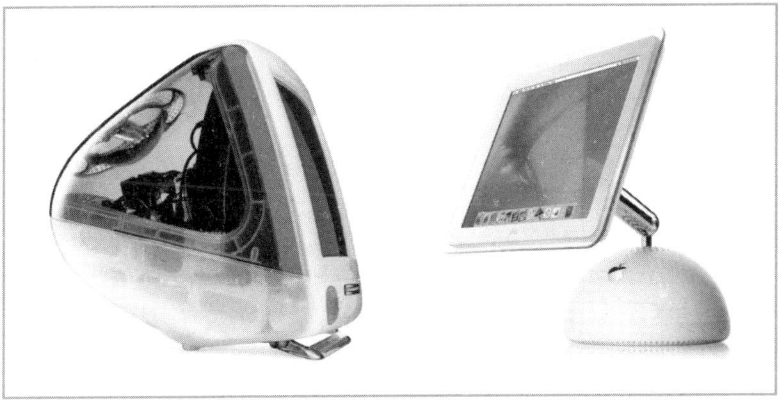

Apple-Anwender sind eine Minderheit, doch sie lieben ihren Computer. Das liegt nicht nur am außergewöhnlichen Design, sondern auch an der erstklassigen Technik.

nun schleunigst die baldige Marktreife des Konkurrenzprodukts Windows ankündigte. Microsoft brauchte jedoch noch bis 1986, um Windows in die Läden zu bringen, wobei dieses dem MacIntosh zunächst nicht annähernd das Wasser reichen konnte.

Unter diesen Voraussetzungen hätte Apple mit einem geschickten Management den PC-Markt nach Belieben dominieren können. Doch genau das versäumte das Unternehmen in den Folgejahren, und so wurde Microsoft trotz schlechterer Technik zum Maß aller Dinge in der Computerwelt. Blickt man auf die letzten zwei Jahrzehnte zurück, dann wurde die Geschichte von Apple vor allem durch glücklose Firmenchefs und verhängnisvolle Fehlentscheidungen geprägt. Die ungeschickte Unternehmensstrategie sorgte dafür, dass sich der Mac nie auf breiter Front durchsetzen konnte und sich so zu einer Nischenlösung entwickelte. Heute ist das einst so umjubelte Produkt nur noch im grafischen Bereich führend: Nahezu jede professionell gestaltete Zeitschrift der Welt wird auf Apple-Rechnern gesetzt, auch Werbeagenturen und Grafikdesigner arbeiten vorzugsweise mit dem Windows-Konkurrenten. Auf den Schreibtischen der Heimanwender und der meisten Unternehmen außerhalb des Grafikbereichs dominieren jedoch Windows-PCs, die neuerdings Konkurrenz durch das ebenfalls kultartig verehrte Betriebssystem Linux (siehe Kapitel 6) erhalten haben.

Dass der MacIntosh und sein Nachfolger namens „Mac“ nur noch bei grafischen Anwendungen die erste Geige spielen, heißt jedoch nicht, dass Apple in anderen Bereichen keine Rolle mehr spielt. Im Gegenteil: Eine Minderheit, die nie mehr als ein paar wenige Prozent der PC-Anwender ausmachte, hielt dem Mac die Treue und ließ sich von den Wirrungen des Computermarkts nicht irritieren. Ein Vergleich mit Asterix (siehe Kapitel 31) drängt sich dabei auf: So wie sich das kleine gallische Dorf des französischen Comichelden gegen die Übermacht der Römer auflehnt, stemmen sich die Mac-Fans bis heute gegen die Marktmacht von Microsoft. Ihr Zaubertrank, der ihnen übermenschliche Kräfte verleiht, ist die bessere Technik ihres Computers, der den Windows-PCs in puncto Benutzerfreundlichkeit und Betriebssicherheit nach wie vor voraus ist.

Natürlich sind Mac-Anwender stolz auf ihren Computer, schließlich haben sie sich bewusst für ihn entschieden. Dabei bringt ein solcher Entschluss für Klasse statt Masse auch unbestrittene Nachteile mit sich: So ist das Angebot an Zubehör, Software und Literatur bei Apple-Rechnern deutlich kleiner als im Windows-Bereich. Bei Problemen muss der Mac-Anwender meist feststellen, dass ihm die hilfsbereiten Computerexperten im Bekanntenkreis nicht helfen können, da sie sich nur mit Windows auskennen. Aller überlegenen Technik zum Trotz gilt also auch für Apple-Anwender, dass ein Kultjünger manchmal leiden muss.

Um das Leiden im Rahmen zu halten und um dem Kult zu frönen, haben sich Mac-Anwender in aller Welt zu Selbsthilfegruppen namens „MacIntosh User Groups“ zusammengeschlossen, von denen es inzwischen über 700 gibt. Neben gegenseitiger Unterstützung bei Mac-typischen Problemen spielen in den MacIntosh User Groups ausdrücklich auch regelmäßige Treffen und die Pflege von Freundschaften eine wichtige Rolle. Allein in Deutschland ist ein gutes Dutzend MacIntosh User Groups aktiv, in Österreich gibt es die Austrian MacIntosh Online Community (AMOC), und in der Schweiz bestehen mindestens drei derartige Gruppierungen.

Die Pflege der Fangemeinde spielt für die Firma Apple eine wichtige

Rolle. Nachdem sich das Unternehmen nicht gegen den großen Konkurrenten Microsoft durchsetzen konnte, hat man sich inzwischen mit dem Dasein als Anbieter eines Nischen- und Kultprodukts arrangiert und weiß, dass die Liebe der Mac-Fans zu ihrem Computer zu den größten Unternehmenswerten gehört. Die Unterstützung der MacIntosh User Groups hat bei Apple daher einen hohen Stellenwert. Als förderlich für die Treue der Anhänger erwies sich auch die Tatsache, dass der zwischenzeitlich geschasste Apple-Mitgründer Steven Jobs 1997 in das Unternehmen zurückkehrte. Jobs, der inzwischen wieder die Position des Vorstandsvorsitzenden übernommen hat, gilt zwar nicht unbedingt als genialer Manager, dafür aber als Visionär und bildet dadurch für die Mac-Gemeinde eine ideale Integrationsfigur und einen Gegenpol zum ungeliebten Bill Gates.

Ein weiterer geschickter Schachzug zur Förderung des Kults gelang Apple mit dem 1998 erschienenen iMac. Dabei handelte es sich um einen MacIntosh-Nachfolger, der vor allem durch das außergewöhnliche Design seines Gehäuses Furore machte. Ein Jahr später kam mit dem iBook ein Laptop in ähnlicher Optik auf den Markt. Beide Modelle erwiesen sich nicht zuletzt auf Grund ihres kultigen Aussehens als sehr erfolgreich und verschafften dem Unternehmen damit einige äußerst profitable Quartale. Die stolzen Mac-Anhänger konnten ihre Weltanschauung mit dem iMac nun noch auffälliger zur Schau stellen und stellten ihn sich daher mit besonderer Freude auf den Schreibtisch. Wie tief der Mac in den Herzen seiner Fans und in der gesamten Computerszene verwurzelt ist, belegt eine 2003 durchgeführte Befragung des Marktforschungsunternehmens TNS. Diese wies Apple als Deutschlands Kultmarke Nummer eins aus, noch vor dem Musiksender MTV und Harley-Davidson. Bei einer kurz zuvor durchgeführten ähnlichen Studie der Firma Interbrand kam Apple in der Rubrik „Marke des Jahres“ auf den zweiten Platz hinter der Internet-Suchmaschine Google.

Der Beliebtheit von Apple tat es auch keinen Abbruch, dass Steve Jobs kurz nach seiner Rückkehr im Jahr 1997 einen Deal einfädelte, der Mac-Anwendern wie ein Pakt mit dem Teufel vorkommen musste. Die Vereinbarung sah vor, dass ein Konkurrent für verschiedene technologische Gegenleistungen Apple-Aktien im Wert von 150 Millionen Dollar übernehmen würde und damit als Gesellschafter in das Unternehmen einstieg. Der Name des Konkurrenten: Microsoft.

Internet

Webseite von Apple: www.apple.com
Webseite zur Geschichte von Apple: www.apple-history.de
Webseite für Mac-Anfänger: www.macstarter.de

2 Vier Räder unterm Regenschirm – Citroën 2 CV

Jahr des Produktionsbeginns:	1939
Jahr des Produktionsendes:	1990
Gesamtstückzahl:	5 Millionen
Erster Verkaufspreis in Deutschland:	4.750 Mark

Der französische Autopionier André Citroën hat mit Fleiß und Tatkraft einem der kultigsten Autos den Weg bereitet. Der umtriebige Unternehmer gründete 1913 eine kleine Zahnradfabrik, die sich dank seines Geschicks in Technik- und Marketingfragen prächtig entwickelte. So ging das kleine Unternehmen zur Produktion von Automobilen über, die sich auf Grund innovativer Merkmale wie Hydraulikbremse und Vorderradantrieb gut verkauften. Doch leider erwies sich André Citroën im Umgang mit Geld als weit weniger geschickt und ließ sein Unternehmen dadurch in eine finanzielle Schieflage rutschen, während er selbst das Partyleben genoss. Da half auch das neue Citroën-Modell „Traction Avant" – ein für damalige Verhältnisse außergewöhnliches Auto – nicht, das Unternehmen vor der Pleite zu retten. Im Dezember 1934 war es so weit: Die Firma Citroën meldete Konkurs an und wurde vom Reifenhersteller Michelin übernommen.

Ein halbes Jahr später starb André Citroën. So konnte er nicht mehr miterleben, wie unter dem neuen Citroën-Chef Pierre Jules Boulanger ein neuer Autotyp entstand, der weit mehr als nur ein Verkaufserfolg werden sollte. Vielmehr handelte es sich um ein Fahrzeug, das sich im Laufe der Zeit zum kultigsten aller Kultautos und zum fahrenden Denkmal des Minimalismus entwickelte. Die Gesetze des Markts sollten von diesem Ausnahme-Fortbewegungsmittel außer Kraft gesetzt werden. Der Name des ungewöhnlichen Autos: Citroën 2 CV. In Deutschland besser bekannt als „Ente".

Die Ente ist nicht zuletzt deshalb ein typisches Kultobjekt, weil sie für die Zielgruppe, die sie später kultartig verehrte, nicht im Geringsten geplant war. Angeblich kam Boulanger die Idee zur Entwicklung des ungewöhnlichen Fahrzeugs, als er sich im Frankreich der dreißiger Jahre auf einem Markt in einer französischen Provinzstadt umsah. Dort entdeckte er kaum Autos. Offensichtlich waren derartige Fahrzeuge für den kleinen Mann auf der Straße einfach zu teuer und die Technik zu kompliziert. Nicht zuletzt hatte man die damals bereits existierenden Autos sicherlich nicht für so alltägliche Zwecke wie die Belieferung eines Markts oder die Arbeit auf dem Feld konzipiert. Befragungen, die Boulanger durchführen ließ, bestätigten diese Vermutungen.

> **Die Journalisten erklärten ihn zur „Badewanne des Jahrhunderts", das Publikum liebte ihn auf Anhieb.**
> **Das große Entenbuch**

Boulangers Produktidee ergab sich nun fast von selbst. Ein kostengünstiges, robustes, technisch simples und alltagstaugliches Auto musste her, „vier Räder unterm Regenschirm", wie er es nannte. Auf eine luxuriöse Ausstattung oder einen starken Motor konnte dieses Minimalauto genauso verzichten wie auf ein optisch ansprechendes Design. „Entwerfen Sie ein Auto, das Platz für zwei Bauern in Stiefeln und einen Zentner Kartoffeln oder ein Fässchen Wein bietet", gab Boulanger seinen Ingenieuren mit auf den Weg. Weitere Anforderungen waren ein geringer Verbrauch, eine einfache Bedienbarkeit und eine gute Verträglichkeit schlechter Straßen. Die Federung sollte so gut sein, dass ein Korb voller Eier die Fahrt auf holpriger Straße unbeschadet übersteht.

Boulanger gab die Entwicklung des Fahrzeugs für den kleinen Mann, das zunächst „Toute petite voiture“ (ganz kleines Auto) genannt wurde, 1935 in Auftrag. Zwei Jahre später konnten seine Mitarbeiter den ersten Prototyp präsentieren: Es handelte sich um ein vierrädriges Ungetüm mit Wellblechkarosserie, dessen Motor einem BMW-Motorrad entstammte. Die Form des ersten Toute petite voiture, für das die Ingenieure zunächst nur einen Scheinwerfer vorgesehen hatten, entsprach bereits größtenteils der späteren Ente. Jules Pierre Boulanger machte nun die Probe aufs Exempel: Er ging mit einem Korb voller Eier auf dem Rücksitz auf Testfahrt. Da die zerbrechliche Fracht diese Spritztour unbeschadet überstand, war er zufrieden.

Bereits 1939 lief die Serienproduktion des neuen Minimalautos an, doch durch den Beginn des Zweiten Weltkriegs kam sie schon nach 250 gebauten Exemplaren wieder zum Erliegen. Immerhin gab die Zwangspause in der Fertigung dem Entwicklerteam die Möglichkeit, weiter an der Konstruktion

Das Kultauto schlechthin: der Citroën 2 CV, in Deutschland auch unter dem Namen „Ente“ bekannt.

des Fahrzeugs zu feilen, um in besseren Zeiten mit einem verbesserten Modell an den Markt zu gehen. So erhielt das Toute petite voiture neben einem zweiten Scheinwerfer auch Türgriffe spendiert, und der Fahrer musste dank eines Anlassers zum Starten nun nicht mehr kurbeln.

Nach Kriegsende kamen tatsächlich wieder bessere Zeiten, und so rückte eine erneute Serienproduktion des Toute petite voiture in Reichweite. Bei der Namensgebung verhielten sich die Citroën-Leute genauso minimalistisch wie beim Fahrzeugdesign: „2 CV" sollte das Fahrzeug heißen, eine Abkürzung von „deux chevaux" (zwei Pferdestärken). Damit war allerdings nicht die Leistung des Motors gemeint – diese betrug im ersten Serienmodell 9 PS –, sondern eine französische Steuerklasse. Die hierzulande bekanntere Bezeichnung „Ente" trug der 2 CV nie offiziell, in seiner Heimat Frankreich wurde das Auto auch nie so genannt.

Im Oktober 1948 präsentierte Boulanger sein Minimalistenmobil auf dem Pariser Autosalon, wo es bereits einiges Aufsehen erregte. Technik und Aussehen des 2 CV wirkten schon damals antiquiert und ließen daher so manchen Autofan nur milde lächeln. Andere erkannten jedoch das enorme Potenzial der Neuentwicklung, die durch ihre Alltagstauglichkeit und ihren günstigen Preis vor allem für die französische Landbevölkerung interessant sein würde. Doch egal, ob positiv oder negativ – die Schlagzeilen des Pariser Autosalons von 1948 gehörten dem 2 CV.

Schnell zeigte sich, dass die Ente allem Spott zum Trotz tatsächlich auf reges Interesse stieß. Als 1949 die Serienproduktion begann, konnte Citroën die Nachfrage nicht annähernd befriedigen – was allerdings auch daran lag, dass pro Tag gerade einmal vier Fahrzeuge vom Band rollten. Die Wartezeit für einen 2 CV betrug Anfang der fünfziger Jahre bis zu fünf Jahre, weshalb man bei Citroën Regeln für die Bevorzugung bestimmter Käufergruppen erließ. Wer einen 2 CV erwerben wollte, musste per Formular seinen Bedarf begründen, wobei sich Ärzte, Landwirte, Handelsvertreter und Handwerker die größte Hoffnung auf eine schnelle Lieferung machen durften.

Die Produktionszahlen stiegen im Lauf der fünfziger Jahre schnell an, und so liefen 1954 bereits über 70.000 Exemplare vom Band. Boulangers Plan, mit der Ente ein Auto für einfache Leute zu schaffen, ging voll auf. Familienväter nahmen das erschwingliche Fahrzeug dankend an, Bauern verrichteten damit ihre Feldarbeit und Kleinunternehmer transportierten ihre Werkzeuge und Waren darin. Mit der ab 1951 produzierten Kastenente („Fourgonette") kam zudem eine Variante mit vergrößertem Laderaum auf den Markt, die ebenfalls sehr beliebt wurde. Selbst in den entlegensten Winkeln Frankreichs sah man nun Enten herumkurven.

Obwohl der 2 CV als reines Zweckfahrzeug entwickelt wurde und diese Bestimmung in Frankreich auch erfüllte, zeigten sich schon wenige Jahre nach Markteinführung erste Kulterscheinungen. Als Ursprungsland des Entenkults gelten die Niederlande, wo in der Küstenstadt Zandvoort 1954 das erste Ententreffen stattfand. In den Niederlanden gründete sich 1956 auch der erste bekannte 2-CV-Klub „Het lelijke Eendje", der gleichzeitig auch die erste 2-CV-Zeitschrift sowie allerlei andere Informationen rund um das französische Nationalfahrzeug herausgab. Die ersten 2-CV-Enthusiasten in den Niederlanden waren es auch, die den Namen „Ente" prägten. Die Beliebtheit des 2 CV in den Niederlanden geht nicht zuletzt auf eine Begebenheit im strengen Winter 1962/63 zurück, als das Ijsselmeer zugefroren war und die dort beheimateten Schwäne zu verhungern drohten. Wegen ihres geringen Gewichts konnten einige 2 CVs die Eisfläche befahren und so Futter zu den beliebten Vögeln bringen. Seitdem erzählt man sich in den Niederlanden, das „hässliche Entlein" 2 CV habe die Schwäne gerettet.

Eine starke Eigendynamik entwickelte der beginnende Entenkult nicht zuletzt durch zahlreiche Extremtouren, die abenteuerlustige 2-CV-Fahrer unternahmen. Schon 1953 durchquerten zwei Franzosen in einer Ente den amerikanischen Doppelkontinent von Norden nach Süden und lieferten damit einen durchschlagenden Beweis für die Robustheit und Vielseitigkeit ihres Fahrzeugs. Die Werbeabteilung von Citroën reagierte geschickt auf den beginnenden Kult. 1957 rief sie den mit 10.000 Francs dotierten Preis „Tour du Monde" ins Leben, der alljährlich für eine besonders spektakuläre Enten-Fernreise vergeben wurde. Den Preis gewann in den Folgejahren unter anderem ein deutsch-amerikanisches Ehepaar, das mit seiner Ente fast 100.000 Kilometer durch Amerika tourte. Zwei französische Studenten umrundeten im 2 CV sogar die Welt.

Ab 1958 wurde die Ente auch in Deutschland verkauft. „Diese Fahrmaschine hat in Deutschland keinen Markt“, schrieb die *ADAC-Motorwelt* angesichts der Markteinführung des minimalistischen Gefährts, „und wird auch gar nicht ernsthaft angeboten, denn so viel mattgraue Hässlichkeit verkauft sich für etwa 4.750 Mark schlecht, wenn überhaupt.“ Doch der ADAC übersah offenbar die Vermarktungsstrategie von Citroën, die erst gar nicht darauf ausgerichtet war, die Ente in Deutschland als Auto für den kleinen Mann zu vermarkten. Vielmehr sollte der Kauf eines 2 CV eine bewusste Entscheidung für ein unkonventionelles Fortbewegungsmittel und französische Gemütlichkeit sein. Zweifellos eine gute Idee, zumal prominente Entenfahrer wie Jacques Brel, Brigitte Bardot oder Jean-Paul Belmondo für kostenlose Werbung sorgten. Dennoch wechselten in Deutschland bis Ende der sechziger Jahre nur wenige 2-CV-Modelle den Besitzer, auch wenn Citroën den Preis auf 3.650 Mark senkte.

Auch wenn in Deutschland zunächst nicht besonders viele Enten verkauft wurden, so gab es doch einige wenige Verehrer, die ihre Ente als Bekenntnis zum Minimalismus verstanden. Zum wirklichen Kultobjekt wurde die Ente hierzulande jedoch erst Ende der sechziger Jahre, als die weltweiten Verkaufszahlen des 2 CV ihren Höhepunkt (dieser lag im Jahr 1966 bei 225.000 Stück) bereits überschritten hatten. Es war – Zufall oder nicht – etwa zeitgleich mit den 1968 einsetzenden Studentenunruhen, dass sich die Ente zu einem Auto entwickelte, für das alle gewohnten Maßstäbe nicht mehr galten. So wurde der minimalistische und bereits damals technisch veraltete 2 CV zum Auto der Konsumverweigerer und Philosophen, zu einer Art Antistatussymbol der Intellektuellen.

In den siebziger Jahren erreichte die Ente in Deutschland einen Kultstatus, den kein anderes Auto je für sich verbuchen konnte. Mehrere Dutzend Entenklubs wurden gegründet, große Ententreffen veranstaltet. Das Fahren einer Ente kam einer Lebensanschauung gleich. Abiturienten wünschten sich einen 2 CV als erstes eigenes Auto, Studenten knatterten damit zur Vorlesung, Demonstranten transportierten ihre Transparente im Entenkofferraum nach Gorleben und Wackersdorf. Der 2 CV galt als Blech gewordenes Understatement.

In Frankreich blieb der „Deux Chevaux“ zwar in erster Linie ein Nutzobjekt. Dennoch entwickelten auch die Franzosen eine innige Liebe zu ihrem wichtigsten Auto. So blieb der 2 CV bis Mitte der achtziger Jahre das meistverkaufte Modell von Citroën, obwohl es längst deutlich bessere Autos zu kaufen gab. Auch in Deutschland konnte zunächst nichts den Entenkult erschüttern. Zunehmend entdeckten auch Besserverdienende die Ente als Spaßauto, was natürlich auch daran lag, dass viele typische Entenfahrer irgendwann Karriere machten und dabei ihr geliebtes Auto als letztes Relikt ihrer Vergangenheit – wenn auch nur als Zweitwagen fürs Wochenende – behielten.

Zu einem wichtigen Bestandteil des Entenkults wurden die zahllosen Umbauten, die Entenfans in oftmals Tausenden von Arbeitsstunden vornahmen. Den 2 CV als Pickup-Truck gibt es genauso wie überlange Enten und Enten mit Mercedes-Kühler. Einige wohlhabendere Entenfans machten sich einen Spaß daraus, ihr Fahrzeug mit einem starken Motor auszurüsten, um damit genüsslich Nobelkarossen auf der Autobahn zu überholen. Selbst als Dreirad und als Schwimmente mit Außenbordmotor wurde der 2 CV gesichtet.

Um dem Fortschritt im Automobilbau wenigstens ansatzweise Rechnung zu tragen, brachte Citroën 1967 mit der „Dyane“ einen Entennachfolger auf den Markt, ohne dabei die Produktion des klassischen CV einzustellen. Neben ein paar technischen Neuerungen hatten die Citroën-Ingenieure der Dyane eine modernere und zudem aerodynamische Form verpasst. Doch das Vorhaben, die Dyane als Nachfolgerin der Ente zu etablieren, misslang. Die meisten 2-CV-Fahrer konnten sich mit dem Aussehen des Fahrzeugs nicht anfreunden, und so wurde die Produktion der Dyane 1981 nach 1,1 Millionen hergestellten Exemplaren wieder eingestellt. Bei Citroën lernte man aus dieser Erfahrung und unterließ es von da an tunlichst, am Konzept der Ente etwas zu ändern.

Der Entenkult riss auch in den achtziger Jahren nicht ab. Erst 1988 sank die Zahl der 2-CV-Neuzulassungen in Deutschland auf unter 10.000, wobei der rege Handel mit Gebraucht-Enten natürlich nicht erfasst ist. 1988 schließlich stellte Citroën die Produktion in Frankreich ein, und am 27. Juli

1990 lief dann im portugiesischen Mangualde die letzte aller Enten vom Band. Das Auto, das „die Zweckmäßigkeit zum Prinzip erhoben hatte und den Verzicht zur Methode“ (*Oldtimer Markt*), war nach über 5 Millionen produzierten Exemplaren nur noch als Gebrauchtwagen zu erstehen. Mittlerweile gibt es in Deutschland jedoch einige kleine Anbieter, die aus gebrauchten 2 CVs mit Hilfe von Ersatzteilen und neuer Lackierung nahezu neuwertige Enten bauen, die für etwa 7000 Euro zu haben sind.

Doch der Entenkult war mit dem Ende der Produktion noch längst nicht tot. Noch im 1999 erschienenen Entenbuch von Immo Mikloweit sind etwa 70 deutsche 2-CV-Klubs verzeichnet, nicht zu reden von zahlreichen Enten-Webseiten. So gilt auch weiterhin die auf der Webseite von Winfried Eberhardt aufgeführte Entenweisheit, die kein Philosoph hätte besser formulieren können: „Erst wenn die letzte Klappscheibe auf einen menschlichen Ellenbogen gefallen, das letzte Wasser durch die Lüftungsklappe gedrungen und das letzte Chassis abgesackt ist, wird man wahrscheinlich feststellen, dass alle anderen Autos einfach nur Autos sind.“

Literatur

Jürgen Lewandowski, Nikolaus Reichert: *2 CV. Das große Entenbuch*. Motorbuch Verlag Stuttgart, Stuttgart 1984

Immo Mikloweit: *Citroën 2 CV. Die Ente gestern – heute – morgen*. Schrader Verlag, Stuttgart 1999

Martin Breuninger: *Alles über den Citroën 2 CV*. Motorbuch Verlag Stuttgart, Stuttgart 1989

Fabien Sabatès: *Die Ente*. Lechner-Verlag, Genf 1990

James Taylor: *Der Citroën 2 CV*. Heel-Verlag, Königswinter 1992

Internet

Enten-Webseite von Winfried Eberhardt (mit den im Kapitel erwähnten Zitaten aus der *ADAC-Motorwelt* und dem *Oldtimer Markt*): www.winni-the-pooh.de/auto/ente.htm

Entenseite von Frieder Hamp: www.hamp.de

3 Amerikanischer Traum auf zwei Rädern – Harley-Davidson

Entstehungsjahr:	1903
Marktanteil in den USA:	50 Prozent
Umsatz im Jahr 2002:	4,1 Milliarden Dollar
Stückzahl im Jahr 2003:	260.000

„Den Radfahrern die Arbeit abnehmen“, so lautete 1903 das bescheidene Ziel von William Harley und den drei Brüdern Arthur, Walter und William Davidson. Zu diesem Zweck bauten die vier Tüftler aus Milwaukee im US-Bundesstaat Wisconsin ein Gefährt, das man aus heutiger Sicht mit etwas gutem Willen als Motorrad bezeichnen kann, auch wenn es eher den Charakter eines Fahrrads mit Hilfsmotor hatte. Bergauf kam der 3-PS-Antrieb schnell außer Puste, weshalb der Fahrer an steilen Stellen in die Pedale treten musste.

Da man damals in Sachen Motorisierung noch nicht ganz so anspruchsvoll war wie heute, konnten Harley und die Davidsons in den ersten zwei Jahren immerhin neun ihrer in einer Bretterbude gefertigten Fahrzeuge verkaufen. Erst 1907 erfolgte die Eintragung der „Harley-Davidson Motor Company“, die in ihrem offiziellen Gründungsjahr immerhin schon 150 Exemplare absetzte. 1909 baute das Unternehmen erstmals einen Motor mit den bis heute charakteristischen zwei Zylindern, die V-förmig auseinander stehen, in ihre Motorräder ein. 1910 wurde in Form des bis heute verwendeten Logos eine weitere Facette des späteren Kults eingeführt.

Von Kult konnte in diesen Anfangsjahren zwar noch nicht die Rede sein, erfolgreich war Harley-Davidson jedoch allemal. Nach einem starken Wachstum konnte das Unternehmen 1920 den größten Konkurrenten Indian überholen und wurde zum Motorrad-Weltmarktführer. Das Unternehmen engagierte sich zu dieser Zeit auch stark im Motorsport und legte mit Erfolgen in diesem Bereich einen wichtigen Grundstein für die Legendenbildung. Die Konkurrenz auf zwei Rädern hatte Harley-Davidson zwar nun im Griff, dafür wuchs in Form des Autos ein neuer Wettbewerber heran. Die Harley-Davidson-Manager erkannten schon früh, dass sie neben dem Nutzwert ihrer Fahrzeuge verstärkt auch den Fahrspaß betonen mussten, um im Wettbewerb mit dem vierrädrigen Konkurrenten bestehen zu können. Diese Überlegung spielte sicherlich mit eine Rolle, als in den Dreißigern Tank und Kotflügel die heute bekannte Form annahmen und so die klassische Harley-Davidson entstand.

Nach Ende des Zweiten Weltkriegs begann endgültig das Zeitalter des Autos und die Harley-Davidson war als Nutzobjekt immer weniger gefragt. Zudem drängten nun auch europäische und später japanische Motorradhersteller mit Erfolg auf den US-Markt. Zwar entwickelte sich die Harley-Davidson schon in den fünfziger Jahren zu einem verehrten Statussymbol, auf dem sich beispielsweise auch Elvis Presley ablichten ließ, doch der wirtschaftliche Erfolg hielt sich in Grenzen. Immerhin blieb dem Unternehmen das Schicksal des ehemals größten Konkurrenten Indian erspart, der 1953 die Segel streichen musste.

> **Wer eine Harley kauft, erwirbt einen Lebensstil – das Motorrad gibt es gratis dazu.**
>
> **Willie G. Davidson, Enkel einer der Harley-Davidson-Gründer**

In den Nachkriegsjahren entstanden auch erste Motorradgangs, die bis heute von vielen mit Harley-Davidson assoziiert werden. Für einen ersten Höhepunkt in diesem nicht immer erfreulichen Nebenstrang der Harley-Geschichte sorgte 1947 eine Gruppe von Rowdys, die die Kleinstadt Hollister in Kalifornien terrorisierte. In Anlehnung an diesen Vorfall entstand 1953 der Film „Der Wilde“ mit Marlon Brando, in dem zwar ausgerechnet der Hauptdarsteller auf einem Motorrad der Marke Triumph auftrat, in dem jedoch auch viele Harley-Davidsons über die Leinwand kurvten. Ab den sechziger Jahren waren es dann vor allem die berüchtigten Hell's Angels, die mit ihren dicken Harleys Schrecken verbreiteten. Bis heute ist das Rebellenimage ein wichtiger Teil des Harley-Davidson-Kults, auch wenn nur ein geringer Teil der Harley-Fahrer einer Motorradgang angehört. Für das Unternehmen bedeutet dies einen schwierigen, aber bei Kultobjekten nicht

Die Harley-Davidson (hier das Modell FLHRCI Road King Classic) ist das Kultmotorrad schlechthin. Das Phänomen Harley-Davidson ist nur vor dem Hintergrund seiner hundertjährigen Geschichte mit vielen Höhen und Tiefen zu verstehen.

ungewöhnlichen Balanceakt: Zum einen muss man sich natürlich von gewalttätigen Aktivitäten distanzieren, zum anderen ginge jedoch mit einer Zähmung der Rebellen ein Teil der Legende verloren.

In den Sechzigern rutschte Harley-Davidson weiter in die Krise und musste sich 1969 schließlich dem Mischkonzern American Machine and Foundry (AMF) anschließen, wodurch es seine Unabhängigkeit verlor. Der Schritt in den Großkonzern erwies sich für das Unternehmen als wenig erfolgreich, ganz im Gegensatz zu einem anderen Ereignis aus dem Jahr 1969. Zu dieser Zeit kam nämlich der Film „Easy Rider" des Regieneulings Dennis Hopper in die Kinos, in dem Peter Fonda und Jack Nicholson auf ihren Harleys quer durch die USA fahren. Der aus diesem Film stammende Song „Born to be wild" wurde zu einer Art Hymne der Harley-Fahrer. Spätestens mit dem Überraschungserfolg „Easy Rider" wurde Harley-Davidson zum Kult. Zu einer interessanten Zielgruppe wurden in dieser Zeit Vietnamveteranen, die sich bei der Verarbeitung ihres Kriegstraumas vom Rebellenimage der Harley-Davidson angezogen fühlten. Einige der neuen Harley-

Anhänger machten sich daran, ihre Maschinen von überflüssigem Zubehör zu befreien, und so wurde der Begriff „Chopper“ (von „to chop“, englisch für abschlagen) geboren.

Doch trotz oder gerade wegen der zunehmenden Verehrung als Kultobjekt erwies sich AMF nicht als die richtige Heimat für Harley-Davidson. 1981 kauften 13 Harley-Manager unter der Führung des damaligen Chefs Vaughn Beals das Unternehmen im Rahmen eines Management-Buy-outs, wofür sie gerade einmal 80 Millionen Dollar ausgeben mussten. „The eagle soars alone" (der Adler steigt alleine empor), stellten die inzwischen zahlreichen Harley-Fans erleichtert fest. Zwei Jahre später fällten die neuen Besitzer einen richtungsweisenden Entschluss, der später in Stuart Crainers Buch über die 75 besten Management-Entscheidungen aller Zeiten aufgenommen wurde. Sie gründeten mit der Harley Owners Group (HOG) eine Organisation für Harley-Besitzer und gaben dem Kult damit ein Zuhause. Heute hat die HOG über 660.000 Mitglieder, wer eine Harley-Davidson kauft, erwirbt die Mitgliedschaft automatisch für ein Jahr.

1986 ging Harley-Davidson zum zweiten Mal in der Unternehmensgeschichte an die Börse und hatte Erfolg damit. Bis heute hat sich der Kurs der Harley-Aktie mehr als verhundertfacht. 1989 kam mit dem „Fat Boy“ eines der bekanntesten Harley-Modelle überhaupt auf den Markt und verstärkte den Aufwärtstrend. Nachdem Harley-Davidson bereits mehrfach Fertigungsmethoden aus Japan übernommen hatte, waren es inzwischen die Japaner, welche die amerikanischen Kultmotorräder kopierten: Honda, Suzuki und Yamaha brachten Modelle auf den Markt, die einer Harley nachempfunden waren.

Die schwierigste Aufgabe für das Management besteht heute sicherlich darin, weiterhin für das von der Börse geforderte Wachstum zu sorgen, ohne dabei den Kult zu gefährden. Möglich ist dies nur durch eine Stärkung des Exports, denn bisher werden immer noch 85 Prozent aller Harleys in den USA gekauft, wobei der Marktanteil dort bei fast 50 Prozent liegt. Zwar haben die Motorräder mit dem langen Lenker fast überall auf der Welt Kultstatus, doch außerhalb der USA gibt es sicherlich noch ein Steigerungspotenzial.

Welche Faszination der Mythos Harley-Davidson auslöst, zeigen beispielsweise die jeweils jährlich stattfindenden Motorradwochen in Daytona Beach (Florida) und Sturgis (South Dakota). Beide Veranstaltungen locken stets mehrere Hunderttausend Motorradfahrer an, wobei Harley-Davidson-Besitzer in der Überzahl sind. Seit 1998 veranstaltet das Unternehmen mit der European Bike Week am Faaker See in Österreich ein europäisches Gegenstück, das inzwischen 60.000 Besucher anlockt. Da in diesem Fall Harley-Davidson als Veranstalter auftritt, stammen nur 10 Prozent der teilnehmenden Maschinen von einem anderen Hersteller.

Sieht man einmal von einem deutlichen Männerübergewicht ab, dann gibt es Harley-Anhänger in nahezu allen Bevölkerungsschichten. Marktanalysen haben ergeben, dass so mancher Motorradfan mit geringem Einkommen lange auf seine Harley spart, der Großteil der Anhänger jedoch in der Mittelschicht zu finden ist. Doch selbst bei den Besserverdienenden der Welt hat der Harley-Kult längst um sich gegriffen, und so gönnt sich so mancher gestresste Manager am Wochenende zur Entspannung seine Harley-Tour. Neben der HOG sorgen viele private Harley-Klubs für eine Pflege des Kults.

Kein Wunder, dass sich auch zahlreiche Prominente als Harley-Fahrer geoutet haben. Zu den bekanntesten gehören in Deutschland Peter Maffay, Wolfgang Fierek, Guildo Horn, Prinz Ernst August von Hannover und der hessische Finanzminister Karlheinz Weimar. In den USA fahren die Mitglieder von ZZ Top, Bruce Springsteen, Cher, Peter Fonda, John Bongiovi und Jay Leno eine Harley durch die Lande. Arnold Schwarzenegger fuhr im Film „Terminator II" auf einer Fat Boy, Brigitte Bardot besang die Harley Davidson bereits 1967.

Heute verkörpert Harley-Davidson ein wirtschaftlich nahezu perfektes Kultphänomen. Die Motorräder aus Milwaukee sind nicht nur weltweit bekannt, sondern auch kommerziell erfolgreich, in nahezu allen Bevölkerungsschichten beliebt und ein Abklingen des Erfolgs (wie etwa beim Citroën 2 CV) ist nicht zu erwarten. Viele Harley-Besitzer verbinden mit der Marke Attribute wie Unbeugsamkeit oder Durchhaltevermögen in schwierigen Situationen. Dies ist sicherlich darauf zurückzuführen, dass das Unternehmen als einziges aus der Pionierzeit bis heute überlebt und sich aus so mancher kritischen Situation befreit hat.

Dass Kult oft nicht rational begründbar ist, bestätigt sich auch bei Harley-Davidson. So behauptet beispielsweise niemand, dass eine Harley objektiv gesehen das beste aller Motorräder ist. Auch wenn neuere Modelle als zuverlässig gelten, muss man bei älteren Maschinen durchaus mit Qualitätsproblemen rechnen. „Kleinere Pannen sind eingebaut", kommentierte dies Bertelsmann-Manager und Harley-Fan Thomas M. Stein im *Handelsblatt*. Auch der Preis – für eine Harley-Davidson muss man zwischen 8.000 und 22.000 Euro auf den Tisch blättern – spricht nicht für die Kultmaschinen, zumal der Unterhalt der hubraumstarken Zweiräder nicht gerade billig ist. Da versteht es sich fast von selbst, dass die meisten Harley-Davidson-Modelle auch nicht zu den schnellsten Motorrädern zählen.

Dafür stimmen eben die nicht messbaren Werte. Gerade die fehlende technische Perfektion sorgt dafür, dass Harley-Enthusiasten ihr Gefährt gerne als „gutmütig" bezeichnen. „Und sie schnurren auch nicht perfekt wie ein Uhrwerk die Straße lang wie deutsche BMW", meint Thomas M. Stein im erwähnten Artikel dazu. Natürlich lässt kein echter Harley-Fan sein Lieblingsspielzeug unverändert, und so sind die meisten Exemplare, die über die Straßen kreuzen, „customized", also mit allerlei technischen und optischen Spielereien aufgepeppt. Harley-Fahrer in den USA haben dabei den Vorteil, dass ihnen die Gesetze mehr Spielraum beim Basteln am Motor lassen, während in Deutschland so manche heftig knatternde Maschine illegal durch die Lande fährt. „Die attraktiven Bikes sind nostalgisch und haben den amerikanischen Traum auf zwei Räder gepackt: Freiheit, Individualismus, Abenteuer", schrieb das Schweizer Wirtschaftsmagazin *Cash*.

Kein Wunder, dass das Unternehmen Harley-Davidson heute glänzend dasteht. 4,1 Milliarden Dollar betrug der Jahresumsatz 2002, wovon ein Fünftel durch Accessoires von der Lederkombination bis zur Satteltasche erwirtschaftet wurde. Der Großteil wurde jedoch mit dem Verkauf von 260.000 Stück der heißen Öfen verdient. Selbst in der Wirtschaftskrise der letzten Jahre hatte Harley-Davidson keine Probleme – offenbar gönnten sich viele gerade in schweren Zeiten ein Stück Freiheit in Form eines Kultmotorrads. Da kann es sich das Management auch leisten – vermutlich gehört es sogar zur Methode –, weniger zu produzieren, als der Markt nachfragt. So müssen Harley-Fans auf manche Modelle bis zu einem Jahr warten. Aus diesem Grund hat sich längst ein schwunghafter Handel mit Gebraucht-Harleys entwickelt, wobei ein Exemplar aus zweiter Hand oft teurer ist als ein neues.

Mit dem 100. Jahrestag der Unternehmensgründung erreichte der Harley-Davidson-Kult im Jahr 2003 einen weiteren Höhepunkt. Dafür sorgte das Harley-Management, das unter dem Namen „Open Road Tour" eine Art einjährige Dauergeburtstagsfeier organisierte, die beginnend in Atlanta in sechs Stationen rund um die Welt tourte. Nach Kanada, Mexiko, Australien und Japan kam Europa an die Reihe, wo die Harley-Fete im Juli 2003 in Hamburg Station machte. Den Abschluss bildete im August ein großes Finale mit Sternfahrt in der Harley-Heimat Milwaukee.

Dass man in der Firmenzentrale neben Traditionsbewusstsein auch Humor hat, beweisen nicht zuletzt diverse Werbeanzeigen, die den Harley-Davidson-Mythos von der humoristischen Seite angehen. Eine davon erschien 1987 und sollte den immer wieder auftauchenden Berichten über Qualitätsmängel begegnen. Das Anzeigenmotiv zeigte ein gutes Dutzend reichlich verwegen aussehender Harley-Fahrer mit der Bildunterschrift: „Würden Sie diesen Jungs ein unzuverlässiges Motorrad verkaufen? Wir jedenfalls nicht."

Literatur

Sinja Schütte: „Rocker in Nadelstreifen", *Capital* 13/2003

Thomas M. Stein: „Freier geht's nicht", *Handelsblatt* vom 7.2.2003

Cornelia Heins: „Der Traum vieler Männer in den Vierzigern", *Cash* vom 25.4.2003

Stuart Crainer: *Die 75 besten Management-Entscheidungen aller Zeiten.* Wirtschaftsverlag Carl Ueberreuter, Frankfurt 2000

Internet

Webseite von Harley-Davidson: www.harley-davidson.de

4 Einer für alle – Jägermeister

Entstehungsjahr:	1935
Anzahl der Werbesprüche:	3.500
Umsatz im Jahr 2002:	222 Millionen Euro
Marktanteil unter den Kräuterlikören:	25 Prozent

„Muss was dran sein", lautete einer der zahlreichen Werbesprüche für den Kräuterlikör Jägermeister. Es muss offensichtlich tatsächlich etwas dran sein, denn das Wolfenbütteler Getränk hat in den 70 Jahren seines Bestehens eine interessante Geschichte erlebt: erst Jägerlikör, dann Allerweltsgetränk und schließlich Kultprodukt in Deutschland und den USA. Die einen trinken Jägermeister, weil sie „bei ihrem Italien-Urlaub abgebrannt über den Brenner gekommen sind" (Werbespruch), die anderen, weil „das Leben so schön sein kann" (Werbespruch), und wiederum andere einfach nur deshalb, weil „es immer einen guten Grund gibt" (Werbespruch). Kein Zweifel, Jägermeister ist „einer für alle" (Werbespruch).

Nach Firmenangaben gibt es über 3.500 Jägermeister-Werbesprüche. Die meisten davon entstanden in der Zeit, als der umtriebige Vollblutunternehmer Günter Mast die Wolfenbütteler Firma leitete und den Jägermeister von einem Nischenprodukt zu einer der meistgetrunkenen Spirituosen Deutschlands machte. Mast, der Neffe des Firmengründers, ließ Jägermeister-Anzeigen mit „Ich trinke Jägermeister, weil ..."-Motiven geradezu im Akkord schalten und dachte sich viele der Slogans selbst aus. Seinen Lieblingsspruch verriet er im Jahr 2000 dem *Stern*: „Ich trinke Jägermeister, weil ich zwar nicht den Numerus Clausus geschafft habe, wohl aber die Nummer mit Klaus." Die Anzeige erschien im *Playboy*, das dazu abgebildete Motiv zeigte eine attraktive Dame.

So viel Frivolität hätte sich der einstige Firmenchef Curt Mast, Onkel von Günter Mast, wohl nicht einmal im Traum vorstellen können. Curt Mast brachte den Jägermeister 1935 auf den Markt und dachte dabei in erster Linie an Jäger als Zielgruppe. Bei der Namensgebung des Kräuterlikörs spielten wohl auch die Nationalsozialisten, die zu dieser Zeit in Deutschland herrschten, eine gewisse Rolle, auch wenn die genauen Umstände heute im Dunkeln liegen. Vom Unternehmen selbst ist zu dieser Frage nicht viel zu erfahren. Fest steht allerdings, dass Wolfenbüttel damals eine Nazihochburg war und dass Curt Mast keinerlei Berührungsängste gegenüber Hitlers Parteigenossen hatte. Auch der Begriff „Jägermeister" entstammt dem Nazi-Wortschatz: Im Dritten Reich wurden die Jäger in Deutschland unter dem Innenminister und „Reichsjägermeister" Hermann Göring gleichgeschaltet, wobei es auch Kreis- und Gaujägermeister gab. Es lässt sich zwar nicht beweisen, dass Mast seinen Kräuterlikör zu Ehren von Göring „Jägermeister" taufte, doch dürfte Hitlers Minister über die Namenswahl zumindest nicht erbost gewesen sein. Noch ein Jahr vor der Markteinführung hatte Mast die Bezeichnung „Hubertusbitter" bevorzugt.

Die 20-Jährigen denken an Partys, wenn sie „Jägermeister" hören. Die 80-Jährigen in Wolfenbüttel hingegen denken an Hermann Göring. Es ist ein erstaunlicher Wandel, den die Marke über die Jahre durchgemacht hat.

Tagesspiegel

Doch Hubertus hin, Meister her, der Jägermeister wurde noch vor dem Krieg ein Erfolg, und auch in den Wirtschaftswunderjahren wurde der Likör aus dem Hause Mast gerne getrunken. Die Zielgruppe bestand damals allerdings noch zu einem großen Teil aus Jägern, was die Absatzmengen natürlich in Grenzen hielt. Als Curt Masts Neffe Günter Mast in den sechziger Jahren das Unternehmen übernahm, machte sich dieser daran, die Zielgruppe zu vergrößern und dadurch den Absatz zu steigern. Das Vorhaben gelang, nicht zuletzt weil Mast in der Vermarktung seines Getränks neue Wege ging. So erfand Mast beispielsweise die Werbung auf Fußballtrikots, indem er den Jägermeister-Hirsch auf die Hemden der Spieler des damaligen Fußball-Bundesligisten Eintracht Braunschweig drucken ließ. Aus einem anschließenden Streit mit dem Deutschen Fußball-Bund ging Mast als Sieger hervor und ebnete so den Weg für weitere Trikotsponsoren. Heute spielt kein höherklassiger Fußballverein mehr „oben ohne". Auch die Bandenwerbung im Stadion führte Günter Mast ein. Den wichtigsten Bestandteil in Masts Werbestrategie bildeten jedoch die besagten „Ich trinke Jägermeister, weil ...“-Motive, die zwischen 1973 und 1998 entstanden und heute noch einen hohen Bekanntheitsgrad haben. Masts Werbemaßnahmen verfehlten ihre Wirkung nicht und machten den Jägermeister zu einer der meistgetrunkenen Spirituosen Deutschlands, auch wenn der Wolfenbütteler Kräuterlikör zunächst nicht über den Status eines Allerweltsgetränks hinauskam.

In die Ära Günter Mast fiel auch der Aufstieg des Jägermeisters zum Kultobjekt. Es handelte sich dabei um eine allmähliche Entwicklung, die erstaunlicherweise in den USA ihren Anfang nahm. Den Markteinstieg im Land der unbegrenzten Möglichkeiten hatte die Firma Mast bereits in den siebziger Jahren in Angriff genommen, ohne dafür jedoch die scheinbar unverzichtbaren Werbemillionen zu investieren. Den Anfang machte die Verköstigung einiger Wirte in einer Bar in New Orleans, bei der einige der Gastronomen Interesse an dem Trunk mit 56 Kräutern zeigten und ihn fortan ihren Gästen anboten. Als geheimnisvolle Kräutermixtur schaffte sich der Jägermeister schnell eine kleine, strategisch so nicht geplante Fangemein-

Mit frechen Werbesprüchen machte der Unternehmer Günter Mast aus Jägermeister ein Kultgetränk. Ursprünglich war die Spirituose als Likör für Jäger geplant gewesen.

de, die vor allem aus jungen, konsumfreudigen Leuten bestand. Mast reagierte auf das unverhoffte Interesse an seinem Likör und verstärkte daher das Marketing in den USA. Er schickte waidmännisch gekleidete junge Frauen als „Jägerettes" in das amerikanische Nachtleben, die Jägermeister-Proben unter das Volk brachten. Diese vergleichsweise günstigen Marketingaktivitäten entwickelten eine erstaunlich große Wirkung, und so nahm die Popularität des Jägermeisters in den USA weiter zu, wobei die Amerikaner insbesondere Gefallen daran fanden, den deutschen Kräuterlikör aus Reagenzgläsern zu trinken. So spielte Jägermeister spätestens mit der Jahrtausendwende in der ersten amerikanischen Kultliga mit. Etwa ein Drittel der jährlich produzierten 30 Millionen Liter Jägermeister wird heute in die USA exportiert, obwohl der Kräuterlikör dort bisher nur über die Gastronomie – und nicht etwa über den Einzelhandel – erhältlich ist.

Zehn kleine Jägermeister rauchten einen Joint, den einen hat es umgehaun, da waren's nur noch neun.

Aus dem Lied „Zehn kleine Jägermeister" von den Toten Hosen

Während Jägermeister in den USA so langsam, aber sicher zum Kultobjekt aufstieg, blieb der Kräuterlikör in Deutschland vorläufig noch ein wenig kultiges Massenprodukt. Vor allem Jugendliche empfanden den Spießerschnaps aus Wolfenbüttel als wenig hip und sorgten dadurch für einen allmählichen Rückgang der Verkaufszahlen. Ende der neunziger Jahre machte es sich der neue Mast-Vorstandsvorsitzende Hasso Kaempfe zur Aufgabe, dies zu ändern. Dabei leistete ihm die Punkband „Die Toten Hosen" Schützenhilfe, die mit ihrem Song „Zehn kleine Jägermeister" 1996 in die Hitparaden kam. Kaempfe nutzte die Unterstützung, schickte nun auch in Deutschland Jägerettes auf die Pirsch und führte die in den USA erfolgreichen Tap-Machines auf dem Jägermeister-Heimatmarkt ein.

Kaempfes Konzept ging auf. Seit einigen Jahren hat Jägermeister auch in Deutschland Kultstatus und liegt vor allem bei Jugendlichen stark im Trend. Hardcorefans gingen sogar dazu über, Jägermeister-Devotionalien zu sammeln, was man bei Mast durch zahlreiche Produkte vom Aschenbecher bis zu den Badelatschen fördert. In der Wolfenbütteler Rathauspassage gibt es sogar einen Jägermeister-Fanshop. Der Preis für ältere Jägermeister-Reliquien, die beispielsweise bei Internetversteigerungen in großen Mengen angeboten werden, ist in den letzten Jahren deutlich gestiegen.

Der Run auf den ehemaligen Jägerlikör wirkt sich bei Mast natürlich auch in der Unternehmensbilanz aus. 222 Millionen Euro Umsatz bei einem stolzen Gewinn von 31 Millionen Euro konnte Hasso Kaempfe für das Jahr 2002 vermelden, der Marktanteil von Jägermeister im Segment der Kräuterliköre liegt inzwischen bei über 25 Prozent. Das größte Problem des Unternehmens liegt nun zweifellos im Marketing, denn es gilt, die jugendlichen Käuferschichten zu halten, ohne die traditionelle Kundschaft zu verprellen. Zweifellos ein schwieriges Unterfangen, das man bei Mast derzeit durch die beiden Hirschtrophäen Rudi und Ralph zu lösen versucht, die in den Werbeauftritten des Unternehmens zum Einsatz kommen. Besonders kultig kommen die beiden tierischen Protagonisten zwar nicht daher, doch vielleicht ist das auch gut so, denn ein zu aggressives Marketing kann einen Kult bekanntlich gefährden. Vermutlich deshalb vermeidet Mast-Vorstand Kaempfe bei öffentlichen Auftritten das Wort „Kult" so oft es geht.

125 Jahre nach der 1878 erfolgten Firmengründung ist die Zeit der „Ich trinke Jägermeister, weil"-Sprüche im Hause Mast zwar wieder vorbei. Seinen Platz in der Werbegeschichte hat Jägermeister jedoch sicher. Gerne erinnert man sich auch an einen Slogan aus dem Jahr 1967: „Ein Jägermeister macht so viel Appetit, dass Sie nach dem Essen unbedingt einen Jägermeister brauchen."

Literatur

Claudia Keller: „Der Geist aus der Flasche", *Tagesspiegel* vom 23.8.2003
Thomas Röbke: „Ein Hirsch für New York", *Die Zeit* 27/2003
Ulrike von Bülow: „Was macht eigentlich Günter Mast", *Stern* 27/2000

Internet

Webseite von Jägermeister: www.jaegermeister.de

5 Das demokratischste aller Kleidungsstücke – Levi's 501

Entstehungsjahr:	1872
Entstehungsjahr des Markennamens:	1892
Gesamtstückzahl:	2,5 Milliarden
Jahresumsatz 2002:	4,1 Milliarden Dollar

USA 1873. Während in Kalifornien der Goldrausch tobt, legt der deutsche Einwanderer Levi Strauss den Grundstein zu seinem späteren Reichtum, ohne auch nur eine Schaufel in die Hand zu nehmen. Strauss ist nämlich nicht zur Goldsuche in den Südwesten der USA gekommen, sondern als Händler, der den herbeigeeilten Glücksrittern Kleidung und Waren des täglichen Bedarfs verkauft. Zu seinem größten Erfolg entwickelt sich dabei eine mit Nieten verstärkte Hose aus blauem Segeltuch, die nicht nur von Goldgräbern gerne getragen wird, sondern sich unter der Bezeichnung „Jeans" zu einem der bedeutendsten Kleidungsstücke überhaupt entwickelt. Der Markenname, den Strauss für seine Jeanshosen einführte, gehört heute zu den bekanntesten der Welt: „Levi's 501".

Interessanterweise hat die Levi's 501 eine Sache mit Rolex (siehe Kapitel 10) gemein: Beide Kultobjekte wurden von Exil-Franken aus der Taufe gehoben. Während Hans Wilsdorf, der Erfinder der Rolex-Uhr, aus Oberfranken stammte, kam Levi Strauss 1829 in Buttenheim bei Bamberg zur Welt. Getauft wurde der Sohn eines jüdischen Kurzwaren-Hausierers auf den Namen Löb Strauss. Nach dem Tod seines Vaters wanderte er 1847 in die USA aus, wo er seinen Vornamen in „Levi" änderte und die ersten sechs Jahre in New York verbrachte. Anschließend ging er nach San Francisco, um dort als Händler die zahlreichen Goldgräber mit Arbeitskleidung und anderen Gebrauchsartikeln zu versorgen. Strauss hatte dabei Erfolg und bestätigte somit die alte Börsenweisheit, dass von einer Goldgräberstimmung die Schaufelverkäufer oft mehr profitieren als die Goldsucher.

Als eigentlicher Erfinder der Jeanshose gilt jedoch nicht Strauss, sondern der Schneider Jacob Davis. Dieser kam 1872 auf die Idee, die damals bereits existierenden Arbeitshosen aus Denimstoff (benannt nach der französischen Stadt Nîmes) durch Nieten zu verstärken und sie damit stabiler zu machen – angesichts der hohen Beanspruchung bei der Arbeit in den Goldminen eine sinnvolle Sache. Da Davis jedoch kein Geld hatte, seine Idee patentieren zu lassen, überließ er diesen Schritt seinem Geschäftspartner Levi Strauss. Die Jeanshose war geboren.

Noch hieß das neuartige Kleidungsstück jedoch „Denim-Overall" und war nicht mehr als ein Stück robuste Arbeitskleidung, die sich als praktisch erwies und schnell zum Verkaufserfolg wurde. Durch ein für die damalige Zeit fortschrittliches Marketing mit Katalogen und Anzeigen in Printmedien nahm die Beliebtheit der Strauss-Hosen weiter zu. Immer mehr griffen auch Farmer, Cowboys und Pferdezüchter zum praktischen Denim-Overall und machten ihn zu einem landesweit geschätzten Produkt. 1890 entstand der Markenname „Levi's 501" nach einer Lot-Nummer des verwendeten Stoffes, nachdem Strauss den doppelt gestickten Faden auf den hinteren Taschen bereits zehn Jahre zuvor eingeführt hatte. Die nun immer populärer werdende Bezeichnung „Jeans" (nach Hosen namens „gênes", die unter genuesischen Seefahrern verbreitetet waren) soll Strauss übrigens nicht besonders geschätzt haben. Erst 1960 nahm das Unternehmen Levi Strauss & Co. diesen Namen in seine Produktbezeichnungen auf.

Als Levi Strauss am 20. Mai 1873 das Patent für „vernietete Arbeitshosen" anmeldete, konnte er vermutlich nicht ahnen, was er da geschaffen hatte. Keine Hose, sondern ein Lebensgefühl.

Die Welt

Als Levi Strauss 1902 starb, konnten seine vier Neffen eine erfolgreiche Firma übernehmen, die sie weiter ausbauten. Die Strauss-Erben nahmen mit Frauen und Kindern zusätzliche Zielgruppen ins Visier und versorgten sie mit spezieller Jeanskleidung. Auch wenn die Jeanshose zu diesem Zeitpunkt noch keinen wirklichen Kultstatus hatte, so spielte doch das mit dem Kleidungsstück verbundene Lebensgefühl als Verkaufsargument eine immer wichtigere Rolle. Die Jeans galt in den Augen vieler Durchschnittsamerikaner als die Hose der Goldsucher und Cowboys, mit deren Kauf man ein Stück Lebensgefühl des Wilden Westens erwarb.

Zu einem echten Kultobjekt entwickelte sich die Jeanshose nach dem Zweiten Weltkrieg. Stars wie James Dean, Marlon Brando, Elvis Presley und Marilyn Monroe trugen Jeans und verliehen den blauen Hosen damit den Ruch des Rebellischen und der sexuellen Freizügigkeit. Die Jeans wurde zu einer Uniform der Jugend und verbreitete sich von den USA aus in der ganzen Welt. Bei Levi Strauss & Co. hatte man diese Entwicklung so zwar nicht erwartet, doch das Unternehmen reagierte schnell und passte seine Marketingstrategie an die neue Situation an. Das Unternehmen warb nun erstmals mit Fernsehspots und stattete einige rebellische Stars – etwa die Rockgruppe Jefferson Airplane – mit Levi-Strauss-Hosen aus. Die Levi's 501 entwickelte sich zu einem weltweiten Kultgegenstand und die Bezeichnung „501" zur bekanntesten Zahlenkombination der Welt nach „007". Auch und gerade in kommunistischen Staaten waren die blauen Hosen als Symbol der Freiheit äußerst begehrt.

Erstaunlich ist, dass die Jeanshose praktisch nie aus der Mode kam. Die Rock-'n'-Roll-Rebellen der fünfziger Jahre trugen sie genauso wie die Hippies und die demonstrierenden Studenten der Sechziger. Auch unter Hardrockern, Fußballfans und Motorradgangs gelten Jeanshosen und -jacken seit jeher als Standardkleidung, selbst die Yuppies der achtziger Jahre zeigten keine Berührungsängste gegenüber dem blauen Stoff. Die Jeans gilt daher zu Recht als das „blaue Wunder": Sie ist ein Rebellensymbol und doch unpolitisch, nicht luxuriös und doch klassenübergreifend, Frauen tragen sie genauso wie Männer. Diese einzigartige Konstellation veranlasste die *Welt* zu der Bemerkung, die Jeans sei „das demokratischste aller Kleidungsstücke".

Der Kult um die Jeanshose im Allgemeinen und um die Levi's 501 im Besonderen machte Levi Strauss & Co. zum größten Bekleidungshersteller der Welt. Die Konkurrenz schlief jedoch nicht und brachte mit zum Teil beachtlichem Erfolg eigene Jeansprodukte auf den Markt. Zu den Marken, die sich zwar ordentlich verkauften, jedoch keinen Kultfaktor entwickelten, gehören etwa die deutsche Mustang-Jeans, die japanische Edwin sowie die Palomino von C&A. Andere Anbieter, wie etwa Wrangler, Guess, Diesel und

Earl, waren diesbezüglich erfolgreicher und konnten dem großen Vorbild Levi's 501 auf dem immer stärker zersplitterten Jeansmarkt einen Teil der Verehrung wegnehmen. Levi Strauss & Co. musste also damit leben, dass sich der Jeanskult nicht allein um die Levi's 501, sondern um die Jeanshose an sich drehte. Diese Entwicklung bekam das Unternehmen in Form rückläufiger Verkaufszahlen zu spüren, woraufhin man in den achtziger Jahren sogar ernsthaft überlegte, die vermeintlich nicht mehr gefragte Levi's 501 vom Markt zu nehmen.

Unter dem 1983 angetretenen neuen Chef Robert D. Haas gelang Levi Strauss & Co. jedoch die Wende und die Levi's 501 feierte ein viel beachtetes Comeback. Haas startete eine Werbekampagne, die sich als Volltreffer erwies: Er ließ mit alten Soulliedern unterlegte Werbespots senden und setzte seine Hosen damit als gefühlsbetonte, zeitlose Produkte in Szene. Diese Botschaft kam an, und so stiegen die Verkaufszahlen wieder an, während mehrere aus der Werbung bekannte Soultitel – beispielsweise „Wonderful World" von Sam Cooke oder „Stand by Me" von Ben E. King – zu unverhofften Hitparadenehren kamen.

Das Produktionsmodell 501 des kalifornischen Jeansherstellers Levi Strauss ist von Malmö bis Feuerland derart begehrt, dass die kassenträchtige Kulthose zu einer Art globalem Bekleidungsimperativ avanciert ist.

Bilanz 2/1997

Anfang der neunziger Jahre stand Levi Strauss & Co. als Unternehmen glänzend da. 1996 führte das britische Marktforschungsunternehmen Interbrand die Levi's 501 erstmals unter den zehn bekanntesten Marken der Welt, noch vor Microsoft und Marlboro. Die Umsätze stiegen auf über 5 Milliarden US-Dollar, während über 16.000 Menschen auf der Strauss-Gehaltsliste standen. Etwa 2,5 Milliarden Jeanshosen hat Levi Strauss & Co. in seiner langen Geschichte bis heute gefertigt. Das Schweizer Wirtschaftsmagazin *Bilanz* bezeichnete das Unternehmen als den „markenmächtigsten, margenmäßig profitabelsten und überdies sozialsten Bekleidungshersteller der Welt", wobei letztere Einschätzung daraus resultierte, dass Levi Strauss & Co. seinen Mitarbeitern traditionell außergewöhnliche Sozialleistungen bietet, sich karitativ engagiert und trotz hoher Personalkosten überdurchschnittlich viel in den USA produzieren lässt.

Doch während die Jeanshose an sich unantastbar scheint, durchlebte Levi Strauss & Co. in den letzten Jahren neben Höhen auch Tiefen. 1996 sank der 501-Absatz, nachdem sich die kultige Hose so weit verbreitet hatte, dass sie die Aura des Besonderen verlor. Mit frechen Werbespots, in denen unter anderem das Plüschtier „Flat Eric" eine Rolle spielte, schaffte das Unternehmen zwar wieder die Wende, doch 2003 drohte durch einen Umsatzrückgang erneut Ungemach. Eine neue Werbekampagne, in der mäuseköpfige Menschengestalten für eine Umkehrung des Trends sorgen sollten, floppte gewaltig. Entgegen der Levi's-Tradition musste die Unternehmensleitung nun soziale Gesichtspunkte zurückstellen und über 4.000 Mitarbeiter entlassen, während einige Bereiche der bis dahin in den USA stattfindenden Produktion in Billiglohnländer verlagert wurden.

Trotz der Unternehmenskrisen hat sich am Kultstatus der Levi's 501 in den letzten Jahren im Grundsatz nichts geändert. Noch immer ist die Jeans aus dem Hause Levi Strauss das bekannteste Markenkleidungsstück der Welt und gehört zu den „nationale Identität stiftenden Symbolen der USA" (*Süddeutsche Zeitung*). Zudem ist die Levi's 501 das einzige Kultobjekt, nach dem eine Urmenschenart benannt ist: Seit 1991 trägt eine Gattung des Homo rudolfensis, die vor etwa 2 Millionen Jahren lebte, den Namen „Ur 501".

Literatur

Jörg Becher: „Levis: Die 501-Offensive", *Bilanz* 2/1997

Susanne Frömel: „Demokratie hat zwei Hosenbeine", *Die Welt* vom 24.4.2002

Stefan Kornelius: „Das stille Ende von 554 M", *Süddeutsche Zeitung* vom 18.12.2003

Internet

Webseite von Levi's: www.levi.com

6 Just For Cult – Linux

Entstehungsjahr:	1991
Anzahl der Nutzer:	über 10 Millionen
Marktanteil im Server-Bereich:	10 Prozent
Preis für ein Linux-Betriebssystem:	0 Euro

Wenn es um ein echtes Kultphänomen geht, dann schrecken manche Leute vor nichts zurück. Nicht einmal vor unbezahlter Arbeit. Das beste Beispiel dafür ist das kostenlos erhältliche Computer-Betriebssystem Linux, das sich unter der unvergüteten Mitwirkung von mittlerweile Zehntausenden von Idealisten zu einem der besten seiner Art entwickelt hat. Linux hat alles, was ein Kultobjekt braucht: enthusiastische Anhänger, eine eigene Philosophie, einen ungewöhnlichen Menschen als Gründer, eine kuriose Entstehungsgeschichte und nicht zuletzt ein Feindbild. Linux ist einfach nur mit Linux zu vergleichen.

Der einfachste Bestandteil des Phänomens Linux ist sicherlich das Feindbild. Dabei handelt es sich um die US-Firma Microsoft, die nun schon seit zwei Jahrzehnten den Softwaremarkt beherrscht und sich dadurch zum Lieblingsfeind politisch korrekter Computerliebhaber entwickelt hat. Das Unternehmen um Gründer und Multimilliardär Bill Gates dominiert mit seinen Windows-Produkten vor allem den wichtigen Markt für Betriebssysteme, also jene Programme, die für die Bedienung und Steuerung eines Rechners notwendig sind. Über 90 Prozent aller PCs arbeiten derzeit mit einem Windows-Betriebssystem.

Wer sich dieser Übermacht nicht beugt, der muss – sofern er nicht in einem Nischenbereich aktiv ist – entweder ein Masochist oder ein echter Überzeugungstäter sein. Letztere finden sich beispielsweise unter den Nutzern des Macs vom Microsoft-Konkurrenten Apple, der seinerseits längst Kultstatus hat (siehe Kapitel 1).

Neben dem Mac und Windows hat sich Linux in den letzten Jahren als dritte Kraft etabliert, wobei das freie Betriebssystem bei allen Unterschieden immerhin eines mit dem Apple-Rechner gemeinsam hat: Seine Nutzer hassen Microsoft.

Wie viele andere Kultobjekte, so durchlebte auch Linux eine kuriose Entstehungsgeschichte, in der zunächst wenig auf einen späteren Kult hindeutete. Die Wurzeln des Systems reichen bis in die sechziger Jahre zurück, als zwei Mitarbeiter des US-Telefonkonzerns AT&T das erste Betriebssystem der so genannten Unix-Familie entwickelten. Ihr Arbeitgeber hatte an Unix kein größeres Interesse, weshalb einige Universitäten die Erlaubnis erhielten, den Programmcode kostenlos zu übernehmen.

So entstanden mehrere Unix-Varianten, und das Betriebssystem wurde langsam populär. Mit der Zeit rief dies auch einige Computerhersteller auf den Plan, die eigene Unix-Versionen mit Namen wie AIX, Sienix oder Ultrix auf den Markt brachten und somit für eine weitere Verbreitung des immer variantenreicheren Systems sorgten. Während in den achtziger Jahren Microsoft den Markt für PC-Betriebssysteme eroberte, dominierten die diversen Unix-Varianten den Bereich der größeren Rechensysteme (Server) in den Unternehmen.

Zu den Unix-Anhängern gehörte Anfang der neunziger Jahre auch ein finnischer Student namens Linus Torvalds. Dieser hatte mit elf Jahren den Rechner seines Großvaters als Lieblingsspielzeug entdeckt und war in seinem Bekanntenkreis seitdem als Computerfreak verschrien. Seine Jugend verbrachte er hauptsächlich mit zunehmend großen und aufwendigen Computergeräten, für die er sein gesamtes Taschengeld ausgab. Ein Buch über Betriebssysteme wurde zu seiner Lieblingslektüre. Seine Eltern zeigten sich zwar nicht gerade begeistert über den Spleen ihres Sohnes, doch sie mussten ihn wohl oder übel gewähren lassen.

Um 1990 hatte sich Microsoft längst zum Maß aller Dinge in Sachen Betriebssysteme entwickelt, doch Torvalds interessierte sich mehr für Unix. Dieses wurde zu dieser Zeit fast nur auf größeren Industrierechnern eingesetzt und galt daher für viele als ein Betriebssystem für Profis. Da es ein brauchbares Unix-System für PC-Anwender zu dieser Zeit noch nicht gab, machte sich Torvalds daran, selbst eines zu programmieren. Dabei dachte er in erster Linie an eine eigene Nutzung, wobei ihm sicherlich nicht in den

Sinn gekommen wäre, dass aus seinem bescheidenen Hobbyprojekt einst ein weltweit genutztes Computerprogramm werden würde. Nicht umsonst hieß Torvalds spätere Autobiografie „Just For Fun".

Nachdem Torvalds einige kleine Unix-Bestandteile programmiert hatte, fand er über das Internet Gleichgesinnte, die sich an der Entwicklungsarbeit beteiligten. Schon bald beschäftigten sich einige Dutzend Computerfreaks mit dem neuen Unix-System, dem Torvalds irgendwann beiläufig den Namen „Linux" gegeben hatte. Als Linux immer mehr an Bedeutung gewann, störte sich Torvalds in seiner sprichwörtlichen Bescheidenheit an der Ähnlichkeit zu seinem Vornamen und versuchte, sein geistiges Kind in „Freax" umzubenennen. Doch dieser Vorstoß kam zu spät, und so blieb der Name Linux bis heute erhalten.

Linux wurde immer populärer, und so wuchs aus einer kleinen Gruppe von Enthusiasten innerhalb weniger Jahre eine Gemeinde von Zehntausenden, die das System ohne Bezahlung weiterentwickelten. Neben Studenten, die Linux-Module häufig als Programmierarbeit für das Studium entwickelten, beteiligten sich auch viele professionelle Softwareentwickler am Linux-Aufbau und opferten dafür ihre Freizeit. Mit dem Aufstieg zum Massenphänomen entwickelte sich Linux zu einem veritablen Kultobjekt, für das seine Anhänger viel Zeit und Arbeit investierten. Die Tatsache, dass Linux eine erstaunliche technische Qualität erreichte, zeigt, dass in der Linux-Gemeinde zahlreiche Profis am Werk waren, die ihren Dienst für die gute Sache – und gegen Microsoft – ausgesprochen ernst nahmen.

Hauptsächlich verteilte ich das Betriebssystem, um zu demonstrieren, dass ich nicht bloß Wind gemacht, sondern wirklich etwas Greifbares vorzuweisen hatte.

Linus Torvalds in seiner Biografie über die Anfänge von Linux

Torvalds stellte sein Betriebssystem unter die so genannte GNU Public License (GPL), wodurch der Kult so etwas wie ein Statut erhielt. Die GPL besagt, dass eine davon betroffene Software von allen kostenlos genutzt und kopiert werden darf und dass der Quellcode, also quasi die Bauanleitung, öffentlich sein muss. Wer eine Erweiterung programmiert, muss diese ebenfalls mit Quellcode veröffentlichen und kostenlos abgeben. Die GPL gab es zwar schon vor Linux, doch keine andere Software, die sie befolgte, wurde auch nur annähernd so populär. So trug Linux maßgeblich dazu bei, dass sich um die GPL eine eigene Weltanschauung bildete. Wer auch immer unter der GPL programmiert – sei es für Linux oder ein anderes Projekt –, tut dies aus Idealismus und zeigt damit dem Profitstreben die kalte Schulter.

Durch die rege Beteiligung zahlreicher Experten hatte Linux Mitte der neunziger Jahre eine Qualität erreicht, die sich mit jedem professionellen Betriebssystem messen konnte. Dadurch wurde das System immer mehr auch für kommerzielle Nutzer und für weniger geübte Anwender interessant. Unternehmen wie Red Hat oder die deutsche Firma SUSE nutzten diese Gelegenheit und passten Linux an die Bedürfnisse des Markts an, wodurch endgültig eine ernsthafte Konkurrenz zu den Windows-Betriebssystemen von Microsoft entstand. Im Zuge des Internethypes Ende der neunziger Jahre wurden einige auf Linux spezialisierte Unternehmen sogar zu Börsenstars, da viele Analysten in der Windows-Alternative das Betriebssystem der Zukunft sahen. Die hoch gesteckten Erwartungen erfüllten sich zwar nicht, doch als System einer immer größer werdenden Minderheit blieb Linux interessant.

Die wichtigste Rolle bei der Weiterentwicklung von Linux spielten ohnehin keine Unternehmen, sondern die zahlreichen ehrenamtlichen Entwickler. Sie verbesserten das System ständig, passten es an Kleincomputer (PDAs), den Mac von Apple sowie einige andere Geräte an und entwickelten eine hervorragende Dokumentation, die inzwischen in allen gängigen Sprachen vorliegt. Ein nennenswertes Marketing betreibt die Linux-Gemeinde zwar nicht, doch ein Maskottchen und ein Logo kann das Betriebssystem inzwischen vorweisen: den Linux-Pinguin.

Inzwischen hat die Zahl der Linux-Nutzer die Zehn-Millionen-Marke überschritten und steigt schneller als die Anwenderzahl bei den Windows-Betriebssystemen. Nach einigen Nischenanbietern sind längst auch die Großen der Branche auf den Linux-Zug aufgesprungen, wobei insbesondere der Computer-Riese IBM auf Linux setzt und in diesem Bereich bereits im Jahr 2002 über 1,5 Milliarden Dollar umsetzen konnte. Bei den Servern liegt der Linux-Marktanteil heute nur noch knapp unter 10 Prozent, wobei Marktforscher weitere Steigerungen erwarten. Für ein solches Signal sorgte die Stadtverwaltung von München, die 2003 mit einem großen Medienecho die Umstellung ihrer Rechner auf Linux verkündete.

Wie es sich für einen richtigen Kult gehört, so hat sich auch um Linux längst eine ganze Szene gebildet, die mehr als nur die ehrenamtliche Weiterentwicklung des Systems im Sinn hat. Um die 400 Linux User Groups sind derzeit allein im deutschsprachigen Raum aktiv. Zahlreiche nichtkommerzielle Webseiten wie Pro-Linux oder Linux.de sowie unzählige Linux-Stammtische und Linux-Tage belegen, dass der ehrenamtliche Geist in der Linux-Gemeinde nach wie vor sehr aktiv ist. Dies darf aber nicht darüber hinwegtäuschen, dass sich Linux inzwischen zu einem lukrativen Wirtschaftsfaktor entwickelt hat, auf den zahlreiche Softwareanbieter, Messeveranstalter, Verlage und andere Unternehmen setzen. Doch offensichtlich konnte die Tatsache, dass mit Linux auch Geld verdient wird, die Kultjünger bisher nicht davon abhalten, weiterhin einen großen Enthusiasmus in ihr Hobby zu investieren.

> **Ein Linux-Entwickler besucht ein Windows-Seminar. Danach kommt Bill Gates auf ihn zu und fragt ihn, was ihm an Windows am besten gefallen hätte. Seine Antwort: „Dass ihr damit arbeiten müsst."**
>
> **Linux-Witz**

Dass sich Linux zu einem Projekt mit hohem Kultfaktor entwickeln konnte, liegt nicht zuletzt an der Persönlichkeit von Linus Torvalds. Die Regel, dass zu viel Profitstreben und Marketing einem Kultobjekt schaden können, beachtet Torvalds in einer seltenen Konsequenz. So hat der blonde Finne bisher jeder Versuchung widerstanden, seinen Erfolg kommerziell zu verwerten. Torvalds tritt nur selten in der Öffentlichkeit auf, scheut Vorträge vor großem Publikum und kümmert sich stattdessen lieber um seine Familie. Kein Wunder, dass die Linux-Anhänger in aller Welt Torvalds als Helden und Gegenentwurf zu Bill Gates feiern. An den ungeliebten Milliardär aus Redmond und seine Betriebssysteme dachten vermutlich auch die Macher der Webseite Pro-Linux, als sie ihren Werbespruch entwickelten. Dieser lautet: „Wir geben Ihrem Computer das Leben zurück.“

Literatur

Linus Torvalds, David Diamond: *Just For Fun. Wie ein Freak die Computer-Welt revolutionierte.* DTV, München 2002

Internet

Pro-Linux: www.pro-linux.de
Linux.de: www.linux.de

7 Steht ein Manta vor der Uni – Opel Manta

Jahr des Produktionsbeginns:	1970
Jahr des Produktionsendes:	1988
Gesamtstückzahl:	1 Million
Preis für den billigsten Manta im Jahr 1970:	7.953,15 Mark

Wie macht ein Mantafahrer ein Passfoto? Er rast mit 200 Stundenkilometern durch eine Radarfalle! Nein, ein besonders hoher Intelligenzquotient gehört sicherlich nicht zu den Eigenschaften, die man den Fahrern des legendären Opel Mantas gemeinhin zuschreibt. Dafür kann die vermeintliche Prollkarosse durchaus andere Besonderheiten aufweisen, wie zum Beispiel die Tatsache, dass über kein anderes Auto so viele Witze kursieren wie über den Rüsselsheimer Coupé. Außerdem hat sich der Opel Manta nicht zuletzt dank der vielen Witze zu einem der interessantesten Kultphänomene entwickelt, das die deutsche Automobilbranche hervorgebracht hat. Dabei verlief die Geschichte des Manta völlig anders als etwa die des VW Käfers oder des Minis. So ist der Opel Manta auch das mit Abstand jüngste unter den in diesem Buch vorgestellten Kultfahrzeugen und außerdem das mit der geringsten produzierten Stückzahl. Eine typische Kulteigenschaft hat der Manta dennoch mit Käfer, Mini, Trabi und 2 CV gemein: Der spätere Kult war nicht im Entferntesten geplant.

> Ein Manta-Fahrer nimmt eine Nonne mit. Sagt diese: „Ich finde es sehr nett von Ihnen, dass Sie mich mitnehmen." „Kein Problem", meint der Mantafahrer. „Batman's Freunde sind auch meine Freunde!"
>
> Manta-Witz

Den Anlass zur Entwicklung des Mantas gaben daher auch keine Fuchsschwänze oder Kenwood-Aufkleber, sondern das Modell „Capri" des Konkurrenten Ford. Mit dem 1969 eingeführten Coupé hatten die Kölner eine echte Marktlücke geschlossen. Während Autos im Laufe der sechziger Jahre auch für den deutschen Durchschnittsverdiener erschwinglich geworden waren, war gleichzeitig auch die Nachfrage nach individuellen, nicht nur am Nutzen orientierten Fahrzeugen gestiegen. Der Capri, der als familientauglicher Beinahe-Sportwagen eine große Ausstattungsvielfalt zum erschwinglichen Preis bot, kam da für viele Autofahrer genau richtig. Etwa 150.000 Exemplare wurden im ersten Verkaufsjahr abgesetzt, und erstaunlicherweise stieg im Capri-Fahrwasser auch die Nachfrage nach anderen Ford-Modellen spürbar an.

Bei Opel hatte man dem überraschend erfolgreichen Capri zwar aus dem Stand nichts entgegenzusetzen, doch das Unternehmen reagierte schnell. Die Rüsselsheimer waren damals mit der Entwicklung neuer Modelle für ihre Kadett/Olympia-Familie beschäftigt, fuhren diese Aktivitäten jedoch zurück, um schleunigst einen Capri-Konkurrenten auf den Markt zu bringen. Die Voraussetzungen waren klar: Die Opel-Ingenieure mussten ein Auto mit sportlichem Äußeren entwickeln, das jedoch aus Kosten- und Zeitgründen auf bereits vorhandener Technik basieren musste. Als Name für das neue Auto wählte man „Manta“, nach dem gleichnamigen Flügelrochen, der vor allem im Roten Meer beheimatet ist. Dessen elegante Fortbewegungsweise sollte ein Vorbild für das neue Opel-Modell sein, was auch am Logo in Form eines stilisierten Manta-Rochens erkennbar war.

Bereits im Herbst 1970 war es so weit: Der Opel Manta wurde europaweit in den Markt eingeführt. Als Zielgruppe hatte man in Rüsselsheim jüngere und damit weniger wohlhabende Autofahrer ins Visier genommen, wobei vor allem die zu diesem Zeitpunkt immer zahlreicher werdenden jungen Erstwagenkäufer angesprochen wurden. Dabei spekulierten die Opel-Manager natürlich auch darauf, dass ein zufriedener Manta-Fahrer der Marke auch beim Umstieg auf ein anderes Auto treu bleiben würde. Dass auch und gerade junge Familienväter Manta fahren sollten, belegt der Werbespruch „Kraft für fünf, Komfort für fünf und großer Kofferraum = Reisesportvergnügen für fünf Personen“.

Der Opel Manta verkaufte sich von Anfang an glänzend. Eine generalstabsmäßig geplante Einführungskampagne fand mit großen Partys bei Opelhändlern am Tag des Verkaufsstarts ihren Höhepunkt, bei denen manche Händler bereits die ersten 50 Bestellungen verbuchen konnten. Das große Interesse am Manta war vor allem darauf zurückzuführen, dass es den Opel-Managern gelang, mit großem Erfolg im Revier des Ford Capris zu wildern. Dabei kam den Rüsselsheimern entgegen, dass die Motorpresse immer wieder bemängelt hatte, das Innenleben des Capris einschließlich des Motors entspräche nicht mehr dem aktuellen Stand der Technik. „Der Capri sieht zwar sportlich aus, ist es aber nicht“, war immer wieder zu hören. Der Manta wartete dagegen mit neuester Technik auf, auch wenn diese ursprünglich für andere Modelle geplant worden war. Mit diesem Vorteil im Rücken konnten sich die Opel-Manager in anderen Belangen getrost am Capri orientieren: So gab es auch den Manta in zahlreichen individuellen Varianten und der Preis bewegte sich nach Capri-Vorbild zwischen 8.000 und 14.000 Mark.

Von Anfang an zeigte sich, dass die Manta-Fahrer oft eine richtiggehende Liebe zu ihrem Auto entwickelten. Dies führte nicht zuletzt auch zu zahlreichen Sonderwünschen bezüglich der Ausstattung, die Opel selbst trotz eines umfangreichen Angebots nicht immer befriedigen konnte. So entstand bereits Anfang der siebziger Jahre ein florierender Markt für das Tuning von Mantas, das später in den Witzen immer wieder durch den Kakao gezogen wurde. Zum Marktführer entwickelte sich dabei die schwäbische Firma Irmscher mit Sitz in Remshalden, aber auch Unternehmen wie Lexmaul, Mattig, Mantzel oder Zender mischten beim Manta-Tuning kräftig mit. Egal, ob Karosserie, Fahrwerk oder Motor, es gab nichts am Manta, was sich nicht durch entsprechende Umbauten verschönern, verstärken oder tiefer legen ließ. So gab es Alufelgen, Kunststoff-Kotflügel, Heckflügel und Doppelscheinwerfer für die Optik und aufgerüstete Motoren für mehr Leistung. Selbst Mantas mit Flügeltüren wurden gesichtet. Angesichts der enormen Nachfrage nach Manta-Extras ließ sich auch Opel selbst nicht lumpen und brachte Sondermodelle wie den Holiday, den Berlinetta oder den Black Magic auf den Markt. Autofans mit höheren Geschwindigkeitsambitionen durften sich ab 1974 über den Manta GT/E freuen, der mit 105 PS eine Höchstgeschwindigkeit von über 195 Stundenkilometern erreichte.

Der erste Manta-Typ, der im Nachhinein als Manta A bezeichnet wurde, wurde 1975 durch den Manta B abgelöst. Letzterer blieb dem bewährten Konzept des sportlichen Allroundautos zwar treu, bot jedoch neben einigen technischen Neuerungen ein moderneres Äußeres. Auch der Manta B erwies sich als Erfolgsmodell, auch wenn er die Verkaufszahlen aus der Manta-Anfangszeit, die mit der Ölkrise zurückgegangen waren, nicht erreichte. Dafür hatte der Manta B ein längeres Leben, brachte es auf noch mehr Varianten als sein Vorgänger und konnte sich auch im Motorsport beweisen. Erst 1988 rollte schließlich der letzte Manta vom Band, nachdem zu diesem Zeitpunkt etwa 500.000 Manta A und 540.000 Manta B das Licht der Autowelt erblickt hatten. Erst 1990 präsentierte Opel mit dem Calibra ein Modell, das man als

> **„Ich habe mir letzte Woche eine Kenwood-Anlage gekauft."**
> **„Eine Kenwood-Anlage? Ich dachte, die machen nur Heckscheiben!"**
>
> **Manta-Witz**

Manta-Nachfolger bezeichnen konnte, das aber nicht mehr an die große Tradition anknüpfen konnte.

Ein hohes Maß an Identifikation mit ihrem Auto brachten die Manta-Fahrer schon von Anfang an auf, was nicht zuletzt die sehr aktive Tuning-Szene belegt. Als im Laufe der siebziger Jahre schließlich erste Manta-Klubs entstanden und erste Manta-Treffen stattfanden, konnte man das Rüsselsheimer Coupé bereits getrost als Kultauto bezeichnen. Der Kult nahm in den achtziger Jahren weiter zu, wobei sich ein Teil der Szene nun auf den nicht mehr produzierten Manta A konzentrierte, während andere Fans dem damals aktuellen Manta B huldigten. In den diversen Manta-Büchern, die meist Ende der achtziger Jahre entstanden, sind über 80 Manta-Klubs aufgeführt, von denen sich viele auf eines der beiden Modelle spezialisierten. Auch in Österreich, der Schweiz und einigen anderen europäischen Ländern gab es eine aktive Manta-Szene.

Trotz des Kultstatus, den sich der Opel Manta erarbeitete, konnte sich dieser nicht ganz mit Autos wie dem 2 CV oder dem VW Käfer messen. Der Opel Manta wäre in diesem Buch wohl auch unerwähnt geblieben, hätte er nicht in den neunziger Jahren ein äußerst kurioses Revival erlebt. Auslöser war die Rockband „Norbert und die Feiglinge", die sich 1991 mit ihrem Lied „Manta" über Manta-Fahrer lustig machte und damit einen respektablen Hitparadenerfolg feierte.

Wie viele Manta-Witze gibt es?
Keinen einzigen. Es sind alles Tatsachen!
Manta-Witz

Mit dem Manta-Lied von Norbert und seinen Feiglingen brach fast über Nacht ein wahres Manta-Fieber aus, wenn auch im negativen Sinne. Der Manta-Fahrer galt nun auf einmal als Prototyp des PS-süchtigen Autofetischisten, dessen Intelligenzleistungen sich auf die Bedienung des Gaspedals beschränkten. Die Manta-Fahrer lösten die Ostfriesen als Gegenstand von Dummenwitzen ab und wurden mit zahlreichen Klischees ausgestattet: So hatte der echte Mantaner eine Friseuse zur Frau, lief mit Cowboystiefeln herum und hatte ansonsten nur sein Auto im Kopf, das es mit Fuchsschwänzen und Breitreifen zu verschönern galt. Der typische Manta war, so wollte es der

Witz, vorne nur einen Meter breit, damit der Fahrer auf beiden Seiten seine Ellenbogen hinauslehnen konnte. Hinten maß er dagegen stattliche drei Meter, damit ein extrabreiter Aufkleber des Hifi-Anlagen-Herstellers Kenwood Platz hatte. Nicht zuletzt war das Manta-Fahrgestell zwei Meter hoch, damit es 1,95 Meter tiefer gelegt werden konnte. Etwa auf diesem Niveau bewegten sich auch die beiden eilends gedrehten Filme „Manta, Manta“ und „Manta – Der Film“, die 1991 etwa zeitgleich in die Kinos kamen.

Bei Opel war man angesichts des zweifelhaften Kultstatus des Mantas vermutlich froh, dass das Modell bereits seit Jahren nicht mehr gebaut wurde. Auf derart negative Publicity konnte man schließlich verzichten. Das Unternehmen verhielt sich daher auch auffällig ruhig in Sachen Manta und wartete, bis der Hype so langsam wieder nachließ. Es dauerte auch nicht lange, bis der Manta-Humor erste Abnutzungserscheinungen zeigte, zumal die Witzeerzähler mit Blondinen schnell würdige Nachfolger in Sachen Dummenwitze fanden, wobei viele Pointen einfach auf die neuen Opfer übertragen wurden.

Die Szene der echten Manta-Freunde ist 15 Jahre nach Produktionsende natürlich längst deutlich kleiner geworden, auch wenn nach wie vor ein gutes Dutzend Manta-Webseiten im Internet aktiv ist. Nachdem Manta-Witze inzwischen nur noch nostalgischen Wert haben, kann man in Fankreisen sogar über den bekanntesten und zugleich kürzesten Manta-Witz lachen: Steht ein Manta vor der Uni.

Literatur

Eckhart Bartels, Rainer Manthey: *Das Opel Manta Buch*. Podszun Motorbücher, Brilon 1990

Norbert Giesen: *Das große Opel-Manta-Buch*. Heel-Verlag, Königswinter 1990

Internet

Fanseite: www.manta-news.de

8 Minimalismus auf Britisch – Mini

Jahr des Produktionsbeginns:	1959
Jahr des Produktionsendes:	2000
Gesamtstückzahl:	5,3 Millionen
Gesamtstückzahl des Mini Coopers:	108.000

Eine Zusammenstellung von Kultautos wäre unvollständig ohne den legendären Mini. Denn ohne Zweifel hat der fahrende Schuhkarton aus England nicht nur den Begriff „Minimalismus" völlig neu definiert, sondern hat auch eine Fangemeinde, die ihn innig liebt und ihm bis heute glänzende Verkaufszahlen beschert. Dabei ist es sicherlich ein Treppenwitz der Kultgeschichte, dass ausgerechnet Großbritannien – die Heimat von Nobelmarken wie Rolls-Royce und Jaguar – das kleinste aller Kultmobile hervorgebracht hat. Spötter meinen ja ohnehin, man solle den Mini als Teil des britischen Humors begreifen.

Doch als Witz war der Mini nun wahrlich nicht geplant, und auch sein Erfinder Alec Issigonis war längst nicht so britisch, wie man es bei einem Nationalheiligtum des Vereinigten Königreichs vermuten würde. Geboren wurde Issigonis 1906 als Sohn eines wohlhabenden britischstämmigen Exilgriechen in der türkischen Hafenstadt Smyrna, seine Mutter war Deutsche und stammte aus einer bayerischen Brauereidynastie. 1922 zwangen die politischen Umstände Issigonis' Familie zu einer Rückkehr nach Großbritannien, sein Vater starb auf der Reise. Später besuchte er ein College in London, wo jedoch seine mangelnde mathematische Begabung einen Abschluss verhinderte.

Obwohl Issigonis also keine fundierte Ausbildung vorweisen konnte, gelang es ihm recht schnell, in der Automobilbranche Fuß zu fassen. In Diensten des britischen Autobauers Morris entwickelte er einen Kleinwagen namens „Morris Minor", der zu seinem ersten großen Erfolg wurde. 1952 fusionierte der Morris-Mutterkonzern Nuffield mit dem zweiten großen britischen Autobauer Austin zum neuen Großkonzern British Motor

Corporation (BMC), der vier Jahre später miterleben musste, wie die Weltpolitik für neue Anforderungen im Automobilbau sorgte. Ausgelöst wurde diese Entwicklung durch den ägyptischen Staatspräsidenten Gamal Abdel Nasser, der den Suezkanal dicht machte und damit den Briten den Benzinhahn abdrehte. Der britischen Regierung blieb nichts anderes übrig, als in der Folgezeit den knappen Treibstoff zu rationieren.

Während in Großbritannien sparsame Autos wie das Goggomobil oder die BMW Isetta angesichts der Benzinknappheit einen Boom erlebten, erhielt Issigonis von der Unternehmensleitung den Auftrag, ein Auto mit möglichst geringem Verbrauch zu entwerfen. Dieser entwickelte den Plan, ein möglichst kleines – und damit leichtes – Auto zu konstruieren, das jedoch trotz seines spärlichen Raumangebots ausreichend Platz auf Vorder- und Rücksitzen bieten sollte. Um diese Anforderungen zu erfüllen, baute Issigonis den Motor quer ein und sah besonders kleine Räder vor, die nahe an die beiden Enden des Wagens rückten. Um weiteren Platz zu sparen, erhielt das neu konstruierte Auto einen Vorderradantrieb und besonders dünne Außenwände. Bei allen Plänen behielt Issigonis immer eine einfache Umsetzbarkeit in der Produktion im Auge.

Bereits nach 15 Monaten konnte Issigonis einen ersten Prototyp präsentieren, den das Management umgehend in Serie gehen ließ. 1959 rollten im Morris-Werk in Cowley und im Austin-Werk in Longbridge die ersten Exemplare vom Band. Da die beiden ehemals voneinander unabhängigen Unternehmen unter dem BMC-Dach einen Teil ihrer Eigenständigkeit bewahrt hatten, erhielten die in den beiden Werken gebauten Exemplare unterschiedliche Namen: Morris Minor-Mini und Austin Seven (später Austin Mini). Der Mini war geboren.

Let's Motor

MINI-Werbespruch in den USA

Zu einem großen Erfolg wurde der Mini jedoch erst einmal nicht. Offensichtlich hatten auch die wenig begüterten Briten keine Lust, sich in einen derart kleinen Wagen zu zwängen, weshalb in den ersten Jahren jährlich nur etwa 20.000 Minis einen Abnehmer fanden. Dass die Verkaufszahlen in den sechziger Jahren dann doch immer weiter anstiegen, lag interessanterweise an einer neuen Zielgruppe, mit der weder Issigonis noch die Marketingleute bei BMC gerechnet hatten: der britische Jetset. In der Tat entdeckten die Reichen der Insel den Mini als trendiges Minimalmobil und nutzten ihn als willkommene Abwechslung zu den gewohnten Nobelkarossen. Während Stars wie die vier Mitglieder der Beatles oder der Schauspieler Peter Sellers im Mini durch die Gegend fuhren, kamen zunehmend auch die britischen Durchschnittsverdiener auf den Geschmack. 1962 wurden bereits 200.000 minimalistische Straßenflitzer verkauft.

Dass Prominente auf den Mini umstiegen, lag unter anderem daran, dass das BMC-Management 1961 unter dem Namen „Mini Cooper" eine luxuriöse Variante des Kleinwagens mit hochwertiger Ausstattung und einem stärkeren Motor auf den Markt gebracht hatte. Der britische Rennwagenkonstrukteur John Cooper hatte ihn entwickelt, wobei sich Issigonis gegen eine Serienproduktion ausgesprochen hatte.

Doch der Mini-Erfinder behielt Unrecht: Mit insgesamt 108.000 Exemplaren machte der Mini Cooper zwar nur einen kleinen Teil der insgesamt 5,3 Millionen produzierten Minis aus, er trug jedoch entscheidend mit dazu

Der Mini (oben) entwickelte sich in den sechziger Jahren zum Kultobjekt. Die Firma BMW, die in den Neunzigern die Rechte an dem kleinen britischen Fahrzeug übernahm, schickte mit dem MINI (unten) einen würdigen Nachfolger ins Rennen.

bei, dass der Kleinwagen auch für anspruchsvollere Kunden interessant wurde.

Während sich der Mini zum britischen Erfolgsauto schlechthin entwickelte, firmierte sein Hersteller gleich mehrfach um. 1968 fusionierte die BMC mit Jaguar zur Firma British Motor Holdings, die sich 1968 mit British Leyland zur British Leyland Motor Corporation zusammenschloss. Nachdem diese wiederum auf Grund finanzieller Probleme 1975 verstaatlicht und 1986 in Rover Group umbenannt worden war, ging sie nach der Privatisierung 1988 zunächst in den Besitz von British Aerospace über, um 1994 schließlich von BMW aufgekauft zu werden. Bekanntermaßen wurden die Münchener mit ihrem „englischen Patienten" nicht so recht glücklich und stießen ihn 2000 nach erheblichen Verlusten wieder ab. Die Rechte am Mini blieben jedoch bei BMW.

Damit hatten sich die Münchner zweifellos ein Filetstück aus dem Rover-Portfolio gesichert, denn der Mini hatte zu diesem Zeitpunkt längst Kultstatus. Vor allem in den siebziger Jahren, als die Technik des flotten Kleinwagens so langsam zu veralten begann, entdeckten viele Autofahrer, dass sie mehr mit ihrem Mini verband als nur eine reine Zweckbeziehung. So bildeten sich erste Mini-Klubs, die erste Mini-Treffen veranstalteten und allerlei Umbauten an ihrem Lieblingsauto vornahmen. Freunde fand der Mini nicht nur in seiner Heimat England, sondern auch in anderen europäischen Ländern. Allein im deutschsprachigen Raum sind bis heute mindestens zwei Dutzend Mini-Klubs aktiv. Äußerst beliebt wurde der Mini auch bei Frauen, obwohl sich der weibliche Teil der Bevölkerung in Sachen Autokult sonst bekanntlich zurückhält. Doch in dem kleinen Flitzer aus England sahen viele Frauen nicht nur ein ungemein praktisches Alltagsauto, das in jede Parklücke passte, sondern auch eine sympathische Antwort auf die in Männerkreisen so beliebten PS-Boliden.

Um den Kult aufrechtzuerhalten, unterließ man es beim Hersteller tunlichst, etwas am Mini-Konzept zu ändern. Erst als in den neunziger Jahren die mittlerweile hoffnungslos veraltete Technik die Verkaufszahlen immer weiter sinken ließ, nahte das Ende. Im Oktober 2000, 12 Jahre nach Issigonis' Tod, lief das letzte Exemplar vom Band. Doch damit war der Mini nicht tot. Schon vor dem Aufkauf durch BMW im Jahr 1995 hatte man bei Rover längst Pläne für einen Mini-Nachfolger entwickelt, der schließlich unter dem Namen „MINI" – man beachte die Schreibweise – auf den Markt kommen sollte. Natürlich standen die MINI-Entwickler vor einer schwierigen Aufgabe, denn um die Fans nicht zu enttäuschen, durfte sich das neue Modell einerseits nicht zu sehr vom Vorbild unterscheiden. Um jedoch auf dem Markt bestehen zu können, waren andererseits zahlreiche Neuerungen nötig.

BMW entschloss sich dazu, die Karosserie des MINI zwar zu modernisieren, die Größe und die grobe Form aber beizubehalten. Das Innenleben wurde dagegen komplett erneuert. Mit dem im deutschsprachigen Raum verwendeten Werbespruch „Is it love?" zielte BMW von Anfang an auf eine besondere Beziehung, die der Fahrer zu seinem Wagen entwickeln sollte, und versuchte damit, an den Mini-Kult anzuknüpfen. Dieses Vorhaben gelang. Vom Start weg akzeptierten die Kunden das neue Fahrzeug, wodurch man im britischen Longbridge mit der Produktion kaum noch hinterherkam. Selbst in den USA verkaufte sich der MINI gut, was seinem Vorgänger nie gelungen war. Auch zu Kinoehren ist der MINI bereits gekommen: Im 2003 erschienenen Film „The Italian Job" mit Donald Sutherland klaut eine Diebesbande einen Goldschatz und verursacht einen Verkehrsstau, in dem die Polizei bei der Verfolgung stecken bleibt. Die Gauner können mit ihren kleinen MINIs über den Bürgersteig entkommen.

Literatur

Patrick C. Paternie: *MINI*. MBI, St. Paul 2002

Internet

Übersicht über deutschsprachige Mini-Seiten im Internet: www.mini-bookmarks.de

9 Im Osten viel Altes – DDR-Kultobjekte

Gründungsjahr des „Komitees zur Rettung der Ampelmännchen“:	1996
Anzahl der ehemaligen DDR-Produkte auf dem Markt:	ca. 100
Marktanteil der Ostprodukte im Osten:	30 Prozent
Marktanteil Rotkäppchen-Sekt im Osten:	50 Prozent

Es muss eine schöne Zeit gewesen sein. Von Konsumterror und Überangebot noch keine Spur, dafür gab es Spreewaldgurken und Burger Knäckebrot zum Abendessen, gewaschen wurde mit Spee, und bei einer Erkältung halfen Krügerol-Hustenbonbons. Die grünen und roten Ampelmännchen sahen noch richtig niedlich aus, abends kam das Sandmännchen, und zu besonderen Anlässen wurde der herrlich prickelnde Rotkäppchen-Sekt serviert. Und nicht zu vergessen die kultigen Spaßmobile aus Zwickau, besser bekannt unter dem Namen „Trabant“ (siehe Kapitel 12), die jede Autofahrt zum Erlebnis machten. Es muss wirklich eine schöne Zeit gewesen sein, damals in der DDR.

Spielverderber, bei denen schlechte Erinnerungen an die DDR-Zeit überwiegen, beurteilen die ehemalige Warenwelt des real existierenden Sozialismus dagegen etwas nüchterner. Im Grunde, so erinnern sie sich, herrschte in weiten Teilen des Wirtschaftslebens schlichtweg der Mangel. Die staatlich gelenkte Planwirtschaft sah meist nur ein paar wenige Produkte pro Marktsegment vor, und diese überzeugten eher durch eine jahrzehntelange Beständigkeit als durch Innovation und Qualität. So blieb den meisten DDR-Bürgern gar nichts anderes übrig, als sich mit Immergut-Kaffeesahne oder Halberstädter Würstchen anzufreunden, denn es gab ja keine Alternative. Sofern es die Waren überhaupt gab, denn viele qualitativ bessere Produkte, wie Rotkäppchen-Sekt oder F6-Zigaretten, hatten den Status einer „Bückware“ – sie standen nicht im Regal der Lebensmittelläden, sondern wurden von den Verkäuferinnen nur für ausgewählte Kunden hervorgekramt.

Angesichts so viel sozialistischen Einheitsangebots verwundert es kaum, dass den Einwohnern der neuen Bundesländer der Geschmack an Tempo-Erbsen und Sprachlos-Zigarillos nach der Wende erst einmal verging. So stürzten beispielsweise die Produktionszahlen von Rotkäppchen-Sekt von einst 15 Millionen Flaschen jährlich auf nur noch 1,5 Millionen im Jahr 1990 (heute sind es über 50 Millionen). Die meisten anderen Ostprodukte, wie beispielsweise Vita Cola oder Kukoreis, verschwanden mit der Währungsunion ganz aus den Verkaufsregalen. Es dauerte allerdings nur ein paar Monate, bis erste DDR-Marken wieder angeboten wurden, was jedoch weniger auf ostalgische Gefühle als auf finanzielle Überlegungen zurückzuführen war – Ostprodukte waren meist schlichtweg billiger als ihre Westkonkurrenten.

Nachdem die erste Wiedervereinigungseuphorie verebbt war und sich die von der Politik versprochenen blühenden Landschaften nicht so recht einstellen wollten, kam dazu, dass viele ehemalige DDR-Bürger ihre einstige Alltagskultur nun wieder in einem etwas anderen Licht sahen. Dabei störten sich viele im Osten daran, dass sie nun von der Promillegrenze über das Schulsystem bis zu den Verkehrsregeln alles aus dem Westen übernehmen mussten – ohne Rücksicht darauf, dass auch die DDR einige bewahrenswerte Dinge hervorgebracht hatte. Kein Wunder, dass „Besserwessi" zum Wort des Jahres 1991 bestimmt wurde.

Diese bei vielen Bürgern der neuen Bundesländer spürbare Verärgerung erwies sich als idealer Nährboden für die Rückkehr alter DDR-Waren. Zu den ersten Produkten, die mit ihrer DDR-Tradition erfolgreich an das Selbstwertgefühl der Ostdeutschen appellierten, gehörte die Zigarettenmarke F6. Deren Hersteller, die F6 Cigarettenfabrik Dresden, inszenierte bereits im Vereinigungsjahr 1990 eine geschickte Werbekampagne, die mit einfachen Aussagen wie „Unser Klassiker" oder „Original aus Dresden" an den Stolz der Ostdeutschen appellierte. Tatsächlich kehrten daraufhin zahlreiche Raucher in den neuen Bundesländern den noch kurz zuvor mit Freude begrüßten Marlboro, West und Co. den Rücken und rauchten wieder F6. Der Marktanteil der Zigarette im Osten stieg innerhalb eines Jahres von 15 auf stolze 32 Prozent. Nicht ganz so schnell, dafür umso erfolgreicher, entwickelten sich in den Nachwendejahren beispielsweise die Sektmarke Rotkäppchen oder die Konfektkugeln der Halloren Schokoladenfabrik. Beide profitierten von ihrem noch aus DDR-Zeiten stammenden guten Ruf und ermöglichten ihren Herstellern sogar die Übernahme von Konkurrenten im Westen.

Trotz solcher Erfolge dauerte es nach der Wende ein paar Jahre, bevor sich die wiedererwachte Liebe zu den einstigen sozialistischen Einheitsprodukten zum Kult entwickelte. Mit dazu bei trugen sicherlich die grotesk anmutenden Diskussionen um das mittlerweile berühmte Ampelmännchen, das in den beiden Ausführungen grün und rot in der DDR einst das Überqueren eines Fußgängerübergangs erlaubte oder verbot. Nun waren DDR-Produkte sicherlich nie für ihre Designästhetik berühmt, doch beim Ampelmännchen musste nun jeder zugeben, dass die DDR-Version mit ihrem schicken Hut und der kräftigen Statur einfach besser aussah. Trotzdem verschwand das Ost-Ampelmännchen immer mehr von den ostdeutschen Straßen, da neue Ampeln grundsätzlich mit dem West-Männchen ausgestattet wurden. Mit dem Mut der Verzweiflung kämpften daher einige Bürger aus den neuen Bundesländern, um mit dem Ampelmännchen wenigstens ein Relikt aus alten DDR-Tagen zu erhalten. 1996 wurde in Berlin ein „Komitee zur Rettung der Ampelmännchen" gegründet, der Kampf um das Männchen fand sogar im *Wallstreet Journal* Erwähnung. Doch der Kampf war vergebens, und das Ampelmännchen-Ost verschwand von den deutschen Straßen.

Dafür entwickelte sich das Ampelmännchen zum Erkennungssymbol für den Kult um DDR-Produkte, der Mitte der neunziger Jahre immer mehr zunahm. Auf einmal feierten ehemalige Ost-Produkte wie Vita Cola, Tempo-Linsen oder Florena-Creme ihre Wiederauferstehung. In Dresden öffnete ein (N)Ostalgie-Warenhaus die Pforten, im Internet nahm der Ossiversand als auf Ostwaren spezialisierter Online-Shop den Betrieb auf. Zu gesamtdeutschen Erfolgen wurden zwar nur einige wenige Produkte wie Rotkäppchen-Sekt, Halberstädter Würstchen, Radeberger Pilsner, Hasseröder Pils, Köstritzer Schwarzbier oder Spreewaldhof-Gurken. Doch allein durch die Nachfrage im Osten konnten sich auch andere Waren, wie etwa Vita Cola oder die Zigarettenmarken F6, Club und Cabinett, gut behaupten.

Natürlich brachte der Ostalgiekult weit mehr als nur Verkaufserfolge mit sich. Großer Beliebtheit erfreuen sich beispielsweise auch Ostalgiepartys, bei denen oftmals das Tragen eines FDJ-Hemds freien Eintritt beschert und das Tragen von Orden der Nationalen Volksarmee gern gesehen wird. Zu trinken gibt es selbstverständlich Vita Cola und Rotkäppchen-Sekt, die Musik kommt von Ostbands wie den Puhdys, Karat oder City. Als Programmhöhepunkt bieten die Veranstalter nicht selten Erich-Honecker-Parodien auf.

Längst hat der Kult um DDR-Relikte auch seine Fortsetzung in Film und Fernsehen gefunden. 1999 sorgte die DDR-Komödie „Sonnenallee" von Leander Haußmann für volle Kinosäle, ein noch erfolgreicheres Werk schuf Wolfgang Becker 2003 mit „Good Bye, Lenin!" 2003 entdeckten schließlich auch die Fernsehsender die DDR-Erinnerung als Quotenbringer, woraufhin mit SAT.1, RTL, ZDF und MDR gleich vier Kanäle ihre jeweils eigene Ostalgie-Show ins Programm nahmen. Wer störte sich angesichts der geballten Ampelmännchen-Euphorie schon daran, dass ehemalige DDR-Bürgerrechtler vor einer Verklärung der weniger kultigen Wirklichkeit im damaligen Arbeiter- und Bauernstaat warnten.

Obwohl die DDR-Shows auch im Westen gesehen werden und heute auch westlich der Elbe jeder Hasseröder oder Radeberger kennt, ist der Ostproduktekult natürlich in erster Linie ein Phänomen der neuen Bundesländer. Dort liegt daher auch der Absatzmarkt der inzwischen über 100 ehemaligen DDR-Marken, die derzeit zu haben sind. Über 30 Prozent seines Bedarfs an Alltagswaren deckt Otto Normalverbraucher-Ost heute mit Produkten aus den neuen Bundesländern. Um den Ostalgie-Verweigerern im Westen wenigstens ansatzweise auf die Sprünge zu helfen, startete die Agrar-Marketing-Gesellschaft Sachsen-Anhalt eine Aktion, die Ostdeutsche dazu aufforderte, „Päckchen nach drüben", also in den Westen, zu schicken. Mit den Paketen, die natürlich voll mit Ostprodukten sein mussten, sollten sich – so die nicht ganz ernst zu nehmende Begründung –

Liebe Kinder, gebt fein Acht: Der Sandmann wird jetzt umgebracht.

Initiative „Rettet den Sandmann"

die Ostdeutschen für frühere Geschenksendungen aus dem Westen bedanken.

Neben dem Ampelmännchen hat der Ostalgie-Kult noch einen weiteren kleinen Wicht als Erkennungszeichen hervorgebracht: das Ost-Sandmännchen. Dieses ging 1959, also noch vor seinem Westkollegen, auf Sendung und gehörte seitdem zum Abendritual mehrerer Kindergenerationen. Das kleine Männchen, das man im Osten immer für besser als das Sandmännchen-West hielt, rettete sich durch seine Popularität souverän über die Wiedervereinigung hinweg und überlebte einen Versuch des ORB, es 1992 abzusetzen. Als die Programmgewaltigen des inzwischen zum RBB fusionierten Senders 2003 erneut auf die Idee kamen, den kleinen Gnom aus ihrem Programm zu schmeißen (beim MDR und dem Kinderkanal hätte er allerdings weitergelebt), bekamen sie die geballte Macht des Ostalgie-Kults zu spüren. Unter dem Namen „Rettet den Sandmann“ gründete sich eine Initiative zum Erhalt der Kultsendung, mit der sich auch Prominente wie Wolfgang Stumph und Wolfgang Lippert solidarisierten. Offenbar mit Erfolg, denn im Herbst 2003 konnte die Initiative schließlich vermelden: „Der Sandmann ist gerettet.“

Literatur

Reinhard Ulbrich, Andreas Kämper: *Sandmännchen im Trabi-Land*. Econ & List, Düsseldorf 1997

Internet

Ossiversand: www.ossiversand.de
Ossiladen: www.ossiladen.de

10 Die Auster stirbt zuletzt – Rolex

Entstehungsjahr:	1908
Jahr der letzten technischen Innovation:	1931
Wert der Marke Rolex:	3,6 Milliarden Euro
Aktueller Jahresumsatz (geschätzt):	3 Milliarden Euro

Wer denkt, das Oktoberfest und die Levi's 501 seien die einzigen Kultobjekte bayerischen Ursprungs, täuscht sich. Ein Mann aus dem südwestdeutschen Freistaat war es nämlich auch, der in der ersten Hälfte des letzten Jahrhunderts eine heute kultartig verehrte Armbanduhren-Marke ins Leben rief, die gleichzeitig zu einer Schweizer Institution geworden ist: Rolex. Die Zeitmesser aus Genf gelten nicht nur als Synonym für edle Armbanduhren, sondern auch als eines der bedeutendsten Luxusgüter überhaupt. Eine Rolex ist ein Statussymbol, und wer sie trägt, zeigt der Welt, dass er es geschafft hat.

Besagter Bayer, der die Rolex-Tradition begründete, hieß Hans Wilsdorf und stammte genau genommen aus Oberfranken. Zusammen mit seinem Schwager gründete er 1905 in London ein Unternehmen, das zunächst „Wilsdorf & Davis Co." hieß und Armbanduhren verkaufte. Die Bezeichnung „Rolex" entstand 1908. Der Name hat keine Bedeutung und wurde von Wilsdorf gewählt, weil er seiner Ansicht nach schön klang und in ganz Europa ohne Mühe ausgesprochen werden konnte.

Nach dem Ersten Weltkrieg veranlassten hohe Einfuhrzölle Wilsdorf dazu, den Sitz seiner Firma in die Schweiz zu verlegen. Den Durchbruch schaffte Rolex mit dem 1926 entstandenen Modell „Oyster" (Auster), das zu dieser Zeit vor allem durch seine innovative Technik von sich reden machte. Die Oyster war die erste wasserdichte und komplett staubgeschützte Armbanduhr auf dem Markt und bot eine für damalige Verhältnisse hohe Ganggenauigkeit. Schon damals erkannte Wilsdorf jedoch, dass sich auch das beste Produkt nur durch eine geeignete Vermarktung an den Mann bringen lässt. In einem genialen PR-Coup stattete der Oberfranke die Schwimmerin

Mercedes Gleitze, die 1928 den Ärmelkanal durchschwamm, mit einer Oyster aus, wodurch die wasserdichte Rolex-Uhr ihre Qualitäten unter extremen Bedingungen unter Beweis stellen konnte. Die Berichterstattung über das Ereignis und eine von Rolex anschließend gestartete Anzeigenkampagne verfehlten ihre Wirkung nicht: Die Oyster wurde zu einer begehrten Armbanduhr, der man eine hohe Robustheit und eine erstklassige Qualität nachsagte.

Der anschließende Aufstieg der Rolex von einem Produkt mit gutem Ruf zu einem Kultobjekt ist nicht zuletzt die Folge eines geschickten Marketings. „Die Rolex-Marketingstrategen erklärten ihre gute Sache so lange zu etwas Besonderem, bis die ganze Welt es glaubte", kommentierte dies das *Manager Magazin* 1988.

Als Vater des Rolex-Kults gilt André Heiniger, der nach Wilsdorfs Tod im Jahr 1960 die Leitung des Konzerns übernahm. Anstatt auf technische Innovationen zu setzen, positionierte Heiniger Rolex als zeitlose Edelmarke, die derartige Spielereien erst gar nicht nötig hatte, und nutzte dabei als wichtigstes Marketing-Werkzeug die Ausstrahlungskraft von Prominenten. Zahlreiche bekannte Persönlichkeiten, beispielsweise John F. Kennedy, Richard Nixon oder Charles de Gaulle, bekamen eine Rolex geschenkt und hatten meist auch keine Bedenken, sie zu tragen. Zusätzlich setzte Heiniger die mit der Kanalschwimmerin Gleitze begonnene Tradition, Abenteurer mit einer Rolex auszustatten, fort: 1960 sank eine Rolex an der Kufe des Picard-Tauchboots in über 10.000 Meter Tiefe, 1978 nahm Reinhold Messner einen der Genfer Zeitmesser mit auf den Mount Everest, und Paul Newman trug eines der Kultstücke im Rennfahrerfilm „Winning".

Die Wunder-Uhr, die den Elementen trotzt.

Rolex-Werbespruch von 1927

Zum wichtigsten Rolex-Träger entwickelte sich jedoch kein Geringerer als James Bond. Der Geheimagent mit der Lizenz zum Töten rettete in den sechziger und siebziger Jahren mehrfach mit einer Oyster am Handgelenk die Welt. Im 1973 erschienenen Bond-Streifen „Leben und sterben lassen" gelingt dies dem Agenten jedoch nur, weil die Oyster zuvor ihm das Leben gerettet hat. Die jeweiligen Bond-Darsteller erwiesen sich als ideale Rolex-Werbefiguren und machten die Schweizer Armbanduhr zu einem noch gefragteren Kultobjekt.

Als Mitte der siebziger Jahre jedoch Quarzuhren aufkamen, schien es mit der Rolex-Herrlichkeit vorbei zu sein. Die mechanischen Chronometer aus Genf wirkten nun auf einmal antiquiert, was 1977 sogar James Bond dazu veranlasste, auf eine Digitaluhr umzusteigen. Für eine kurze Zeit wurde Rolex-Chef Heisiger daraufhin schwach und brachte eine Quarz-Rolex auf den Markt, doch schon bald beschloss man in Genf, ausschließlich auf Mechanik zu setzen. Diese Entscheidung erwies sich als goldrichtig, denn während die Quarz-Technologie die herkömmlichen Uhrwerke aus dem Alltag verdrängte, blieb ein kleiner Markt für mechanische Uhrwerke erhalten, die nun vor allem als solide und beständig galten.

Von diesem Trend konnten zwar nur wenige Hersteller profitieren, doch die ohnehin soliden und beständigen Rolex-Uhren gehörten fast wie selbstverständlich dazu. Während Schweizer Uhrenhersteller reihenweise Pleite gingen und die Anzahl der eidgenössischen Uhrmacher von 80.000 auf 30.000 einbrach, explodierte die Nachfrage nach den Rolex-Zeitmessern förmlich.

Spätestens seit diesem gegen den Trend erzielten Erfolg gilt die Rolex als ein Muster an Beständigkeit. Egal, wie tief die Wirtschaft in der Krise steckt, die Rolex-Verkaufszahlen scheinen davon unberührt zu bleiben. So überstand man in Genf den Anfang der neunziger Jahre spürbaren weltweiten Rückgang auf dem Luxusuhrenmarkt genauso unbeschadet wie eine weitere Rezession nach dem Jahrtausendwechsel. 2001 und 2002 galten für die gesamte Uhrenbranche als schlechte Jahre – außer für Rolex. „Während andere Hersteller unter Rückgängen von 20 Prozent beim Umsatz oder mehr leiden, baut der Genfer Uhrengigant seine Position aus“, wunderte sich die *Wirtschaftswoche* und bestätigte damit die Erfahrung, dass eine Rolex so ziemlich das letzte Statussymbol ist, auf

Die Männer, die über die Geschicke der Welt entscheiden, tragen Rolex.

Rolex-Werbespruch in den fünfziger Jahren

das ein Wohlhabender verzichten will. Selbst wenn der Jaguar verkauft wird und der Familienschmuck im Pfandleihhaus landet, wenn es um eine neue Oyster geht, dann spielt Geld offenbar keine Rolex. Geht der Reichtum der Welt zu Grunde, dann stirbt die Rolex zuletzt.

Wie sich der Kultstatus der Rolex auf die wirtschaftliche Situation des Herstellers durchschlägt, ist nicht bekannt, da das Unternehmen keine Zahlen veröffentlicht. Schätzungen gehen von einem Jahresumsatz von über 3 Milliarden Euro aus, wobei der Gewinn bei etwa 600 Millionen liegen könnte. Über eine halbe Million Rolex-Uhren sollen pro Jahr den Weg zum Kunden finden, was den Hersteller zum größten Schweizer Abnehmer von Industriegold macht. Das Marktforschungsunternehmen Interbrand schätzt den Wert der Marke Rolex auf etwa 3,6 Milliarden Euro.

Es gibt wohl kaum ein Unternehmen, bei dem sich im Lauf der Jahrzehnte so wenig geändert hat wie bei Rolex. Dies zeigt nicht zuletzt ein Blick auf die Führung des Unternehmens: Der gegenwärtige Rolex-Lenker Patrick Heiniger ist nach Wilsdorf und seinem Vater André Heiniger erst der dritte auf diesem Posten seit der Unternehmensgründung im Jahr 1905. Angesichts des unübersehbaren Kultstatus, den die Rolex innehat, vermeidet es die Unternehmensleitung tunlichst, etwas am Konzept zu ändern. So verwundert es kaum, dass die letzte wesentliche technische Neuerung am Produkt aus dem Jahr 1931 datiert. Die Produktpalette beschränkt sich auf Luxusuhren, die mit einer großen Fertigungstiefe – also mit nur wenigen Zulieferern – hergestellt werden.

Besonders ungewöhnlich ist bei Rolex die Unternehmensstruktur, die zwei formal voneinander unabhängige Bestandteile aufweist: In Genf fertigt und vertreibt man die Uhren, während der rechtlich getrennte Bieler Rolex-Betrieb für die Herstellung der Uhrwerke verantwortlich zeichnet. Das Genfer Unternehmen ist in Besitz einer von Rolex-Gründer Wilsdorf gegründeten Stiftung, die zwei Drittel des Gewinns für gemeinnützige Zwecke spendet, auch in Biel fließen Teile des Unternehmensüberschusses der Wohltätigkeit zu. Wer eine Rolex kauft, schlägt damit drei Fliegen mit einer Klappe: Er frönt einem Kult, er tut ein gutes Werk und er erwirbt eine Uhr. Letzteres ist allerdings Nebensache.

Literatur

Holger Schnitgerhans: „Wem die Auster schlägt“, *Manager Magazin* 12/1988
Klaus Ahrens, Hanno Pittner: „Uhr-Geschichte“, *Manager Magazin* 6/2002
Lothar Schnitzler: „Rolex. Nichts verändern“, *Wirtschaftswoche* 52/2002

Internet

Webseite von Rolex: www.rolex.com

11 Mobilität im Zeichen des Empire – Rolls-Royce

Entstehungsjahr:	1906
Gesamtstückzahl:	150.000
Preis eines Rolls-Royce:	ca. 400.000 Euro
Preis für Namen und Logo im Jahr 1998:	40 Millionen Pfund

„Ich fahre einen Rolls-Royce. Der stellt nicht einen Wert dar, weil die gefahrene Version exakt 347.928 Mark kostet, sondern weil er einen Wert darstellt.“ Diese Worte des Motor-Journalisten Wilhelm Hahne, die auf seiner Webseite nachzulesen sind, schildern trefflich, was die Faszination an einem Automobil der Marke Rolls-Royce ausmacht. Herkömmliche Maßstäbe zählen bei dem legendären englischen Nobelfahrzeug nicht, denn Rolls-Royce definiert die „Mobilität im Zeichen des Empire“ (*Süddeutsche Zeitung*) und damit seine eigene Kategorie. Schade eigentlich, dass es nur den Reichsten unter uns vergönnt ist, ein solches Ausnahmeauto zu fahren. Oder wie Wilhelm Hahne es angesichts eines vor ihm fahrenden 600er-Mercedes formulierte: „Schlimm, wenn man kein Geld hat.“

Von der Entstehung eines Rolls-Royce-Kults ahnten Charles Rolls und Henry Royce zwar noch nichts, als sie 1906 ihre gemeinsame Firma gründeten, die Ansprüche waren jedoch schon damals ziemlich hoch. So setzten sich die beiden das Ziel, das beste Auto der Welt zu bauen. Wie so viele andere erfolgreiche Zweierteams, so bildeten auch Rolls und Royce ein recht gegensätzliches Gespann. Der 1877 geborene Rolls stammte aus einer Adelsfamilie und genoss eine standesgemäße Erziehung inklusive Studium in Cambridge. Neben seinen Erfolgen als Geschäftsmann betätigte er sich auch als Auto- und Flugpionier, wobei ihm insbesondere die erste Doppelüberquerung des Ärmelkanals im Flugzeug gelang.

Im Gegensatz zu Rolls stammte Henry Royce aus einfachen Verhältnissen. Er konnte sich jedoch als Konstrukteur einen Namen machen, baute erste Autos selbst und traf schließlich 1904 auf Rolls, der von Royces Fähigkeiten schnell überzeugt war. Zusammen gründeten die beiden die Firma Rolls-Royce. Das Unternehmen gedieh prächtig: Mit dem Modell „Silver Ghost" landete Rolls-Royce auf Anhieb einen Erfolg, während sich auch die Produktion von Flugzeugmotoren zu einem florierenden Geschäftszweig entwickelte. Selbst der Tod von Charles Rolls im Jahr 1910 bei einem Flugzeugabsturz konnte den Siegeszug des jungen Unternehmens nicht bremsen.

Der Rolls-Royce überzeugte damals vor allem durch seine Technik. Deshalb nutzte beispielsweise T. E. Lawrence (Lawrence von Arabien) eine Rolls-Royce-Flotte im Wüstenkrieg, und 1937 fuhr ein Brite in einem Rolls-Royce von England durch die Sahara nach Nairobi. Ähnlich wie die Rolex, so erwarb sich auch der Rolls-Royce durch derartige Extremeinsätze einen guten Ruf und entwickelte sich zum Auto der Superreichen und Berühmten. Neben Marlene Dietrich und Rudyard Kipling fuhr selbst Autokönig Henry Ford einen Wagen der britischen Nobelmarke. Dadurch wurde der Rolls-Royce schon zum Kultobjekt, als man an den VW Käfer oder den Mini noch nicht einmal dachte.

Schon bald interessierten sich auch die Reichen in den USA für die englische Nobelkarosse, was bereits 1921 zu einer RR-Produktionsstätte in Massachusetts führte. Zu einer weiteren interessanten Zielgruppe entwickelten sich die Maharadschas in der britischen Kolonie Indien, die sich gerne mit einem Statussymbol der Kolonialmacht schmückten. Die Karosserie wurde damals noch nicht vom Unternehmen selbst, sondern von anderen Anbietern individuell nach den Wünschen des Kunden gefertigt. Auch sonst konnte man bei Rolls-Royce so ziemlich jeden Sonderwunsch der spleenigen Kundschaft erfüllen.

Nach dem Zweiten Weltkrieg verlor Rolls-Royce zwar immer mehr seinen Status als innovativer Autobauer, doch der Kult blieb erhalten. Während Großserienfahrzeuge wie der VW Käfer oder der Citroën 2 CV das eigene Auto immer mehr auch für Normalverdiener erschwinglich machten, blieb der Rolls-Royce ein Luxusgegenstand für die Superreichen der Welt. Nur behutsam passte man in Crewe, seit 1945 der Sitz des Unternehmens, die Luxusautos an moderne Anforderungen an. 1954 kam mit dem legendären „Silver Cloud" das bis heute bedeutendste Modell auf den Markt, das die Autos mit dem Doppel-R-Logo endgültig zu den bedeutendsten Luxusgütern der Welt machte. Ab 1965 gab es bei Rolls-Royce sogar standardisierte Karosserien vom Fließband, und zunehmend nahmen die Konstrukteure auch auf Selbstfahrer Rücksicht. Traditionell ging man bis dahin davon aus, dass ein Rolls-Royce-Besitzer einen Chauffeur beschäftigt.

> **Ich musste noch nie jemandem erklären, was ein Rolls-Royce ist – egal wo.**
>
> **Rolls-Royce-Chef Antony Gott in der Süddeutschen Zeitung**

Die zwei wichtigsten Erkennungszeichen eines Rolls-Royce sind jedoch bis heute geblieben: der Kühlergrill in Form einer griechischen Tempelfront und die Kühlerfigur Emily. Letztere, die offiziell „Spirit of Ecstacy" heißt, ist der Legende nach ein Abbild der Geliebten eines englischen Adligen, in dessen Diensten der Bildhauer Charles Sykes stand, als dieser die wohlproportionierte Metalldame schuf. Seit 1911 ziert sie die Frontpartie der Rolls-Royce-Wagen.

Im Gegensatz zur Rolex, dem anderen in diesem Buch beschriebenen Luxuskultobjekt, tat sich Rolls-Royce in den vergangenen Jahrzehnten schwer, die Verehrung der Marke in bare Münze umzuwandeln. Die Stückzahlen,

Ein Kultobjekt über Generationen hinweg: Der Rolls-Royce. Keine andere Luxusmarke erreicht einen vergleichbaren Status.

die oft tausend Exemplare pro Jahr nicht überstiegen, waren einfach zu niedrig, um die Produktions- und Entwicklungskosten wieder hereinzuholen. Finanzielle Probleme führten dann auch dazu, dass das Unternehmen 1971 verstaatlicht wurde, wobei jedoch die Autosparte als „Rolls-Royce Motor Cars“ zwei Jahre später in private Hand überging. 1980 übernahm schließlich der Mischkonzern Vickers die Firma.

Welche Ausstrahlung die Marke Rolls-Royce besitzt, zeigte sich, als Vickers sein nobles Tochterunternehmen 1998 zum Verkauf anbot. In einem monatelangen Gerangel stritten die deutschen Konzerne VW und BMW um Markenrechte und Produktionsstätten, wobei ihnen das Rolls-Royce-Geschäft Summen von über einer Milliarde Mark wert war – eine ganze Menge für ein Unternehmen, das 1999 auf eine Jahresproduktion von gerade einmal 444 Exemplaren kam. In Großbritannien war man über den anstehenden Verkauf eines nationalen Kultobjekts ins Ausland natürlich wenig begeistert, was dann sogar ein Konsortium von Superreichen aus Großbritannien und anderen Ländern dazu veranlasste, um das Unternehmen mitzubieten. Doch vergebens: Die unwürdige Bieterschlacht endete damit, dass BMW für 40 Millionen Pfund den Zuschlag für den Namen Rolls-Royce und das Unternehmenslogo erhielt und diese ab 2003 nutzen durfte. Die Produktionsstätten und die Marke Bentley, die Rolls-Royce seit der Übernahme dieses Unternehmens im Jahr 1931 besaß, gingen dagegen für 430 Millionen Pfund an VW.

Mit dem „Phantom" kam 2003 das erste Rolls-Royce-Modell unter der Herrschaft von BMW auf den Markt. Für etwa 370.000 Euro erhält der betuchte Kunde dabei einen klassischen Rolls-Royce, bei dem die Entwickler zwar einige dezente Modernisierungen vorgenommen, jedoch erwartungsgemäß auf Experimente verzichtet haben. Das Interieur ist traditionsgemäß aus Leder und edlem Holz gefertigt, die technische Ausstattung wie gewohnt vom Feinsten. Natürlich kauft man bei Rolls-Royce die meisten Komponenten heute bei anderen Autoherstellern und Zulieferern ein, wodurch eine hohe Qualität gewahrt bleibt. Offenbar stört es niemanden, dass unter der Motorhaube eines Phantoms ein Zwölfzylinder von BMW seinen Dienst tut.

Auch fast 100 Jahre nach Gründung des Unternehmens hat Rolls-Royce nichts von seiner Faszination verloren. Auch nichts von seiner Exklusivität, denn im ersten Jahr der BMW-Herrschaft wurden gerade einmal 300 Exemplare gebaut. Von den etwa 150.000 bisher produzierten Rolls-Royce-Automobilen existieren nach Firmenangaben noch über zwei Drittel. Doch es gibt auch Rolls-Royce-Banausen, und zu diesen zählen nicht zuletzt die Deutschen, deren jährliche Bestellungen die Hundertergrenze nicht überschreiten. Das Zurschaustellen von Reichtum ist hierzulande nun einmal verpönt.

Es ist aber auch nicht leicht für die Marketingabteilung von Rolls-Royce. Schließlich hat diese die Aufgabe, ein sehr teures Produkt zu vermarkten, das für seinen hohen Preis keinen echten Zusatznutzen bringt. Der gewöhnliche Autokäufer ist für das Unternehmen ohnehin uninteressant: denn der durchschnittliche Rolls-Royce-Kunde verfügt über ein Vermögen von 30 Millionen Dollar und besitzt bereits sechs andere Luxusautos. Mehrfachbesitzer sind daher nicht unüblich. Im Grunde geht es im Rolls-Royce-Marketing also darum, Reichen ein Spielzeug zu verkaufen, das sie in ähnlicher Form längst besitzen. Aggressive Werbung ist dabei natürlich tabu: „Ein Rolls-Royce muss für sich sprechen“, verriet ein Vorstandsmitglied der Zeitschrift *Capital*. „Aber dicke Werbekampagnen passen irgendwie nicht zu RR.“ Dafür kann das Unternehmen auf einen der bekanntesten Markennamen der Welt bauen, und unter dieser Voraussetzung nimmt die Konzernmutter BMW auch in Kauf, dass sich ein Return of Invest nur langfristig einstellen kann.

Dass der Rolls-Royce-Kult nach wie vor lebendig ist, belegen neben zahlreichen Webseiten Einrichtungen wie der ehrwürdige „Rolls-Royce Enthusiasts' Club“ oder das Rolls-Royce-Museum im österreichischen Dornbirn. Selbst die Sammler von Rolls-Royce-Modellen haben sich in einer internationalen Vereinigung organisiert. Eine besondere Beziehung zum Rolls-Royce hatte auch der Beatle John Lennon: Er ließ sich 1965 ein Exemplar von Künstlern im psychedelischen Stil bemalen.

Literatur

Jonathan Wood: *Rolls-Royce & Bentley*. Heel-Verlag, Königswinter 2002
„Zu verkaufen: Marke, Auto und Firma“, *Capital* 4/1998
Joachim Becker: „Die Wiedergeburt des Unsterblichen“, *Süddeutsche Zeitung* vom 4.1.2003

Internet

Offizielle Rolls-Royce-Webseite: www.rolls-roycemotorcars.com
Rolls-Royce-Webseite von Klaus-Josef Roßfeldt: www.rrab.com/indexd.htm
Rolls-Royce-Museum in Dornbirn: www.rolls-royce-museum.at
Homepage des Motor-Journalisten Wilhelm Hahne: www.motor-kritik.de/

12 Die Kraft der zwei Kerzen – Trabant

Entstehungsjahr:	1957
Letztes Produktionsjahr:	1991
Gesamtstückzahl:	3 Millionen
Zulassungen im Jahr 2003:	90.000

„Was lange fährt, wird endlich gut" – gemäß diesem Motto entwickelte sich das berühmte DDR-Auto „Trabant" von einem Gebrauchsobjekt des real existierenden Sozialismus zu einem Kultphänomen des wiedervereinigten Deutschlands. Obwohl sich der vormalige Volkswagen-Ost nach der Wende gegen technisch haushoch überlegene West-Konkurrenten wehren musste, ließen die Bürger der neuen Bundesländer das Symbol realsozialistischer Individualmobilität nicht achtlos in der Ecke stehen, sondern begannen, eine neue Liebe zu ihm zu entwickeln. So wurde der „Trabi", wie er schon zu DDR-Zeiten liebevoll genannt wurde, zu einem Erinnerungsstück an den vergangenen Alltag und zu einem Stück Abgrenzung gegenüber der Konsumgesellschaft. Der Trabi-Kult begann also erst in einer Zeit, in der das oft als „Rennpappe" verspottete Fahrzeug als Gebrauchsgegenstand keine große Bedeutung mehr hatte.

Die Geschichte des Trabants nahm 1954 ihren Anfang. Damals ordnete das Präsidium des Ministerrats die Entwicklung eines neuen Kleinwagens namens „P 50" an, der eine Karosserie aus Kunststoff haben und in Zwickau gebaut werden sollte. In der westsächsischen Industriestadt, wo bereits vor dem Krieg die Auto Union Fahrzeuge gefertigt hatte, hatte man zu diesem Zeitpunkt bereits Erfahrung mit Kunststoffkarosserien, denn der damalige Mangel an Karosserieblechen hatte die Zwickauer Ingenieure auf die Verwendung des Plastikmaterials ausweichen lassen. 1951 hatten die Zwickauer das erste Nachkriegsauto mit Kunststoffkarosserie der Öffentlichkeit vorgestellt.

Da die vorgegebene Entwicklungszeit für den P 50 mit 18 Monaten deutlich zu kurz war, brachten die Zwickauer Automobilbetriebe 1955 zunächst ein mit Kunststoffkarosserie ausgestattetes Vorkriegsmodell der Auto Union auf den Markt, das als „P 70" bezeichnet wurde. Von der Form her hatte der P 70 bereits große Ähnlichkeit mit dem späteren Trabant, auch der berühmte Trabi-Kunststoff namens „Duroplast" wurde bereits verwendet. Der P 70 war das erste deutsche serienmäßig hergestellte Kunststoffauto und war als solches international durchaus konkurrenzfähig. So ging auch ein Teil der insgesamt etwa 36.000 hergestellten Exemplare in den Export, während in der DDR nur wenige Auserwählte in den Genuss eines P 70 kamen.

1957 kam dann schließlich der P 50 auf den Markt, der nach einer Umfrageaktion den Namen „Trabant" erhielt. Der P 50 hatte bereits das Trabi-typische Aussehen, das sich bis zum Ende der DDR nicht mehr ändern sollte. Auch der Trabant P 50 konnte es durchaus noch mit Modellen aus dem Westen aufnehmen, und die Wartezeit, die ein Kunde in Kauf nehmen musste, hielt sich mit etwa anderthalb Jahren in erträglichen Grenzen. Selbst bei internationalen Motorsportveranstaltungen konnte der Trabant Erfolge feiern, wie mehrere Klassensiege bei der Rallye Monte Carlo und anderen Rennen bewiesen. Das Trabant-Werk in Zwickau unterhielt sogar eine eigene Rallye-Abteilung, die die Auftritte der Werkteams organisierte. Zu einem nennenswerten Export in den Westen kam es dennoch nie, da die Produktion nicht einmal mit der Inlandsnachfrage mitziehen konnte.

Im Lauf der sechziger Jahre kletterte die jährliche Trabant-Produktion allmählich von etwa 35.000 auf über 80.000 Exemplare. Während westliche Autobauer ihre Produkte allerdings ständig verbesserten, ging die Entwicklung des Trabants nur langsam voran. Das 1964 erstmals erhältliche neue Modell P 601 unterschied sich nur wenig von seinem Vorgänger, und die meisten Neuerungen betrafen nur die Karosserie. Während ein hoher Kraftstoffverbrauch und eine schlechte Heizung das Auto langsam zum Anachronismus machten, konnte der Trabant nur noch durch seine Robustheit und seine vergleichsweise einfache Wartung punkten. Hinter diesem technologischen Rückstand steckten nicht zuletzt ideologische Gründe: Die damalige politische Führung der DDR um Walter Ulbricht hatte kein großes Interesse am Automobilbau, denn persönliche Mobilität war in ihren

Augen Luxus, und der hatte angesichts der enormen Aufbauaufgaben für die sozialistische Zukunft hintanzustehen.

Doch trotz der rückständigen Technik stieß der Trabant in der DDR mangels Alternativen auf großes Interesse. Die Lieferzeiten stiegen in den sechziger Jahren auf mehrere Jahre an und lagen schließlich bei bis zu 15 Jahren. Die offenen Bestellungen gingen in die Millionen, was nebenbei zu einem schwunghaften Handel mit Gebrauchtwagen führte und einen Trabi aus zweiter Hand teurer machte als einen Neuwagen. Sonderwünsche bezüglich Farbe oder Ausstattung waren bei einem neuen Trabant nicht angebracht, denn oft genug musste sich der Kunde nach all den Jahren mit etwas anderem zufrieden geben, als er ursprünglich bestellt hatte.

Im Westen, wo die Automobiltechnik weiter große Fortschritte machte, hatte man derweil für das als „Leukoplastbomber" verballhornte Gefährt nur eine Mischung aus Mitleid und Spott übrig. Der Trabant mit seinem knatternden Zweitaktmotor („die Kraft der zwei Kerzen") wurde zum Symbol der nicht funktionierenden sozialistischen Planwirtschaft. Fast zwangsläufig dachte man in der Bundesrepublik, dass ein Volk, das seine Mobilitätsträume mit einem solchen Unfahrzeug ausleben musste, nicht wirklich glücklich sein konnte.

Obwohl der Trabant spätestens Ende der sechziger Jahre den Anschluss an das Westniveau endgültig verloren hatte, änderte sich an seiner Bauweise bis 1989 nicht mehr viel. Dabei fehlte es nicht am guten Willen, denn im Laufe der Jahre entstanden in Zwickau mehrere Entwürfe und Prototypen, die die Lücke zur Weltspitze zumindest ansatzweise hätten schließen können. So gab es Versuche, den lahmen Zweitaktmotor durch einen zeitgemäßen Antrieb zu ersetzen und statt Duroplast das andernorts übliche Stahlblech zu verwenden. Am weitesten gedieh die Entwicklung eines P 603 genannten Modells, das zumindest optisch und motortechnisch einen großen Fortschritt bedeutet hätte. Doch 1968, als die Serienreife des P 603 in greifbare Nähe gerückt war, ließ DDR-Wirtschaftschef Günter Mittag das gesamte Projekt einstampfen. Diese Entscheidung gilt heute als Wendepunkt in der Automobilgeschichte der DDR, deren Führung sich damit endgültig mit einer zweitklassigen Position in dieser Technologie zufrieden gab.

Die einzige nennenswerte Verbesserung, die der Trabant zum Ende seines Daseins dann doch noch erhalten sollte, war ein moderner Viertaktmotor, für den sich die Zwickauer mit großem finanziellen Aufwand die Unterstützung von Volkswagen sicherten. Von diesem Trabant 1,1 genannten Modell waren jedoch gerade erst ein paar Hundert produziert, als 1989 die Mauer fiel und damit das baldige Ende des Volkswagens-Ost besiegelte. Am 25. Juli 1990 lief der letzte P 601 vom Band und am 30. April 1991 wurde mit dem letzten Trabant 1,1 gleichzeitig auch der letzte Trabi überhaupt produziert. Nach über 3 Millionen hergestellten Exemplaren ging eine Ära zu Ende.

Mit dem Fall der Mauer schwappte eine regelrechte Trabi-Welle in die alten Bundesländer. In der DDR nutzte man die neue Reisefreiheit zu Spritztouren in den Westen, und schon bald gehörten die lauten, stinkenden Ost-Autos auch in München und Hamburg zum Straßenbild. Während erste Trabi-Witze die Runde machten, entwickelte sich das Verhältnis der Ostdeutschen zum Trabant unterschiedlich. Viele, die es sich leisten konnten, stiegen schnell auf ein Westfabrikat um und trauerten dem Trabi nicht lange nach. Andere blieben ihrem Trabant treu – aus finanziellen Gründen oder weil sie sich inzwischen daran gewöhnt hatten.

Als weitere Gruppierung gesellten sich jedoch Menschen mit einer Jetzt-erst-recht-Einstellung dazu, die sich bewusst – wenn oft auch nur als Zweitwagen – für den Trabi entschieden. Für sie wurde der Trabi zum Kultobjekt. Über 200 eingetragene Trabi-Klubs, Stammtische und Freundeskreise entstanden in den Nachwendejahren, davon etwa ein Drittel in den alten Bundesländern. 1996 wurde das „Internationale Trabant-Register e.V." mit Sitz in Zwickau gegründet, das sich den Erhalt und die Pflege des Fahrzeugs und seiner Geschichte auf die Fahnen geschrieben hat. Peter Hipke, der Sprecher der kurz „Inter-Trab" genannten Organisation, zeichnet auch für den Aufbau des Dresdner Automobilmuseums „KraftfahrZEUGEN Ostmobil" verantwortlich, in dem etwa 100 Exponate aus der ostdeutschen Fahrzeughistorie zu sehen sind.

Das bedeutendste Ereignis in der Trabi-Szene ist das seit 1993 alljährlich in Zwickau stattfindende „Internationale Trabantfahrer-Treffen", zu dem inzwischen über 3.500 Trabis aus ganz Europa angeknattert kommen. Das Treffen, das von der Wahl einer „Trabi-Queen“ bis zu diversen Wettbewerben zahlreiche Programmpunkte bietet, wird inzwischen von der Agentur WVD Westsachsen veranstaltet und hat sich dadurch zum professionell organisierten Großereignis entwickelt. Einige Hardcorefans, denen eine derartige Kommerzialisierung ihres Kultobjekts gegen den Strich geht, bevorzugen allerdings kleinere Trabi-Veranstaltungen, wie sie in Dresden, Freital, Anklam, Gelsenkirchen oder Rott (Westerwald) stattfinden.

> **Als ein reicher Amerikaner den von ihm bestellten Trabi erhält, sagt er voller Anerkennung: „Diese Deutschen sind aber auch gründlich! Bevor sie das Auto liefern, schicken sie erst mal ein Plastikmodell.“**
>
> **Trabi-Witz**

Bei so viel Kult wurde der Trabant fast zwangsläufig zu einem beliebten Objekt für Marketing- und PR-Aktivitäten. Zu den Unternehmen, die Trabis zu Werbezwecken nutzten, gehören neben der Deutschen Telekom vor allem auch mehrere Brauereien. Die Mauritius Brauerei in Zwickau brachte sogar ein Bier namens „Trabi de Luxe“ auf den Markt, das mit Trabantfahrzeugen, die überdimensionale Flaschen auf dem Dach trugen, beworben wurde. Die Löbauer Bergquell Brauerei ließ unter dem Namen „Trabi-Truck“ einige Trabi-Sattelschlepper zum Transport ihres Gerstensafts bauen, während Wernesgrüner mit zur mobilen Zapfanlage umgebauten Trabants aufwartete. Darüber hinaus bieten Touristikunternehmen Ausflüge und Stadtrundfahren mit Trabis an, während die Anzahl der Lieder über den Trabant schon mehrere Dutzend erreicht hat. Beim Blick auf die kommerzielle Verwertung des Trabi-Kults ist natürlich auch der Film „Go Trabi Go“ mit Wolfgang Stumph nicht zu vergessen, der 1991 in die Kinos kam. Darin unternimmt eine Bitterfelder Familie mit ihrem Trabi namens „Schorsch“ eine Italienreise, um auf den Spuren Goethes zu wandeln.

Ende 2003 waren in Deutschland immerhin noch etwa 90.000 Trabis zugelassen. Ein Ende des Kults ist für Peter Hipke von Inter-Trab trotz der naturgemäß abnehmenden Trabi-Population noch längst nicht in Sicht. Er weiß auch, warum so viele Menschen den Trabant lieben. „Es handelt sich um eine Beziehungskiste", erklärte Hipke dem Autor. „Die Leute hatten im DDR-Alltag eine Beziehung dazu, auch wenn sie darüber geflucht haben." In Zwickau hat man den kultigen Wert dieser Beziehung längst erkannt. Dort wurde 1998 ein Trabi-Denkmal eingeweiht.

Literatur

Peter Kurze: *Trabant. Fahren, Tanken, Fahren.* Delius Klasing Verlag, Bielefeld 2003
Gerhard Siem: *Trabant.* TIM Verlag, Ulm 2003
Frank Rönicke: *Trabant. Legende auf Rädern.* Schrader Verlag, Stuttgart 2001

Internet

Webseite des Internationalen Trabant-Registers: www.intertrab.de
Museum: www.automobilmuseum-dresden.de
Trabant-Team Freital: www.trabantteam-freital.de
Internationales Trabantfahrer-Treffen: www.supertrabi.de

13 Luftgekühlter Liebling – VW Käfer

Erstes Produktionsjahr:	1936
Letztes Produktionsjahr:	2003
Gesamtstückzahl:	21,5 Millionen
Jahr des millionsten Käfers:	1955

Fragt man nach dem deutschesten aller Kultobjekte, dann kann die Antwort wohl nur „VW Käfer" heißen. Das meistverkaufte Auto aller Zeiten verkörpert nicht nur typisch deutsche Tugenden wie Zuverlässigkeit, Genügsamkeit und Zweckorientiertheit, sondern hat sich auch quer durch die Bevölkerungsschichten ein ganzes Heer von Liebhabern erarbeitet. Im Käfer spiegelt sich zudem die jüngere deutsche Geschichte wider: Von den Nazis missbraucht, im Wirtschaftswunder erfolgreich und in den Achtzigern ausgemustert, feierte das Wolfsburger Kultmobil als New Beetle sein Comeback. Und noch immer lieben die Deutschen ihren Käfer wie kein zweites Auto.

Wie so viele andere Kultobjekte, so lässt sich auch der VW Käfer auf eine Einzelperson zurückführen, die ihn erfunden hat. Diese Person hieß Ferdinand Porsche und wurde 1875 in Böhmen geboren. Autopionier Porsche hatte sich ohne besondere Ausbildung bei verschiedenen Unternehmen der Branche zu einem der besten deutschen Autokonstrukteure hochgearbeitet, als er sich 1930 mit einem Konstrukteursbüro selbständig machte. Mit seinen Mitarbeitern entwickelte Porsche ein Konzept für ein preiswertes Massenauto nach Vorbild des Model T von Ford, das er mehreren Automobilherstellern vorstellte. In der damaligen Weltwirtschaftskrise wollte allerdings kein Unternehmen die notwendigen Investitionen riskieren.

Als jedoch 1933 die Nazis die Herrschaft in Deutschland übernahmen, fand Porsche in Adolf Hitler einen unerwarteten Unterstützer. Dieser beschloss, das Massenauto, das von Porsche nun „Volkswagen“ genannt wurde, in großen Stückzahlen zu bauen und für den erschwinglichen Preis von 1.000 Reichsmark unters Volk zu bringen. Porsche ließ sich auf die Zusammenarbeit mit dem Naziführer ein, der den Volkswagen 1934 auf dem Berliner Automobilsalon ankündigte. Das erste Exemplar wurde 1936 fertig gestellt.

Zwei Jahre später benannte Hitler den Volkswagen in „KdF-Wagen“ um, was den zukünftigen Käfer als Bestandteil des Reiseprogramms „Kraft durch Freude“ (KdF) auswies, mit dem die Nazis im Dritten Reich kostengünstige Urlaubstouren anboten. Mit der Umbenennung riefen die Nazis das „KdF-Wagen-Sparen“ ins Leben, das es dem Normalbürger durch die Einzahlung von wöchentlich 5 Mark ermöglichen sollte, nach vier Jahren ein solches Fahrzeug zu erwerben. Etwa 336.000 Menschen beteiligten sich an der Sparaktion, doch ein Auto erhielten sie nie, denn mit Beginn des Zweiten Weltkriegs wurden alle vom Band laufenden Exemplare für das Militär benötigt. Die vernichtende Niederlage Hitler-Deutschlands konnte allerdings auch der „Käfer“, wie er nun genannt wurde, nicht verhindern. Nach Kriegsende kümmerte sich Porsche um ein neues Projekt: den Bau eines Sportwagens, der einige Ideen des Käfers übernahm. Daraus entstand das nach ihm benannte Unternehmen und damit eine weitere Autolegende, deren erste Erfolge Ferdinand Porsche vor seinem Tod 1951 noch miterleben konnte.

Da in der Nachkriegszeit kein ausländischer Automobilhersteller einen Einstieg bei Volkswagen wagte, startete das Unternehmen als eigenständiger Anbieter in die neu gegründete Bundesrepublik. Und das mit Erfolg: Der Käfer wurde schnell zum begehrten Exportartikel, den sich zwar in Deutschland zunächst nur wenige leisten konnten, der dafür aber zahlreiche neue Arbeitsplätze sicherte. Bereits 1955 rollte in Wolfsburg der millionste Käfer vom Band. Das Wolfsburger Auto wurde zum Symbol des deutschen Wirtschaftswunders und bestätigte die Deutschen in ihrem „Wir sind wieder wer“-Gefühl. Zweifellos bildete diese Symbolkraft des Käfers in den Aufbaujahren der Bundesrepublik eine wichtige Grundlage für den späteren Kultstatus.

> **Es war ein Heiligtum, das war die erste Möglichkeit, eine eigene Person zu sein.**
>
> **Dieter Hildebrandt über den VW Käfer in „100 Jahre“ von Guido Knopp**

Ende der fünfziger Jahre waren die Reallöhne schließlich so weit gestiegen, dass sich der Käfer langsam auch in Deutschland zu einem „Volkswagen“ im Wortsinne entwickeln konnte. Durch sein gutes Preis-Leistungs-Verhältnis wurde der Käfer zum meistverkauften Auto in Deutschland und feierte auch in den USA als „Volkswagen Bug“ Erfolge. Für ein erstes Denkmal des beginnenden Käferkults sorgten in den sechziger Jahren die Filmstudios von Walt Disney, die mehrere Streifen mit dem Käfer „Herbie“ in der Hauptrolle in die Kinos brachten. Mit „Dudu“ entstand in den Siebzigern eine weitere in Deutschland produzierte Käfer-Filmreihe.

Zweckfahrzeug und Kultobjekt: Der VW Käfer wurde zu einem Liebling der Deutschen. 21,5 Millionen Exemplare des Ausnahmefahrzeugs wurden gebaut.

Bereits Ende der sechziger Jahre wurde jedoch immer deutlicher, dass das Käfer-Konzept langsam veraltete. Die typische Form, die dem Auto seinen Namen gegeben hatte, wurde wegen einer schlechten Aerodynamik immer mehr zum Anachronismus, Gleiches galt für den luftgekühlten Heckmotor. Doch die Deutschen hatten ihre Liebe zum Käfer längst entdeckt und blieben ihm trotz der veralteten Technik treu. So konnte auch der ab 1974 produzierte VW Golf, der den Käfer später als erfolgreichstes deutsches Auto ablösen sollte, den Bestand des Vorbilds nicht gefährden.

Spätestens in den siebziger Jahren konnte man den Käfer mit Fug und Recht als Kultobjekt bezeichnen. Im Gegensatz zum ebenfalls kultigen 2 CV von Citroën verband man mit dem Wolfsburger Volksmobil jedoch nie eine bestimmte politische Einstellung – es war einfach die Liebe zum Auto und zur Nostalgie, die erste Fanklubs und erste Treffen entstehen ließ. Während viele Durchschnittsbürger den Käfer noch als Alltagsauto nutzten, führten die ersten Enthusiasten bereits allerlei kuriose Umbauten durch, wobei neben optischen Spielereien auch der Motor immer wieder Ziel von Tuning-Maßnahmen war.

Angesichts der großen Beliebtheit neigte sich die Geschichte des Käfers nur langsam dem Ende zu. Als 1978 das letzte in Deutschland gebaute Exemplar vom Band lief, war noch längst nicht Schluss, denn in Mexiko wurde der Käfer munter weiter produziert und auch nach Deutschland geliefert. Erst 1985, als der Käfer schon fast als Oldtimer galt, war die Nachfrage in Deutschland schließlich so weit gesunken, dass Volkswagen den Import aus Mexiko einstellte. Es dauerte allerdings noch weitere 18 Jahre, bis am 30. Juli 2003 nach 21,5 Millionen produzierten Exemplaren schließlich auch in Mexiko die Bänder abgestellt wurden.

Trotz der Produktionseinstellung blieb der Käfer ein Kultauto. Noch heute sind in Deutschland mehrere Dutzend Käfer-Klubs aktiv, auch in Schweden, Frankreich und Großbritannien haben sich die Käfer-Anhänger organisiert. Im Sommer vergeht kein Wochenende, ohne dass irgendwo in Mitteleuropa ein Käfer-Treffen stattfindet, wobei insbesondere das Mai-Käfer-Treffen in Hannover zu nennen ist, das 2003 bereits zum 20. Mal stattfand. Als besondere Kultobjekte gelten vor allem Käfer-Cabrios, für die längst Liebhaberpreise bezahlt werden.

Die Beliebtheit des Käfers blieb auch nach Ende des Imports so groß, dass man in Wolfsburg in den Neunzigern beschloss, des Deutschen liebstes Autokind wiederzubeleben. Den Anfang machte eine in den USA angefertigte Designstudie im Käfer-Look, die 1994 der Öffentlichkeit präsentiert wurde und begeisterte Reaktionen hervorrief. Die Unternehmensleitung beschloss, das Modell als „New Beetle“ in Serie gehen zu lassen. Natürlich war es nur die Optik des New Beetle, die noch eine gewisse Ähnlichkeit mit dem ursprünglichen Käfer hatte, während das Innenleben dem aktuellen Stand der Technik entsprach. Doch zusammen mit dem Namen genügte das Aussehen des neuen Fahrzeugs, um die alte Liebe wieder erwachen zu lassen. Volkswagen versuchte daher auch erst gar nicht, den New Beetle als Zweckauto zu vermarkten, sondern setzte auf Lifestyle-Argumente und auf Nostalgie. Dies kam vor allem in den USA an, wo sich der New Beetle besonders gut verkaufte. Der US-Werbespruch lautete: „Wenn Sie in den achtziger Jahren Ihre Seele verkauft haben, haben Sie nun die Chance, sie wieder zurückzukaufen."

Literatur

Patrick Lesueur: *Mythos VW Käfer*. Heel Verlag, Königswinter 2001
Guido Knopp: *100 Jahre*. Econ, München 1999

Internet

Fanseite: www.vwkult.de

Teil 2 Kultfilme und Kultserien

14 Der Spion, den wir lieben – James Bond

Jahr des ersten Films:	1962
Anzahl der Filme:	20
Produktionskosten von „Stirb an einem anderen Tag“:	140 Millionen Dollar
Einnahmen für Produkt-Placement in „Stirb an einem anderen Tag“:	120 Millionen Dollar

„Bond. James Bond.“ Es gibt kein anderes Kultphänomen auf dieser Welt, bei dem schon die Nennung des Namens derart zum geflügelten Wort geworden ist wie bei der berühmten Filmreihe um den Geheimagenten mit der Lizenz zum Töten. Nach 20 erfolgreichen Filmen ist jedoch nicht nur Bonds verbale Visitenkarte zum Allgemeingut geworden, sondern auch sein Lieblingsgetränk, seine Pistole und nicht zuletzt die berühmte Zahl 007. Kein Zweifel, James Bond ist Kult.

Zur Kultfigur wurde der berühmteste aller Geheimagenten zwar erst durch seine furiosen Filme, seine Entstehung verdankt er jedoch einer Romanreihe des britischen Schriftstellers Ian Fleming. Auch dessen Lebensgeschichte ist – wenn auch nicht ganz so spektakulär wie die von James Bond – durchaus interessant. Fleming wurde 1908 als Sohn eines wohlhabenden Offiziers und Politikers in London geboren und genoss eine standesgemäße Erziehung im Elite-Internat Eton. Sein Studium der Psychologie absolvierte er in München und Genf, anschließend arbeitete er als Journalist. Bei Ausbruch des Zweiten Weltkriegs wurde Fleming zur Armee einberufen und dort mit geheimdienstlichen Aufgaben betraut. Er bildete Personal für Sonderkommandos aus und leitete verschiedene Geheimaktionen, wobei er sich einen hervorragenden Ruf für derartige Aufgaben erarbeiten konnte. Ab 1945 kehrte Fleming zu seiner früheren Tätigkeit als Journalist zurück.

Nebenbei widmete sich Fleming nun auch seinem ersten Romanprojekt, in dem ein Geheimagent namens James Bond im Mittelpunkt stehen sollte. Bei der Namensgebung für den Helden stand ein amerikanischer Vogelkundler gleichen Namens Pate, auch wenn dieser sonst nichts mit einem Geheimagenten gemeinsam hatte. 1953 erschien unter dem Namen „Casino Royale" der erste James-Bond-Roman, dessen Hauptperson in allen wesentlichen Zügen der heute bekannten Filmfigur entsprach. Das Buch entwickelte sich zum Erfolg, und so ließ Fleming weitere James-Bond-Romane folgen. Titel wie „Live and Let Die" (1954), „Moonraker" (1955), „Diamonds Are Forever" (1956) und „From Russia With Love" (1957) dürften heute jedem Bond-Fan bekannt vorkommen, da sie später verfilmt wurden. 1960 hatte Fleming bereits über eine Million Bücher verkauft und konnte daher seine Journalistenstelle aufgeben. Nach weiteren Romanen aus der James-Bond-Reihe starb Fleming am 12. August 1964 an einem Herzanfall.

Schon der erste Bond-Roman „Casino Royale" lockte zahlreiche Filmproduzenten an, es kam jedoch nur eine unbedeutende Verfilmung für das US-Fernsehen zustande. Die Geschichte der heute bekannten Filmfigur begann 1961, als die beiden Filmproduzenten Harry Saltzman und Albert Broccoli die Firma Eon gründeten, um mit dieser die Rechte am James-Bond-Stoff zu übernehmen. Eon gewann den Branchenriesen United Artists als Partner und brachte 1962 „James Bond – 007 jagt Dr. No" in die Kinos. Die Hauptrolle übernahm der schottische Schauspieler Sean Connery, nachdem Cary Grant und einige andere prominente Akteure abgesagt hatten.

Trotz der bescheidenen Produktionskosten von etwa einer Million Dollar wurde der erste Bond-Film zu einem beachtlichen Erfolg, der den Grundstein zum Kultphänomen James Bond bildete. Bereits 1963 legten die Produzenten mit „Liebesgrüße aus Moskau“ nach, der die Besucherzahlen des Debütfilms deutlich übertraf. Mit „Goldfinger“ (1964) folgte eine weitere Steigerung und spätestens mit dem 1965 veröffentlichten „Feuerball“ hatte die „Bondomanie“, wie Buchautor Siegfried Tesche die Begeisterung um den Agenten nennt, einen ersten Höhepunkt erreicht. Schon zu diesem Zeitpunkt gab es 600 lizenzierte Merchandising-Produkte zu kaufen, und viele verglichen die Bondomanie mit der Beatlemania, die zu diesem Zeitpunkt noch grassierte.

So stieg die James-Bond-Reihe zur erfolgreichsten Filmserie der Kinogeschichte auf und folgte dabei einem einfachen Konzept: In seinen Abenteuern kämpft Geheimagent Bond an der Seite hübscher Frauen gegen größenwahnsinnige Bösewichte, die die Welt bedrohen. Neben exotischen Schauplätzen spielen dabei nicht zuletzt technische Spielereien, oft in Verbindung mit Actionszenen, eine Rolle: So sah man James Bond schon am Steuer eines Düsenjägers, bei Unterwassereinsätzen oder beim Bungee-Jumping, nicht zu vergessen auch sein Einsatz in einem Citroën 2 CV.

> **Manchmal glaubt man, er würde bald heilig gesprochen.**
>
> **Kölner Stadtanzeiger über James Bond**

Nachdem Sean Connery angesichts der ihn immer mehr nervenden Bondomanie seinen Rückzug verkündet hatte, übernahm 1969 George Lazenby in „Im Geheimdienst ihrer Majestät“ die Bond-Rolle. Der ehemalige Dressman agierte jedoch glücklos, versetzte damit der Bond-Begeisterung einen schweren Dämpfer und musste daher schon nach dem ersten Film seinen Part an Roger Moore (1971–1985) übergeben. Diesem folgte von 1987 bis 1989 Timothy Dalton. Nach einer sechsjährigen Pause, die durch Urheberrechtsstreitigkeiten ausgelöst wurde, übernahm 1995 schließlich Pierce Brosnan die Rolle und konnte die Erfolge früherer Tage sogar noch übertreffen. Angesichts der unglaublichen Begeisterung, die um James Bond herrscht, hat sich auch nach dem 20. offiziellen Bond-Film, „Stirb an einem

Niemand verkörpert die Kombination aus Kult und Kommerz so perfekt wie James Bond. Der Schotte Sean Connery legte als erster Bond-Darsteller den Grundstein dazu.

anderen Tag" (2002), nichts am Konzept geändert, außer dass die Produktionskosten ständig gestiegen sind und die Stunts, die Spezialeffekte sowie die Vermarktung ständig aufwendiger wurden.

Auch finanziell ist James Bond eine Erfolgsgeschichte. „Stirb an einem anderen Tag" kostete beispielsweise 140 Millionen Dollar, spielte jedoch allein in den ersten zwei Monaten an den Kinokassen 373 Millionen Dollar wieder ein. Weitere 120 Millionen Dollar hatten die Produzenten bereits vor dem Start des Films sicher, denn diverse Hersteller hatten dafür bezahlt, dass ihre Produkte – vom Finlandia Wodka bis zum Auto der Marke Aston Martin – ihren Auftritt im James-Bond-Abenteuer erhielten. Von der gezielten Schleichwerbung haben beispielsweise auch schon BMW und Rolex (siehe Kapitel 10) profitiert, da James Bond eben ein Name ist, mit dem sich gut werben lässt. Verschiedene Schätzungen gegen davon aus, dass jeder vierte Erdenbürger schon einmal einen seiner Filme gesehen hat. Bonds Status als perfekte Ikone ist so unwiderruflich, dass sein positives Image auch auf die Gegenstände in seiner Umgebung abstrahlt. Dies zeigte sich nicht zuletzt auch an musikalischen Evergreens aus den Bond-Filmen, wie „For Your Eyes Only“ von Sheena Easton oder „Goldeneye“ von Tina Turner, die zu Hitparadenerfolgen wurden.

Schon allein die Tatsache, dass Unternehmen Millionenbeträge bezahlen, nur um ihr Produkt in die Nähe von James Bond zu rücken, zeigt, dass der Geheimagent mehr ist als nur ein erfolgreicher Filmheld. James Bond ist Kult. Und kein anderes Kultphänomen hat so viele geflügelte Worte hervorgebracht. Man denke nur an das anfangs erwähnte „Bond. James Bond“, die sprichwörtliche „Lizenz zum Töten“ oder das legendäre „geschüttelt, nicht gerührt“, mit dem der Agent gewöhnlich seinen Wodka Martini bestellt. Nicht zu vergessen die Zahlenkombination 007, die zur weltweit bekanntesten ihrer Art geworden ist. Selbst James Bonds Pistole, die Walter PKK, hat einen enormen Bekanntheitsgrad.

Auch die Zahl der Parodien, die es zu James Bond gibt, ist einzigartig. Bekannt sind beispielsweise Leslie Nielsen als „Agent 00“ im gleichnamigen Film oder Rowan Atkinson alias Mr. Bean in seiner Persiflage „Johnny English“. Zum Kassenschlager entwickelten sich die Filme des Komikers Mike Myers, der als trotteliger, sexbesessener Agent „Austin Powers“ mit Brusthaartoupet unterm Rüschenhemd den fiesen Dr. Evil jagt. Selbst in der Comicwelt wird der Agent gerne kopiert, zum Beispiel als Druidenspion Nullnullsix in einem Asterix-Band oder wenn Donald Duck sich als QQ7 ausgibt. Auch die Firma Heinz ist auf den Bond-Zug aufgesprungen und bewirbt ihr Ketchup mit dem Slogan „Lizenz zum Grillen“.

Dabei ist James Bond ein ausgesprochen ungewöhnliches Kultphänomen, denn er ist perfekt. Er sieht blendend aus, wickelt die schönsten Frauen um den Finger, löst mühelos die schwierigsten Probleme, fährt teure Autos und ist immer auf der Siegerseite. Menschliche Schwächen sind ihm völlig fremd. James Bond ähnelt also eher einem Gott als einem Menschen und steht dadurch im krassen Gegensatz zu Kultobjekten wie dem Citroën 2 CV, dem FC Schalke 04 oder Harley-Davidson (siehe Kapitel 2, 30 und 3), deren Verehrung auch und gerade mit ihren Mängeln zusammenhängt. Doch im Gegensatz zum FC Bayern München (Kapitel 26), der ebenfalls für

Perfektionismus steht, hat sich um James Bond nie ein Hasskult gebildet. Im Gegenteil, es ist gerade die Makellosigkeit, die James Bond so interessant macht. Der *Kölner Stadt-Anzeiger* brachte es auf den Punkt: „In einer aus den Fugen geratenen Welt ist James Bond die einzige konstante Größe, die letzte Sicherheit vor dem Chaos."

Literatur

Siegfried Tesche: *Das große James Bond Buch*. Henschel Verlag, Berlin 2002
Milan Pavlovic: „007 – der ewige Sieger", *Kölner Stadt-Anzeiger* vom 23.11.2002

Internet

Offizielle James-Bond-Seite: www.jamesbond.com

15 Everybody needs somebody – Blues Brothers

Erster Auftritt	1976
Entstehungsjahr des Films:	1980
Produktionskosten:	33 Millionen Dollar
Verkaufte Exemplare der LP „A Briefcase Full of Blues":	3,5 Millionen

Wenn zwei Gestalten in dunklen Anzügen mit Hut und Sonnenbrille fetzige Bluestitel intonieren, dann gibt es nur zwei Möglichkeiten: Entweder es handelt sich um die Blues Brothers oder um eines der zahlreichen Blues-Brothers-Imitate. Ihre Popularität verdanken die beiden Blues Brothers der

Rockband gleichen Namens, die sich in den siebziger Jahren gründete und durch den 1980 erschienenen „Blues Brothers"-Film unsterblich wurde. Bis heute haben die Blues Brothers Kultstatus.

Die Idee zur Gründung der Blues Brothers stammt von den beiden Entertainern Dan Aykroyd und John Belushi, die als ambitionierte Nachwuchskomödianten 1975 zur neu gegründeten Fernsehshow „Saturday Night Live" stießen. SNL, wie die heute noch existierende Sendung auch genannt wird, gilt als eines der Vorbilder deutscher Humorprogramme wie der „Sat-1 Wochenshow" und „RTL Samstagnacht". Unabhängig von ihrem Fernsehengagement schmiedeten die miteinander befreundeten Aykroyd und Belushi den Plan, eine Band zu gründen, die – unterstützt durch geeignete Showeffekte – bekannte Bluestitel aufführen sollte. Eine Plattenhülle des Bluesmusikers John Lee Hooker, der darauf in einem schwarzen Anzug mit Hut und Sonnenbrille abgelichtet war, brachte die beiden auf die Idee zu ihrem späteren Outfit. Hooker hatte sich vermutlich für diese Kleidung entschieden, weil sie ihm als schwarzem Musiker in den fünfziger und sechziger Jahren Anerkennung in weißen Etablissements verschaffen sollte. Bei Aykroyd und Belushi assoziierte man damit jedoch eher einen Mafia-Look oder die CIA.

Aykroyd und Belushi nannten ihre Band „Blues Brothers" und verpassten sich die Künstlernamen Elwood und Joliet Jake Blues. Ein erster Auftritt in einem kleinen Klub kam zwar gut an, doch noch stießen die Blues-Eskapaden der beiden auf keine große Nachfrage. So war es eher eine Verlegenheitslösung, dass Aykroyd und Belushi ihre Nummer in „Saturday Night Live" einbrachten. Bei ihrem ersten Blues-Brothers-Auftritt in der Sendung 1976 verzichteten die beiden noch auf die bereits existierende Mafiosikluft und sangen in Bienenkostümen den bekannten Bluestitel „King Bee". Danach entschlossen sich Aykroyd und Belushi allerdings, in Zukunft wieder ihre schwarzen Anzüge zu tragen, außerdem holten sie sich einige arrivierte Bluesmusiker zur Verstärkung. Der zweite Auftritt in „Saturday Night Live" zeigte die Blues Brothers dann in der heute bekannten Form inklusive der neuen Band-Kollegen. Zusammen sorgten sie für eine furiose Interpretation des Bluesklassikers „Soul Man".

Das Publikum zeigte sich von den Blues Brothers begeistert, was der Truppe bereits nach dem „Soul Man"-Auftritt ein Engagement im Vorprogramm des Komikers Steve Martin einbrachte. Aykroyd, Belushi und ihre Kollegen gaben dabei weitere bekannte Bluesnummern zum Besten, was live aufgenommen und unter dem Namen „Briefcase Full of Blues" auf Platte veröffentlicht wurde. Die Scheibe wurde zum meistverkauften Soulalbum aller Zeiten: 3,5 Millionen Exemplare gingen über den Ladentisch, während „Soul Man" zum Single-Hit avancierte. Die Popularität von Aykroyd und Belushi stieg gewaltig an, weitere Blues-Brothers-Auftritte in „Saturday Night Live" folgten.

1979 kam Aykroyd auf die Idee, einen Kinofilm mit den Blues Brothers zu drehen. Er entwickelte ein Drehbuch, das anschließend vom Regisseur John Landis überarbeitet wurde. Das Konzept war recht einfach: Viel Klamauk, viel Blues und noch mehr Autoaction sollten für eine furiose, nicht allzu anspruchsvolle Komödie sorgen, in der Aykroyd und Belushi in ihren bekannten Kostümen die Hauptrollen übernahmen. Der Titel des Films, der 1980 in die Kinos kam, lautete wie der Bandname: „The Blues Brothers".

Sie werden uns nicht kriegen. Wir sind im Auftrag des Herrn unterwegs.

Elwood Blues zu seinem Bruder

Im Mittelpunkt des Blues-Brothers-Films stehen die beiden von Aykroyd und Belushi gespielten Brüder Elwood und Joliet Jake Blues. Am Anfang der Handlung wird Letzterer nach dreijähriger Haft wegen guter Führung vorzeitig aus dem Gefängnis entlassen und von seinem Bruder mit einem zum Bluesmobil umgebauten Polizeiauto abgeholt. Die beiden fahren zu dem Kinderheim, in dem sie aufgewachsen sind, und erfahren, dass dieses in finanziellen Schwierigkeiten steckt. Falls nicht innerhalb von zehn Tagen 5.000 Dollar aufgetrieben werden, sitzen die Zieheltern der beiden Brüder auf der Straße. Da Elwood und Joliet Jake gute Menschen sind, versuchen sie, das Geld zu besorgen, indem sie ihre alte Band, die Blues Brothers, zu einem Benefizkonzert wieder auferstehen lassen. Doch bevor dieses Konzert zustande kommt, müssen die beiden Brüder etliche Verfolgungsjagden, zahlreiche Karambolagen und nicht zuletzt einige Mordanschläge überstehen.

Die Realisierung des Films ließ sich die Produktionsfirma Universal Pictures stattliche 33 Millionen Dollar kosten, wobei ein beträchtlicher Teil des Budgets in die zahlreichen Actionszenen floss. Doch auch musikalisch wurde nicht gekleckert, sondern geklotzt: So geben in „Blues Brothers“ Weltstars wie Aretha Franklin, Ray Charles, John Lee Hooker und James Brown ihr Gastspiel und bereichern den Soundtrack des Films um Klassiker wie „Everybody Needs Somebody To Love“ oder „Think“.

Trotz des erheblichen Produktionsaufwands wurde „Blues Brothers“ zunächst nur ein mittelmäßiger Erfolg. Das Publikum akzeptierte die Crashorgien auf der Leinwand nur zögerlich, während sich die Platte zum Film mit einer Million Exemplare zwar gut, aber eben deutlich schlechter als der Vorgänger verkaufte. Immerhin gelang den Leinwandbrüdern mit der Single-Auskopplung „Gimme Some Lovin'“ ein letzter Hitparadenerfolg. Mit der ebenfalls 1980 in Originalbesetzung erschienenen Langspielplatte „Made in America“ wagten die Blues Brothers einen letzten Versuch. Doch als diese sich nur mäßig verkaufte, war die Luft erst einmal draußen, und die Akteure trennten sich. Aykroyd und Belushi starteten Solokarrieren, die trotz eines letzten gemeinsamen Films recht unterschiedlich verliefen: Belushi starb 1982 an einer Drogenüberdosis, während Aykroyd mit Filmen wie „Ghostbusters“ und „Die Glücksritter“ in die erste Garde der Hollywoodstars aufstieg.

Ungeachtet des bescheidenen Starts setzte im Lauf der achtziger Jahre eine immer größere Begeisterung um „Blues Brothers“ ein. Immer mehr Zuschauer fanden nun die schrägen Abenteuer der beiden Blues-Brüder und deren fetzige Musik kultig, wozu zweifellos auch das Ende der achtziger Jahre einsetzende Blues-Revival beitrug. Auch das Outfit der beiden schrägen Typen kam nun bestens an. Die schwarzen Anzüge mit Hut und Sonnenbrille sorgten für einen hohen Wiedererkennungswert, der zu Nachahmungen bei Karnevalsfeiern und Karaoke-Veranstaltungen geradezu einlud. Schon wenige Jahre nach dem verpatzten Kinostart waren die Blues Brothers Kult.

Wie bei anderen Kultfilmen, so entstand auch bei den „Blues Brothers“ eine Fangemeinde, die sich den Film immer wieder anschaut und während der Vorführungen selbst aktiv wird. Dass sich der echte Anhänger zu einem solchen Anlass im Blues-Brothers-Kostüm präsentiert, versteht sich von selbst, außerdem werden die Lieder mitgesungen und es wird getanzt. Weltweit sind zudem über 2.000 Cover-Bands aktiv, die im Stil der Blues Brothers Musik machen, darunter beispielsweise die Duisburger Formation „Still on A Mission“. Einen offiziellen Blues-Brothers-Fanklub gibt es im deutschsprachigen Raum zwar nicht, doch kleinere Gruppierungen wie die „Bochumer Blues Bande“ sorgen für die Pflege des Kults. Bandenmitglied Klaus Jockel berichtet im Gespräch, wie sich echte Fans auch unter widrigsten Bedingungen zu helfen wissen: „Auf Partys nehmen wir immer ein paar Blues-Brothers-CDs mit und ‚bestechen‘ auch schon mal den Disc Jockey, damit er unsere Scheiben auflegt.“ Das Wichtigste am Blues-Brothers-Kult ist für Jockel die Musik und außerdem dürfe man „das Ganze nicht so ernst nehmen“.

Mit dem einsetzenden Kult versuchten einige der Beteiligten, die Blues-Brothers-Tradition wiederzubeleben, doch da Belushi zu diesem Zeitpunkt längst tot war, waren Auftritte in Originalbesetzung nicht mehr möglich. Auch sein Bruder James, der ebenfalls einst zur Besetzung von „Saturday Night Live“ gehört hatte, konnte ihn in den Augen der Fans nicht ersetzen. Immerhin lebten die einst von Aykroyd und Belushi engagierten Musiker, die als „Blues Brothers Band“ auftraten, ganz gut von ihrem großen Namen. 1998 kam mit „Blues Brothers 2000“ eine Fortsetzung des Kultklassikers in die Kinos, der jedoch wenig Beachtung fand. So blieb der Originalfilm weiterhin unerreicht, und das nicht nur deshalb, weil er einen Weltrekord aufstellte. Nie zuvor wurden für einen Film so viele Autos geschrottet.

Literatur

Bob Woodward: *John Belushi Überdosis.* Goldmann, München 1988

Internet

Fanseite: www.bochumerbluesbande.de
Blues-Brothers-FAQ:
www.csse.monash.edu.au/ffipringle/bluesbros/faq.html

16 Eine wunderbare Freundschaft – Casablanca

Jahr der Uraufführung:	1942
Kosten für die Rechte des zugrunde liegenden Theaterstücks:	20.000 Dollar
Produktionskosten:	950.000 Dollar
Ingrid Bergmanns Honorar	25.000 Dollar

Ist Ronald Reagan eine Kultfigur? Sicherlich nicht, aber der frühere US-Präsident und ehemalige Schauspieler hätte vielleicht eine werden können, denn er war Anfang der vierziger Jahre als Hauptdarsteller für den späteren Kultfilm „Casablanca" im Gespräch. Stattdessen erhielt jedoch der legendäre Humphrey Bogart die Rolle, und Reagan musste sich mit einem Dasein als B-Movie-Darsteller zufrieden geben, bevor er schließlich in die Politik wechselte. Es ist müßig, darüber zu spekulieren, ob Reagan den gleichen Erfolg wie Bogart gehabt hätte und ob er auch als Weltstar Politiker geworden wäre.

In jedem Fall hat „Casablanca" Filmgeschichte geschrieben. Das 1942 uraufgeführte Meisterwerk gilt unter Cineasten bis heute als einer der besten Filme aller Zeiten, als der Romantikthriller schlechthin und natürlich als Kultfilm. Noch heute geht von „Casablanca" und den beiden Hauptdarstellern Humphrey Bogart und Ingrid Bergman eine ungeheure Faszination aus, die sich nicht zuletzt dadurch offenbart, dass zahlreiche Szenen und Zitate aus dem Film auch Nichtanhängern bekannt sind.

Die Entstehung von „Casablanca“ fiel in eine bewegte Zeit. In Europa hatte 1939 der Zweite Weltkrieg begonnen, in den die USA jedoch zunächst nicht eintraten. Währenddessen erlebte das US-Kino den Höhepunkt seiner glanzvollen Geschichte: Fast 20.000 Lichtspielhäuser buhlten um die Gunst der US-Amerikaner, die im Schnitt 20 Prozent ihres Freizeitbudgets für Filme ausgaben. Mit „Vom Winde verweht“ war 1939 der inflationsbereinigt erfolgreichste Film aller Zeiten in die Kinos gekommen. Zu den Branchengrößen zählten neben Unternehmen wie Walt Disney oder MGM auch die Warner Brothers, die mit Casablanca das große Los ziehen sollten.

Zur gleichen Zeit schrieb das Autorenpaar Murray Burnett und Joan Allison das Theaterstück „Everybody Comes to Rick's“, für das sich zwar zunächst keine Bühne interessierte, das jedoch über einen Agenten den Weg zu den Warner Brothers fand. Dort war man von dem Stoff angetan und ließ ein Drehbuch entwickeln, aus dem schließlich nach mehreren Überarbeitungen das Skript mit der heute bekannten Handlung entstand. Den Namen änderten die Warner-Brothers-Leute in „Casablanca“, was nicht zuletzt an den 1938 erschienenen Film „Algiers“ erinnern sollte, der mit großem Erfolg gelaufen war. Nachdem Warner Brothers zunächst Ronald Reagan als Besetzung für Rick Blane ankündigte, übernahm am Ende dann doch Humphrey Bogart die Hauptrolle.

> **Die Premiere des Films „Casablanca“ war tatsächlich der Beginn einer wunderbaren Freundschaft, zum einen zwischen dem Film und seinem Publikum, zum anderen zwischen dem Film und seinen Kritikern und dem Film und Hollywood.**
>
> **Aus „Casablanca“ von Frank Miller**

Im Mittelpunkt der Casablanca-Handlung steht der Amerikaner Rick Blane (Humphrey Bogart), der während des Zweiten Weltkriegs in der marokkanischen Stadt Casablanca das Lokal „Rick's Café Americain“ betreibt. Die Stadt ist zu dieser Zeit ein wichtiger Anlaufpunkt für Menschen, die vor der Nazi-freundlichen Vichy-Regierung in Frankreich fliehen und ihre Flucht von hier aus meist in die USA fortsetzen möchten. Doch die

Schau mir in die Augen, Kleines: Der Kultfilm „Casablanca" hat die deutsche Sprache um mehrere Redewendungen bereichert. Für viele ist die erste Begegnung mit dem Film der Beginn einer wunderbaren Freundschaft.

dazu benötigten Visa sind schwer zu bekommen, zumal die Nazis auch in der französischen Kolonie Marokko präsent sind. Eines Tages erscheint Ricks frühere Liebe Ilsa (Ingrid Bergman), die sich ebenfalls auf der Flucht befindet, in seinem Lokal. Begleitet wird sie von ihrem neuen Lebensgefährten, dem von Rick verehrten tschechischen Widerstandskämpfer Victor Laszlo. Durch einen Zufall ist Rick in den Besitz zweier Blankovisa gekommen, mit denen er die beiden retten könnte. Da jedoch die alte Liebe zu Ilsa wieder aufflammt, steht Rick vor einem Dilemma.

Am 26. November 1942 wurde „Casablanca" in Hollywood uraufgeführt. Zwar konnte von einem Kultfilm zunächst noch keine Rede sein, doch im Gegensatz zu einigen anderen Kultklassikern wurde der Romantikthriller mit Humphrey Bogart von Anfang an als Meisterwerk eingestuft und erhielt sogar drei Oscars. Neben der klug gesponnenen Handlung waren es vor allem die Schauspieler, die „Casablanca“ zum Ausnahmefilm machten. Die natürlich wirkende Ingrid Bergman überzeugte als Ilsa genauso wie Paul Henreid als hintergründiger Widerstandskämpfer Victor Laszlo, Claude Rains als Polizeipräfekt Louis Renault sowie mehrere Akteure in Nebenrollen. Als alles überragende Figur des Films gilt jedoch Humphrey Bogart, der als Rick Blane zu einer unvergleichlichen Ikone der Filmgeschichte wurde. Sein traurig-unnahbarer Blick gepaart mit einem Schuss Zynismus wurde genauso zum Vorbild einer ganzen Hollywoodgeneration wie sein Auftreten mit Hut, Trenchcoat und Zigarette.

Auch an den Kinokassen behauptete sich „Casablanca“ ordentlich, wenn auch nicht ganz oben in der Zuschauergunst. Bei einem keineswegs üppigen Produktionsbudget von 950.000 US-Dollar konnte Warner Brothers allein durch den Kartenverkauf in den USA 10,5 Millionen Dollar einnehmen, wobei sich dieser Betrag durch die Verwertung im Ausland, TV-Ausstrahlungen und Merchandising im Laufe der Jahre vervielfacht haben dürfte. Die beiden Autoren des Theaterstücks hatten die kompletten Rechte für gerade einmal 20.000 Dollar abgegeben. Den endgültigen Aufstieg zum Klassiker erlebte „Casablanca“ jedoch erst mit Aufkommen des Fernsehens in den fünfziger Jahren. Warner Brothers erkannte schon früh das Potenzial des neuen Mediums und verkaufte seine Filme zunächst an lokale Sender, wodurch „Casablanca“ zu den ersten Filmen gehörte, die auf ein breites Fernsehpublikum stießen. Seitdem gilt der Film als Garant für hohe Einschaltquoten.

Seinen Status als Kultfilm erreichte „Casablanca“ in den sechziger Jahren. In den USA kamen zu dieser Zeit Casablanca-Vorführungen in Mode, bei denen sich die Besucher nach Rick-Blane-Vorbild kleideten und die Texte mitsprachen. Schon vor der „Rocky Horror Picture Show“ und den „Blues Brothers“ gab es also Kinovorstellungen, bei denen die Zuschauer zu einem Teil des Ereignisses wurden. Etwa zur gleichen Zeit entwickelten sich Humphrey-Bogart-Poster zum Verkaufsschlager und brachten ein wachsendes Merchandising-Geschäft in Gang. Casablanca-Souvenirs wie Filmkulissen oder Originalplakate stiegen im Wert stark an.

Einzigartig sind in jedem Fall die Filmzitate aus „Casablanca“, die in den allgemeinen Sprachgebrauch übergegangen sind. Am bekanntesten ist zweifellos das von Bogart zu Bergman gesprochene „Schau mir in die Augen, Kleines“, das allerdings im Original „Here's looking at you kid“ heißt und damit sehr frei übersetzt ist. Ebenfalls zur Legende wurde neben „Verhaften Sie die üblichen Verdächtigen“ der letzte Satz des Films: „Dies ist der Beginn einer wunderbaren Freundschaft.“

Das häufig zitierte „Spiel's noch mal, Sam“ kommt dagegen wörtlich an keiner Stelle des Films vor und müsste korrekt zitiert „Spiel es, Sam. Spiel ‚As Time Goes By'“ lauten. Mit dieser von Bergman ausgesprochenen Aufforderung beginnt die vielleicht berühmteste Szene des Films, in der der schwarze Pianist Sam das besagte Lied anstimmt, das längst selbst zu einem Klassiker geworden ist.

„Casablanca“ konnte seinen Status als Filmklassiker der obersten Kategorie mühelos über die Jahrzehnte bewahren und entwickelte sich zum Klassiker schlechthin. Es gab mehrere Versuche, an diesen Erfolg anzuknüpfen, etwa in Form einer Casablanca-Fernsehserie, die Warner Brothers in den fünfziger Jahren produzierte. Diese wurde jedoch genauso zum Flop wie eine Prequel-Serie (also eine Serie, die vor der bekannten Handlung spielt), mit der sich 1983 der US-Fernsehsender NBC versuchte.

Welchen Stellenwert „Casablanca“ bis heute unter den Filmfans hat, zeigt nicht zuletzt die Tatsache, dass es mehrere Kinos im deutschsprachigen Raum gibt, die „Casablanca“ heißen. Humphrey Bogart ist ohnehin in vielen Lichtspielhäusern präsent: als Pappkamerad, der die Kinoprospekte hält.

Literatur

Frank Miller: *Casablanca. Mythos und Legende eines Kultfilms.* Wilhelm Heyne Verlag, München 1992

Internet

Fanseite: www.vincasa.com

17 Harry, hol schon mal den Wagen – Derrick

Jahr der ersten Folge:	1974
Jahr der letzten Folge:	1998
Anzahl der Folgen:	281
Anzahl der Länder, in denen Derrick ausgestrahlt wird:	über 100

Fragt man im Ausland nach bekannten Deutschen, dann werden meist Superpromis wie Michael Schumacher, Boris Becker, Steffi Graf oder Gerhard Schröder genannt. Es gibt jedoch einen weiteren Deutschen, den die ganze Welt kennt, obwohl dies hierzulande vielen gar nicht bewusst ist: der Schauspieler Horst Tappert alias Oberinspektor Stephan Derrick. Der Kriminalpolizist mit den Tränensäcken und der Pomadenfrisur ist in 281 Folgen nicht nur zum Synonym für den öffentlich-rechtlichen Freitagabendkrimi geworden, sondern hat sich gleichzeitig zum mit Abstand erfolgreichsten Kultur-Exportartikel Deutschlands entwickelt. Von Afghanistan bis Zypern gibt es über 100 Länder, in denen Derrick ermittelt, und selbst der Papst soll ein Derrick-Fan sein.

Seltsam nur, dass die Figur Derrick genauso wie die gesamte Serie überhaupt nichts Besonderes an sich hat. Der Oberinspektor löst seine Mordfälle, ohne dass er sich von Emotionen oder menschlichen Schwächen beeinträchtigen lässt. Er wirkt wie die Fleischwerdung des korrekten deutschen Beamten, der jedes Lachen als Dienstvergehen betrachtet und sein Privatleben morgens an der Garderobe abgibt. Daran konnte auch sein Assistent Inspektor Harry Klein, gespielt von Fritz Wepper, nie etwas ändern. Wepper fiel zwar die Ehre zu, Deutschlands berühmteste Nebenrolle spielen zu dürfen, doch ein Eigenleben sah die Serie für ihn nie vor. So wurde Wepper zu einer Art deutschem Prinz Charles: ein ewiger Thronfolger, der seine Assistentenrolle bis ins Rentenalter spielen musste.

Bei so viel dramaturgischem Purismus ist es eine logische Konsequenz, dass kein einziges Derrick-Zitat ins öffentliche Bewusstsein der Deutschen übergegangen ist, obwohl es immerhin 281 Gelegenheiten dazu gab. Die einzige Ausnahme ist die berühmte Aufforderung „Harry, hol schon mal den Wagen“, von der es lange geheißen hatte, dass sie tatsächlich in keiner einzigen Folge wörtlich vorkommt. Vermutlich ist der nur einmal so gefallene Spruch deshalb so populär geworden, weil es die Beziehung zwischen Stephan Derrick und Harry Klein perfekt in wenige Worte fasst. Kein Wunder, dass viele Derrick und Klein als das berühmteste Meister-Diener-Paar seit Don Quijote und Sancho Pansa bezeichnen.

Ohne Zweifel ist „Derrick“ ein geistiges Kind der öffentlich-rechtlichen Fernsehordnung, die in Deutschland erst in den achtziger Jahren abgelöst wurde. Die Geburtsstunde des Oberinspektors schlug Anfang der siebziger Jahre, als der Freitagskrimi im ZDF bereits seinen festen Platz im deutschen Fernsehprogramm hatte. Vor Derrick ermittelte fünf Jahre lang Erik Ode als „Der Kommissar“ an jedem vierten Freitag, und als Ode seinen Rückzug verkündete, galt es für das ZDF und den Drehbuchautor Herbert Reinecker, einen Nachfolger zu finden. Kantige James-Bond- oder Philipp-Marlow-Typen waren bei den Öffentlich-Rechtlichen damals allerdings noch nicht gefragt, auch für den Fäkalhumor des späteren Tatort-Kommissars Horst Schimanski (Götz George) war es noch zu früh. So entstand der „keimfreie“ Oberinspektor Stephan Derrick letztendlich als ein Spiegelbild der damaligen deutschen Fernsehlandschaft, die aus heutiger Sicht vor allem durch eine ausgeprägte Lethargie geprägt war.

Ich bin ein großer Derrick-Fan und bin oft zusammengezuckt und hab' gesagt: „Huch, die Leiche hat sich bewegt!“ Aber es war Derrick!

Harald Schmidt

Die Hauptrolle in der neuen Krimiserie übernahm mit dem 1923 in Wuppertal geborenen Horst Tappert ein erfahrener Schauspieler, der den Höhepunkt seiner Karriere scheinbar bereits überschritten hatte. Tappert hatte im Zweiten Weltkrieg bei der Wehrmacht gedient und in den unmittelbaren Nachkriegsjahren eine Schauspielschule besucht, bevor er zunächst auf der Theaterbühne und dann auch in Filmrollen zu sehen war. Er trat in mehreren Jerry-Cotton- und Edgar-Wallace-Filmen auf und feierte 1966 mit „Die

Gentlemen bitten zur Kasse“ seinen größten Vor-Derrick-Erfolg. Zweifellos versprühte Tappert in seinen frühen Rollen etwas mehr Elan als in seinem späteren Oberinspektor-Dasein. Im Gegensatz zu Tappert hatte sein Kollege Fritz Wepper schon vor der Derrick-Serie Freitagskrimi-Erfahrung. Der 1941 geborene Schauspieler hatte zuvor Erik Ode im „Kommissar“ assistiert und spielte seine Rolle nun einfach weiter.

Als Derrick und Klein am 20. Oktober 1974 ihren ersten Mordfall lösten, quittierten dies die meisten Kritiker mit einem Verriss. Daran änderte sich auch in den Folgejahren wenig: glatt, farblos und langweilig, so lautete das immer wieder gefällte Urteil. Doch angesichts des guten Zuschauerzuspruchs hielt das ZDF an „Derrick“ fest und beglückte das Publikum insgesamt 24 Jahre lang mit dem Polizistenduo, ohne dass sich der Sendeplatz oder die Besetzung geändert hätte. Auch dramaturgisch blieb die Serie beständig: Da Derrick für die Mordkommission arbeitete, mussten in der Handlung stets Tötungsdelikte vorkommen. Wilde Schießereien, Verfolgungsjagden oder Gefühlsausbrüche unterblieben genauso wie Betrachtungen des Privatlebens der beiden Ermittler.

Zweifellos trug schon allein die einzigartige Beständigkeit zur steigenden Beliebtheit von „Derrick“ bei. Da es in den siebziger Jahren noch nicht allzu viele Programmalternativen gab, blieb den Fernsehzuschauern fast nichts anderes übrig, als Derrick als eine Art erweitertes Familienmitglied zu akzeptieren. Viel erstaunlicher ist allerdings, dass sich „Derrick“ auch im Ausland etablierte und neben Franzosen und Italienern selbst Brasilianer und Inder begeisterte. Derrick wurde zu einer weltweiten Kultfigur, der sich in vielen Ländern – beispielsweise Italien, Holland und Frankreich – sogar Fanklubs widmeten. Der italienische Schriftsteller Umberto Eco („Der Name der Rose“) veröffentlichte eine Sammlung von Zeitungskolumnen unter dem vielsagenden Namen „Derrick oder die Leidenschaft für das Mittelmaß“.

Auch wenn es sicherlich nicht möglich ist, den Welterfolg eines unauffälligen deutschen Fernsehermittlers rein rational zu erklären, so gibt es diesbezüglich immerhin einen einleuchtenden Aspekt: Durch die Verkörperung eines treuen Staatsdieners und den Verzicht auf Gewalt, Sexualität und Anarchie wurde „Derrick“ auch für Fernsehanstalten in sittenstrengen und totalitären Staaten akzeptabel. Kein Wunder, dass selbst Chinesen und Iraner in den Genuss von „Derrick" kamen und dass gerade islamische Sender die Serie gerne ausstrahlten.

Angesichts des weltweiten Erfolgs ist der Einfluss, den „Derrick" auf das Bild der Deutschen im Ausland ausgeübt hat, kaum zu überschätzen. Goethe und Schiller verblassen jedenfalls, vergleicht man ihren weltweiten Beitrag zur Verbreitung der deutschen Kultur mit dem von Derrick. Immer wieder wurde Derricks Rolle als Botschafter des „guten Deutschen" betont, der mit seiner Schnörkellosigkeit und Zuverlässigkeit die typisch deutsche Wertarbeit in die Welt getragen hat. Nicht zu bestreiten ist jedenfalls, dass Derrick den Krimi made in Germany zum internationalen Markenzeichen gemacht hat, wovon auch Serien wie „Der Alte" oder „Tatort" profitierten, die heute ebenfalls in vielen Ländern zu sehen sind. Vielleicht war es allerdings ein Fehler, dass Herbert Reinecker seinem Oberinspektor kein eindeutiges Markenzeichen verpasste. Mit Derrick ist ein Mann ohne Eigenschaften zum Kult geworden.

> **Millionen von Japanern kennen zwar Horst Tappert, halten Helmut Kohl aber für den deutschen Sumomeister – und wer ist eigentlich Gerhard Schröder?**
>
> **Parnass – Die Kulturzeitschrift im Internet**

Für das ZDF wurde „Derrick" dank der internationalen Nachfrage zwar zu einem großen finanziellen Erfolg, doch wie ein Kultobjekt behandelte man die Krimiserie in Mainz nie. Und das, obwohl eine Fernsehserie mit Institutionscharakter durch die aufkommende private Konkurrenz in den neunziger Jahren einen enormen Wert verkörperte. Doch „Derrick" hatte diesbezüglich einen entscheidenden Fehler: Deutschlands bekanntester Ermittler lockte vor allem Menschen über 50 vor den Bildschirm, und von diesen meist abfällig als „Kukidenz" bezeichneten Zuschauern hatte das ZDF längst genug. Die im Kampf um Werbegelder und Image besonders wichtigen jungen Zuschauer, die dem ZDF bis heute fehlen, zeigten „Derrick" dagegen die kalte Schulter. Vermutlich führt der ZDF-Shop deshalb heute außer ein paar DVDs keine Derrick-Artikel.

1997 wurde schließlich bekannt, dass der mittlerweile 74-jährige Horst

Tappert sein Engagement als Derrick beenden würde. Beim ZDF stand man nun vor der schwierigen Aufgabe, eine adäquate Nachfolge für den bekanntesten aller deutschen Fernsehkommissare zu organisieren. Es war klar, dass neben der Besetzung auch Inhalte und Zielgruppe verjüngt werden mussten, doch den Namen „Derrick" hätte man schon aus Vermarktungsgründen gerne behalten. Unter anderem wurde der Schauspieler Pierre Franckh als neuer Derrick gehandelt, doch am Ende entschied sich das ZDF dazu, die Karriere des Oberinspektors ausklingen zu lassen. Vermutlich war dies ein richtiger Entschluss, denn wer hätte schon akzeptiert, dass ein Familienmitglied auf einmal um Jahrzehnte jünger und deutlich verändert aussieht.

Nachdem der Oberinspektor in der am 16. Oktober 1998 ausgestrahlten letzten Folge seinen Abschied gegeben hatte, übernahm Peter Kremer als Hauptkommissar Peter Siska den geschichtsträchtigen Sendeplatz. Wie so oft, merkten viele in Deutschland auch bei „Derrick" offenbar erst angesichts des nahenden Endes, was sie an ihrem berühmtesten Medien-Exportartikel hatten. So erlebte der Derrick-Kult noch einmal einen Höhepunkt: Fans listeten die Inhalte aller 281 Folgen im Internet auf, zahlreiche neue Derrick-Fanseiten entstanden. Zeitungen druckten Berichte, die sich wie Nachrufe lasen. So schrieb etwa die *Zeit* unter der Überschrift „Ende einer Dienstfahrt": „Er hat sich in den Dienst von Recht und Ordnung gestellt, nicht weil er von einer Vision des guten Lebens getrieben ist, sondern gerade weil er weiß, dass der Mensch haltlos und zu allem fähig ist." Auch Lästermaul Harald Schmidt, der sich schon des Öfteren über Derrick lustig gemacht hatte, hatte für das Ende der Tappert-Ära den passenden Spruch bereit: „Horst Tappert möchte aufhören mit Derrick. Viele sagen: Auf der einen Seite verständlich – er will wieder zurück in seinen alten Beruf, als Schauspieler!" Dass Horst Tappert auf seine alten Tage einmal einen Job als Synchronsprecher übernehmen würde, hätte damals wohl niemand gedacht. Aber seien wir mal ehrlich: Wer sonst hätte der Kino-Zeichentrickversion von „Derrick" so herrlich leidenschaftslos seine Stimme leihen und dabei alte Leidenschaften wecken können wie das Original?

Literatur

Jörg Lau: „Ende einer Dienstfahrt“, *Die Zeit* 15/1998

Internet

Parnass – die Kulturzeitschrift im Internet: www.parnass.scram.de

18 Same procedure as every year – Dinner for One

Jahr der Erstaufführung:	1948
Entstehungsjahr der Fernsehaufzeichnung:	1963
Honorar der beiden Hauptdarsteller:	4.150 Mark
Zuschauerzahl pro Silvester:	ca. 12 Millionen

Die bekannteste Geburtstagsfeier Deutschlands findet alljährlich an Silvester statt. Ort des Geschehens sind die dritten Programme der ARD, wo es pünktlich zum Ausklang des alten Jahres stets wieder „Same procedure as every year“ heißt, wenn der Butler James der greisen Miss Sophie die Mulligatawny-Suppe serviert und dabei über den Tigerkopf stolpert. Es ist immer der 90. Geburtstag, den Miss Sophie feiert, und auch sonst hat sich im Laufe der Jahre nichts an dem in Schwarz-Weiß ausgestrahlten Procedere geändert. Kurz, es ist jedes Jahr das Gleiche, wenn NDR, SWR und Co. an Silvester den 18-minütigen Sketch „Dinner for One“ zeigen – jedes Jahr das gleiche Kultereignis.

„Das Abendessen mit James und Sophie gehört zu Silvester wie Raketen und Champagner“, schrieb das Nachrichtenmagazin *Focus* über den meistwiederholten Film des deutschen Fernsehens. Und selbst wer sich am letzten Tag des Jahres nicht vor die Glotze setzt, kommt an „Dinner for One“ oft nicht vorbei, denn der Kultsketch wird längst bei zahlreichen Silvesterpartys nachgespielt. Dabei kommen die Eskapaden des trinkfreudigen Butlers ohne eine deutsche Übersetzung aus – ein „Dinner for One“ mit Untertiteln oder gar in einer synchronisierten Fassung ist undenkbar.

Eine Übersetzung ist auch gar nicht notwendig, denn die Handlung von „Dinner for One“ ist dank der ausgeprägten Situationskomik auch ohne Englischkenntnisse im Original gut zu verstehen. Im Mittelpunkt des Geschehens steht das 90. Wiegenfest der ehrwürdigen Miss Sophie (gespielt von May Warden), die nach alter Gewohnheit vier Gäste zum Geburtstagsdinner eingeladen hat. Dabei handelt es sich um Sir Toby, Admiral von Schneider, Mr. Pommeroy und Mr. Winterbottom. Dummerweise haben diese vier Herren schon längst das Zeitliche gesegnet, und daher sitzt Miss Sophie alleine am gedeckten Tisch.

Doch zum Glück hat die betagte Dame ihren ebenfalls nicht mehr ganz jungen Butler James (gespielt von Freddie Frinton). Dieser serviert das mehrgängige Dinner für fünf Personen trotz der leer gebliebenen Plätze und schlüpft zwischendurch immer wieder in die Rollen der nicht erschienenen Gäste, um Miss Sophie zuzuprosten. Dabei steigt sein Alkoholpegel ständig an, was unter anderem dazu führt, dass er aus einer Blumenvase statt aus einem Glas trinkt und immer wieder über das Kopfteil eines auf dem Boden liegenden Tigerfells stolpert. So geht es vier Gänge lang. Trotz aller Zwischenfälle zeigt sich Miss Sophie am Ende des Dinners zufrieden: „Well James, it’s been a really wonderful party!“

Auch wenn „Dinner for One“ längst zu einer Silvesterinstitution geworden ist, war die schrullige Geburtstagsfeier von Miss Sophie nie als Stück für das Jahresende geplant. Schon gar nicht in seiner Heimat England, wo heute kein Mensch „Dinner for One“ kennt. Da versteht es sich fast von selbst, dass die beiden geistigen Väter des Einakters weder Ruhm noch finanziellen Erfolg ernten konnten. Sie waren längst verstorben, als „Dinner for One“ zum Kult wurde.

So ist es auch kein Wunder, dass Fans und Journalisten, die der Geschichte von „Dinner for One“ auf den Grund gehen wollten, einige Mühe

In seinem Heimatland nahezu unbekannt, in Deutschland Kult: Der Sketch „Dinner for One" mit Freddie Frinton und May Warden gehört zu Silvester wie das Feuerwerk.

hatten. Viele Details aus der durchaus wechselvollen Historie des Stücks kamen erst in den letzten Jahren ans Licht oder sind bis heute nicht bekannt. Als bisher eifrigster Dinner-Forscher hat sich der Journalist Stefan Mayr einen Namen gemacht, dessen Buch „Dinner for One von A – Z" erstmals einen systematischen Überblick über die Ursprünge des Kultstücks geibt. Die meisten in diesem Kapitel aufgeführten Informationen stammen aus diesem Werk. Stefan Mayr betreibt auch eine Dinner-for-One-Webseite unter www.ssskol.de.

Als Autor von „Dinner for One" haben engagierte Dinnerologen laut Mayrs Buch inzwischen einen gewissen Lauri Wylie ausgemacht, von dem selbst hartgesottene Literaturexperten noch nie etwas gehört hatten. Der 1880 in England geborene Wylie hat in der Branche so wenige Spuren hinterlassen, dass bis vor kurzem noch nicht einmal sein Todesjahr bekannt war. Erneut war es Stefan Mayr, dem Chefexperten in Dinner-for-

One-Fragen, vorbehalten, diese Frage zu klären. Nachdem sein Buch eine Antwort auf diese Frage noch schuldig bleiben musste, vermeldete er Ende 2002 in einem Artikel für die *Süddeutsche Zeitung*, dass Wylie 1951 verarmt in einem Wohnmobil in Sussex gestorben war. Ein weiteres Rätsel der Menschheit war gelöst.

Lauri Wylie hieß mit bürgerlichem Namen Morris Laurence Samuelson und schrieb komödiantische Bühnenstücke, ohne jedoch über einige Achtungserfolge hinauszukommen. Wann er „Dinner for One“ verfasst hat, ist heute nicht mehr bekannt. Als sicher gilt jedoch, dass die erste Aufführung 1948 im Duke of York's Theatre in London im Rahmen der Revue „Four, Five, Six“ stattgefunden hat. Von Kult konnte damals allerdings noch nicht die Rede sein, auch wenn der Sketch vom Publikum gefeiert wurde und als Höhepunkt der Show galt.

1953, als Wylie längst tot war, fand „Dinner for One“ den Weg an den Broadway in New York, wo der Sketch als Teil der Revue „John Murray Anderson's Almanac“ gezeigt wurde. Die musikalische Leitung dieser Show hatte der spätere Weltstar Harry Belafonte. „John Murray Anderson's Almanac“ hielt sich immerhin ein Jahr lang am Broadway und wurde nach über 200 Vorstellungen wieder abgesetzt. 1959 feierte „Dinner for One“ auf einer Münchener Kabarettbühne seine Deutschlandpremiere, ohne dass die Inszenierung in deutscher Sprache größeres Aufsehen erregt hätte. Vielleicht lag es daran, dass es das Tigerfell und den Gag mit der Vase damals noch nicht gab.

Irgendwann Mitte der fünfziger Jahre war auch der damals noch unbekannte englische Komiker Freddie Frinton auf „Dinner for One“ gestoßen. Der Provinzkomödiant nahm das Stück in sein Repertoire auf und zahlte für die Aufführungen zunächst Lizenzgebühren. Da er als Butler im skurrilen Geburtstagsklamauk beim Publikum sehr gut ankam, kaufte er schließlich die Rechte an „Dinner for One“ und tingelte damit über englische Provinzbühnen. Dabei verfeinerte Frinton das Stück immer mehr. Irgendwann nahm er ein Tigerfell ins Bühnenbild auf, das zunächst nur als Dekoration diente. Angeblich soll es erst nach einem versehentlichen Stolpern, das im Publikum für Gelächter sorgte, zum festen Bestandteil des Stücks geworden sein. Auch der Schluck aus der Vase, den sich James gönnt, kam in dieser Zeit dazu.

Die entscheidende Wende in der Geschichte von „Dinner for One" ereignete sich 1962, als Frinton mit seiner Inszenierung ein Gastspiel in der englischen Amüsiermetropole Blackpool gab. Im Seebad, das als eine Art Las Vegas der britischen Arbeiterklasse gilt, hielten sich zu dieser Zeit der deutsche Showstar Peter Frankenfeld, einer der erfolgreichsten Moderatoren des deutschen Fernsehens, und der NDR-Mitarbeiter Heinz Dunkhase auf. Die beiden suchten auf den zahlreichen Showbühnen der Stadt nach möglichen Inhalten für die neue Fernsehshow „Guten Abend, Peter Frankenfeld".

Frankenfeld und Dunkhase hatten nach zwölf Tagen erfolgloser Suche ihren Blackpool-Aufenthalt schon fast als Flop abgehakt, als sie auf „Dinner for One" mit Freddie Frinton stießen. Die beiden schauten sich das Stück an und waren davon so begeistert, dass sie Frinton zusammen mit seiner Partnerin May Warden vom Fleck weg engagierten. Der Vertrag wurde gleich nach der Vorstellung in der Garderobe unterschrieben.

Für Frinton war ein Engagement in Deutschland allerdings nicht unproblematisch. Der 1909 geborene Komiker hatte im Zweiten Weltkrieg in der Armee gedient und als Soldat eine Abneigung gegen die verfeindeten Deutschen entwickelt. So ist es den Überredungskünsten Frankenfelds zu verdanken, dass Frinton dann doch in das Land des ehemaligen Feindes kam, um sein „Dinner for One" zu präsentieren. Im Zweiten Weltkrieg hatte sich Frinton, der seinen Künstlernamen nach der englischen Küstenstadt gleichen Namens wählte, schon bald der Front entziehen können, da er dank seines komödiantischen Talents zur Truppenbetreuung eingesetzt wurde. Nach dem Krieg tourte der inzwischen reichlich erfahrene Komiker durch die Lande und wurde in Großbritannien in den sechziger Jahren sogar noch berühmt. Allerdings nicht mit „Dinner for One", sondern in der erfolgreichen Fernsehserie „Meet the Wife", in der er einen schusseligen Klempner spielte. Freddie Frinton starb 1968.

Fünf Jahre zuvor hatte sein erster Auftritt in Deutschland stattgefunden. Nachdem ihn Frankenfeld und Dunkhase in Blackpool aufgespürt hatten, inszenierte er „Dinner for One“ zusammen mit seiner Partnerin May Warden live in „Guten Abend, Peter Frankenfeld“. Die vom NDR produzierte Sendung wurde am 8. März 1963 ausgestrahlt und brachte den Sketch in der englischen Originalfassung. In einer ungewöhnlichen, aber sicherlich richtigen Entscheidung hatten die NDR-Leute auf eine Übersetzung verzichtet. Dennoch oder gerade deswegen war das Publikum von Frintons Vorstellung begeistert. Schade nur, dass der NDR damals Live-Sendungen noch nicht aufzeichnete und es daher keine Bilder mehr von der Premiere gibt.

Der NDR erkannte jedoch, welches Juwel man mit „Dinner for One“ in den Händen hielt, und entschloss sich spontan, Frinton und Warden zu einer weiteren Vorführung zu verpflichten. Diese sollte nicht direkt ausgestrahlt, sondern aufgezeichnet werden. So spielten die beiden Schauspieler ihr Stück knapp zwei Monate nach der deutschen Uraufführung noch einmal, und dieses Mal wurde es für die Nachwelt festgehalten. Diese Aufzeichnung gilt heute als das Dinner-for-One-Original, auch wenn es keine wirkliche Premiere war.

Als Zuschauer hatten die Fernsehmacher etwa 100 NDR-Mitarbeiter verpflichtet, deren Lacher zu einem wichtigen Bestandteil von „Dinner for One“ wurden. Die Rolle des Sprechers für die Einführung übernahm der Schauspieler Heinz Piper, dem bei der Erklärung einiger englischer Begriffe ein Fauxpas unterlief: Er sagte „Same procedure than every year“, obwohl es grammatikalisch korrekt eigentlich „... as every year“ hätte heißen müssen. Später sorgten Protestbriefe von Englischlehrern dafür, dass dieser Fehler durch eine Nachbearbeitung getilgt wurde.

Welche Gage Frinton und Warden für ihren Auftritt in „Guten Abend, Peter Frankenfeld“ erhielten, ist nicht bekannt. Bekannt ist allerdings, dass der NDR für die spätere Aufzeichnung die bescheidene Summe von 4.150 Mark bezahlte. Nach Abzug der Steuern erhielten die beiden Schauspieler zusammen 3.527,50 Mark plus Reisekosten. Auf die Vereinbarung einer Tantieme verzichtete Frinton, und so gingen der Hauptdarsteller und Rechteinhaber eines der erfolgreichsten Stücke aller Zeiten sowie dessen Erben nahezu leer aus.

Den großen Erfolg von „Dinner for One“ erlebte Freddie Frinton ohnehin nicht mehr. Die aufgezeichnete Version wurde am 8. Juni 1963 ausgestrahlt und in den Folgejahren mehrmals wiederholt, ohne dass dies ein größeres Echo fand. Erst 1972 kam man beim NDR auf die entscheidende Idee, das kurze Stück an Silvester zu zeigen und jährlich zu wiederholen. Ab 1974 übernahmen einige andere Dritte „Dinner for One", und so entwickelte sich der Sketch zur festen und beliebten Einrichtung. Die Zuschauerzahlen stiegen – ungewöhnlich für Wiederholungen – ständig an. 1977 wurde erstmals die Millionengrenze überschritten, in den achtziger Jahren sahen bis zu 8 Millionen die Kapriolen des trinkfreudigen Butlers. Auch das aufkommende Privatfernsehen konnte den Siegeszug von „Dinner for One" nicht stoppen, und so liegt der Rekord heute bei über 12 Millionen Zuschauern. 1997 übertraf die Quote erstmals die der Neujahrsansprache des Bundeskanzlers.

Spätestens seit den achtziger Jahren ist „Dinner for One" Kult. Das Stück ist nicht nur die mit Abstand meistwiederholte Sendung im deutschen Fernsehen, sondern hat zudem die deutsche Sprache um die Redewendung „same procedure as every year" bereichert (Briten und Amerikaner verstehen diesen Satz zwar, verwenden ihn jedoch so gut wie nie). Auch der skandinavische Trinkspruch „Skol", den James mehrfach in der Rolle des zackigen Admirals von Schneider von sich gibt, verdankt „Dinner for One" einen Großteil seiner Bekanntheit im deutschsprachigen Raum.

In vielen Familien ist „Dinner for One", das über 99 Prozent der Deutschen kennen, längst zum Silvesterritual geworden. Die Kultgemeinde geht quer durch alle Altersklassen, selbst kleine Kinder lachen gerne über den stolpernden Butler. Seit 1998 wird „Dinner for One" daher auch im Kinderkanal gezeigt, obwohl der Sketch einen nicht gerade vorbildlichen Umgang mit Alkohol zeigt.

Auch in Österreich und der Schweiz hat „Dinner for One" längst Kultstatus und wird dort regelmäßig an Silvester ausgestrahlt. Andere Länder und Regionen, in denen man „Dinner for One" kennt und liebt, sind Skandinavien, Belgien, die Niederlande und Südafrika. In den meisten englischsprachigen Ländern ist der schrullige Einakter dagegen erstaunlicherweise so gut wie unbekannt – vielleicht ist der Humor ja nicht schwarz genug.

Bei so viel Erfolg verwundert es nicht, dass inzwischen viele versucht haben, das Original zu kopieren. Am schnellsten war zweifellos der Schweizer Fernsehsender DRS, der den Sketch mit Freddie Frinton und May Warden erstaunlicherweise schon vor dem NDR aufzeichnete. Diese Aufzeichnung entstand im gleichen Monat wie die Live-Ausstrahlung der Frankenfeld-Sendung, wobei der einschlägigen Dinner-Literatur leider nicht zu entnehmen ist, wie sie zustande kam. Fest steht lediglich, dass die Schweizer Fassung mit 11 Minuten deutlich kürzer ist als die NDR-Kultversion und dass sie an Letztere nach einhelliger Meinung nicht heranreicht.

Eine weitere Dinner-Variante wurde von dem Elektrogerätehersteller Sharp produziert. Sie zeichnet sich dadurch aus, dass die Handlung nach dem eigentlichen Ende des Sketches noch weitergeht und sich die Darsteller über Mikrowellengeräte unterhalten. RTL wagte es einmal, diesen Werbefilm im redaktionellen Teil des Programms zu zeigen, erntete dafür jedoch derart viele Proteste, dass es bei dem einen Mal blieb. Wenig Erfolg hatte auch eine nachkolorierte Fassung des Originals, die vom NDR angefertigt wurde. Einen gewissen Anteil am Kultstatus kann allenfalls eine plattdeutsche Dinner-for-One-Version für sich verbuchen, die in Norddeutschland recht populär ist.

Die Rechte am Original-Dinner besitzt nach wie vor der NDR. Dieser sorgt dafür, dass sich „Dinner for One“ trotz der obligatorischen Wiederholungen nicht totläuft. Daher wird der Sketch auch wirklich nur an Silvester gezeigt. Aus dem gleichen Grund gibt es die Kultversion nicht legal als Video zu kaufen. Wer dennoch eine Kassette oder DVD mit „Dinner for One“ ersteht, erhält entweder eine Raubkopie oder die Schweizer Version.

Dem Dinner-for-One-Kult konnte sich interessanterweise auch die DDR nicht entziehen. Nachdem man den Sketch in Ostdeutschland in den achtziger Jahren längst aus den Westsendern kannte, nahm das DDR-Fernsehen „Dinner for One“ am 30. Dezember 1988 erstmals ins Programm auf. Im darauf folgenden Jahr wurde mit dem Fall der Mauer das Ende des zweiten deutschen Staats eingeläutet. Ob es zwischen diesen beiden Ereignissen einen Zusammenhang gibt, ist nicht bekannt.

Literatur

Stefan Mayr: *Dinner for One von A – Z.* Eichborn, Frankfurt 2002
„Focus Listen. Dinner for one", *Focus* 1/1998
Miriam Lau: „Same Freddie Frinton as every year", *Die Welt* vom 31.12.2001
Stefan Mayr: „Für Ihren Sketch zahlen wir 3.527 Mark, zzgl. Flugkosten und Diäten", *Süddeutsche Zeitung* vom 28.12.2002

Internet

Webseite zu „Dinner for One" von Stefan Mayr: www.ssskol.de

19 Das Salz der Erde – Ein echter Wiener geht nicht unter

Erscheinungsjahr des Romans:	1966
Jahr der Erstausstrahlung der Serie:	1975
Anzahl der Folgen:	24
Anzahl der verkauften Videos:	130.000

Fragt man einen Österreicher, welche Kultphänomene sein Heimatland zu bieten hat, dann fällt ihm meist schon nach kurzem Nachdenken der Name einer Fernsehserie ein: „Ein echter Wiener geht nicht unter". Diese Komödienreihe, die zwischen 1975 und 1977 erstmals zu sehen war, ist anderswo so gut wie unbekannt, doch in Österreich wird der „Echte Wiener" kultartig verehrt. Auch über 25 Jahre nach der Erstausstrahlung macht die Serie ihrem Namen noch alle Ehre und geht einfach nicht unter.

Ins Leben gerufen wurde Österreichs kultigste Fernsehserie von dem damaligen Nachwuchs-Filmemacher Reinhard Schwabenitzky sowie dem

Schriftsteller und Drehbuchautor Ernst Hinterberger. Der 1947 bei Salzburg geborene Schwabenitzky studierte an der Wiener Filmakademie und arbeitete anschließend als Assistent bei Branchengrößen wie Bernhard Wicki und Otto Schenk. Die Gelegenheit zu einem eigenen Regieprojekt ergab sich, als ihm der Österreichische Rundfunk (ORF) anbot, im Rahmen der Reihe „Impulse" einen Fernsehfilm zu drehen. Impulse war vom ORF als Experimentalreihe speziell für junge und unbekannte Fernsehmacher entwickelt worden, die auf diese Weise die Chance erhielten, ihre Arbeiten ins Fernsehen zu bringen. Mit dem „Kleinen Fernsehspiel" gab es im ZDF eine ähnliche Einrichtung.

Der Titel des Films, den Schwabenitzky für Impulse drehte, lautete „Schwester Martha verzichtet auf ihr Glück", wobei es sich um eine Satire auf die damals beliebten Liebesromane handelte. Trotz der späten Sendezeit wurde der Film ein großer Publikumserfolg, was den ORF dazu veranlasste, ein weiteres Projekt mit Schwabenitzky anzugehen. Der Sender bot ihm an, für Impulse das erste Kapitel des Romans „Das Salz der Erde" von Ernst Hinterberger zu verfilmen. Der 1931 geborene Hinterberger, der dieses Werk bereits in den sechziger Jahren verfasst hatte, beteiligte sich als Drehbuchautor an dem Projekt, das zuerst den Namen „Ein echter Wiener kann nicht untergehen" erhielt und später „Ein echter Wiener geht nicht unter" genannt wurde.

Im Mittelpunkt des Geschehens steht das Wiener Original Edmund „Mundl" Sackbauer, der mit seiner Familie den ganz normalen Wahnsinn des Wiener Arbeiterklassealltags in den Siebzigern durchlebt und dabei mit allerlei kuriosen Situationen fertig werden muss. Der große Erfolg der Serie, die man heute als „Sitcom" bezeichnen würde, hängt zweifellos eng mit der Originalität der darin vorkommenden Charaktere zusammen, von denen Edmund Sackbauer selbst natürlich der wichtigste ist. „Mundl hält sich selbst für den Schlausten und will andere zu deren Glück zwingen", charakterisiert Drehbuchautor Ernst Hinterberger seinen Helden im Gespräch mit dem Autor, „er lässt sich aber durchaus auch etwas von seiner Frau sagen." Sein Lieblingssatz lautet „eh kloar" und seine Sprache ist die der Wiener Arbeiterschicht.

Neben dem legendären Mundl gehört auch seine Frau Toni zu den unverwechselbaren Typen in der Serie. Sie sagt zwar wenig, hat aber dennoch immer wieder das letzte Wort. „Sie ist der Boden, auf dem alle anderen tanzen können", erläutert Regisseur Schwabenitzky auf Nachfrage, „ein realer Bezugspunkt, ohne den die Serie niemals ein solcher Erfolg hätte werden können." Dann gibt es noch den Sohn Karli, der eher nach seinem Vater schlägt und dadurch Leben in die Bude bringt, dass er eine Frau aus besseren Kreisen geheiratet hat, deren Familie sich regelmäßig über den rauen Umgangston im Hause Sackbauer empört. Hanni, das zweite Sackbauer-Kind, bandelt mit dem intellektuellen Brillenträger Franz an, der sich auf Grund seiner Kurzsichtigkeit den Spitznamen „Nudlaug" gefallen lassen muss. Mit „Nudl" ist das männliche Geschlechtsteil gemeint.

Da es sich bei „Ein echter Wiener geht nicht unter" um eine experimentelle Produktion handelte, standen keine großen Mittel für die Gagen der Schauspieler zur Verfügung. Mit Ausnahme des vergleichsweise bekannten Theaterschauspielers Alexander Wächter, der die Rolle des Franz „Nudlaug" Vejvoda übernahm, setzte Regisseur Schwabenitzky daher auf unbekannte Darsteller. Die Rolle des Edmund Sackbauer erhielt Karl Merkatz, der bereits seit 1954 als Schauspieler aktiv war, jedoch nie den großen Durchbruch geschafft hatte. Toni wurde von Ingrid Burkhard, Hanni von Erika Deutinger und Karl von Klaus Rott gespielt. Für alle sollte es die Rolle ihres Lebens werden.

Als der „Mundl", wie die Serie alltagssprachlich in Österreich genannt wird, 1975 im Rahmen von Impulse ausgestrahlt wurde, löste der 45-minütige Film kontroverse Reaktionen aus. Ein Großteil der Zuschauer zeigte sich begeistert, während andere diese erste Mundl-Episode als skandalös empfanden. Vor allem an der Sprache der Sackbauer-Familie schieden sich die Geister, denn Mundl und Co. redeten im typischen Wiener Arbeiterklassenakzent, den es bis dahin im österreichischen Fernsehen nicht zu hören gegeben hatte. Für Nichtösterreicher kaum nachvollziehbar, war ein Teil der Zuschauer geschockt, ihre eigene Alltagssprache nun auch im Fernsehen zu hören – es wirkte, als schauten sie in einen Spiegel. Als Folge davon erreichten den ORF empörte Proteste.

Laut Reinhard Schwabenitzky war es vor allem der damalige ORF-Unterhaltungschef Wolfgang Lorenz, der mutig genug war, die kontroversen Reaktionen als Signal für den Erfolg zu werten und eine weitere Folge in Auftrag zu geben. Auch die zweite Episode lehnte sich an den Roman „Das Salz der Erde" an. Danach genehmigte der ORF immerhin zwei Folgen auf einmal, wodurch das Experimentalprojekt so langsam zur Serie wuchs. Spätestens mit der dritten Folge „Die Wohnung", die heute noch als ein Höhepunkt gilt, hatte der „Mundl" Kultstatus erreicht und bereicherte den österreichischen Alltag um hitzige Diskussionen über die Sackbauer-Familie. Zu den entschiedensten Gegnern der Serie gehörten vor allem soziale Aufsteiger, die es als Beleidigung empfanden, dass Mundl und seine Familienmitglieder im Dialekt und mit den Schimpfwörtern der Arbeiterklasse redeten, der sie selbst entstammten. So äußerte beispielsweise ein österreichischer Gewerkschaftspräsident allen Ernstes den Verdacht, die Macher der Serie seien von Industriellen bestochen worden, um die Arbeiterklasse lächerlich zu machen.

> **... ein herzhafter Haustyrann**
> **... ein unerschrockener Biertrinker**
> **... ein streichelweicher Ehemann**
> **und ein eingeschworener Familienmensch:**
> **... ein echter Wiener eben!**
>
> **Werbespruch zu „Ein echter Wiener geht nicht unter"**

Andere Arbeiter zeigten sich dagegen begeistert, wenn Mundl in ihrer Sprache schimpfte. Auch die gehobeneren Schichten, die die Sache aus der Distanz betrachten konnten, lachten gerne über die Serie. Dazu gehörte offensichtlich auch der österreichische Kardinal Franz König, der Mundl als vorbildlichen katholischen Familienvater sah, da dieser seine Frau nicht betrügt. In der Tat kommt Entsprechendes in der Serie nicht vor, und auch ansonsten ist der „Echte Wiener" sicherlich keine Seifenoper, in der Scheidungen und Liebesaffären im Mittelpunkt stehen. Die Ehe zwischen Mundl und Toni kann man daher trotz schwerer Krisen als intakt bezeichnen.

Interessant sind auch die Reaktionen, die „Ein echter Wiener geht nicht unter" in den unterschiedlichen Regionen Österreichs auslöste. Im Westen des Landes, also fernab der Hauptstadt, sah man die Sache eher gelassen und dachte „So sind die Wiener eben", so dass für Alpenösterreicher der „Mundl" zum Synonym für den Wiener schlechthin wurde. In Wien selbst war die Meinung geteilt, während sich die Leute im Umland, und damit im ganzen Osten Österreichs, über Mundls Erlebnisse schieflachten. Dagegen meinten die Fernsehredakteure in Deutschland und der Schweiz, dass man in ihren Ländern den Humor der Serie genauso wenig verstehen würde wie die Sprache, weshalb der „Mundl" dort nie gezeigt wurde. Laut Schwabenitzky zu Unrecht: „Überall, wo der ORF zu empfangen war, brachen die Einschaltquoten der einheimischen Sender zusammen, wenn die Serie lief", berichtete der Regisseur gegenüber dem Autor dieses Buchs. „Sogar ein Teil des deutschen Hochadels traf sich, um den ‚Echten Wiener' zu genießen."

Trotz aller Kritik verpassten offensichtlich auch die Mundl-Gegner kaum eine Folge ihres ungeliebten Helden, denn immer wenn „Ein echter Wiener geht nicht unter" lief, waren die österreichischen Straßen leer. Dennoch gab der ORF weitere Folgen nur zögerlich in Auftrag. Meist waren es nur zwei oder drei Episoden auf einmal, die Schwabenitzky und Hinterberger in Angriff nehmen konnten, was ihre Arbeit natürlich erschwerte. So konnten die Autoren keine durchgehenden Handlungselemente konzipieren und mussten immer wieder damit rechnen, dass nicht alle Schauspieler zur Verfügung standen.

Wie viele andere Kultobjekte, so hinterließ auch „Ein echter Wiener geht nicht unter" seine Spuren in der Sprache. So wurde der Begriff „Mundl" in Österreich zu einem Schimpfwort für cholerische und proletenhafte Zeitgenossen, während sich „Nudlaug" als wenig liebevolle Bezeichnung für geistig und tatsächlich kurzsichtige Menschen einbürgerte. Darüber hinaus entwickelte sich Mundls Lieblingssatz „eh kloar" zum geflügelten Wort.

Nach 12 Folgen stieg Reinhard Schwabenitzky als Regisseur aus und überließ seinen Platz Rudolf Jusits, unter dessen Regie die Episoden 13 bis 18 entstanden. Auch wenn die Einschaltquoten unverändert hoch blieben, empfinden viele Fans diese Phase als Durchhänger, da Jusits der Figur Edmund Sackbauer einige neue Charakterzüge verleihen wollte, die nicht ankamen. In den Folgen 19 bis 24 führte Schwabenitzkys Regieassistent Kurt Ockermüller Regie und konnte das Niveau wieder etwas heben, auch wenn die ersten 12 Folgen nach wie vor die kultigsten blieben. Drehbuchautor Ernst Hinterberger blieb der Serie von Anfang bis Ende treu.

Nach 24 Folgen stellte der ORF „Ein echter Wiener geht nicht unter“ ein, wofür neben einem Wechsel in der Intendanz auch die gestiegenen Gagenforderungen der Schauspieler verantwortlich waren. Seitdem müssen sich die Fans mit Wiederholungen zufrieden geben, deren es viele gab und bis heute gibt. Als wichtigste Folge gilt nach wie vor die zwölfte, die den Titel „Jahreswende“ trägt, vom ORF oft an Silvester wiederholt wird und damit einen ähnlichen Status wie in Deutschland „Dinner for One“ hat. Nicht ganz so populär, aber ebenfalls kultig ist die Folge „Stille Nacht“, die des Öfteren im österreichischen Weihnachtsprogramm zu sehen ist.

Auch abseits des Fernsehprogramms blieb der „Echte Wiener“ aktiv, und so sind bis heute etwa 130.000 Videos zur Serie verkauft worden. 1994 erschienen „Stille Nacht“ und „Jahreswende“ im Zusammenschnitt als Kinofilm und sorgten für einen weiteren Erfolg. 2003 startete das Ein-Mann-Theaterstück „Der Herr Karli“, in dem Klaus Rott, der bereits in der Serie den Sackbauer-Sohn Karl gespielt hatte, in seine alte Rolle schlüpft und die Erinnerung an Mundl wieder wach werden lässt.

Für die Beteiligten begannen mit dem „Echten Wiener“ teilweise beachtliche Karrieren. Mundl-Darsteller Karl Merkatz wurde zum viel beschäftigten Schauspieler, der es bis heute auf etwa 250 Film- und Fernsehrollen sowie über 150 Theaterengagements brachte. Drehbuchautor Ernst Hinterberger schrieb mit großem Erfolg Kriminalromane, Bühnenstücke und Drehbücher, unter anderem zu Tatort-Episoden. Nicht weniger produktiv war Regisseur Reinhard Schwabenitzky, der unter anderem bei den Fernsehserien „Büro, Büro“ und „Kaisermühlen-Blues“ sowie für zwei Tatort-Folgen des Bayerischen Rundfunks die Regie übernahm. Dabei kehrte er mehrfach ins Humorfach zurück: unter anderem bei zwei Spielfilmen mit Dieter Hallervorden.

Literatur

Ernst Hinterberger: *Das Salz der Erde.* Zsolnay Verlag, Wien 1966

Internet

Online-Informationen zum „Echten Wiener“: www.mundl.net

20 Jeder nur ein Kreuz! – Das Leben des Brian

Gründung von Monty Python	1969
Jahr der Uraufführung des Films	1979
Produktionskosten	4 Millionen Dollar
Höhe des Zuschusses von George Harrison	2 Millionen Pfund

Wer kennt sie nicht, die seltsamste Schlussszene der Filmgeschichte: Ein paar Römer und Juden stimmen zusammen das fröhliche Liedchen „Always look on the bright side of life“ an, während sie gerade gekreuzigt werden. Doch seltsam ist in der Kultkomödie „Das Leben des Brian“ der britischen Komikertruppe Monty Python nicht nur die Schlussszene, sondern der ganze Film. Britischer Humor ist nun einmal schwarz. Ohne das sechsköpfige Monty-Python-Kollektiv wäre der britische Humor ohnehin nicht das, als was wir ihn heute kennen. „Das Leben des Brian“ bildet zwar den Höhepunkt, aber längst nicht den einzigen Bestandteil des Schaffens der Truppe. Sie wäre zweifellos auch ohne ihren bekanntesten Film zum Kult geworden.

Der große Erfolg von Monty Python ist natürlich nur durch seine Mitglieder erklärbar, bei denen es sich um sechs starke Komikerpersönlichkeiten handelt. Die fünf Briten Michael Palin, Graham Chapman, Eric Idle, John Cleese und Terry Jones sowie der US-Amerikaner Terry Gilliam feierten zwar auch als Solisten Erfolge, doch erst gemeinsam wurden sie zur Legende. Die Lebensläufe der britischen Monty-Python-Mitglieder verliefen zunächst recht ähnlich. Sie wurden zwischen 1939 und 1943 geboren, erlebten noch die Folgen des Zweiten Weltkriegs und wuchsen in Mittelklassefamilien auf. Nach der Schule gingen Palin und Jones in Oxford zur Universität, Chapman, Cleese und Idle in Cambridge. Alle fünf studierten so unspektakuläre Fächer wie Medizin, Recht, Geschichte oder Englisch und schlossen ihr Studium auch tatsächlich ab. Unabhängig voneinander wurden die fünf späteren Monty-Python-Mitglieder jedoch von der an beiden Universitäten recht aktiven Comedyszene in den Bann gezogen. Nach ersten Erfolgen im universitären Umfeld folgten Engagements für Radio, Fernsehen, Film und Sketchrevuen. Terry Gilliam, als US-Amerikaner der spätere Exot der Truppe, stammt aus Minneapolis, wo er 1943 geboren wurde. Er wuchs in Los Angeles auf und studierte Politik, verlegte seine Tätigkeit anschließend jedoch ins humoristische Fach. 1967 siedelte er nach Großbritannien über, da er sich im Heimatland des skurrilen Humors größere Chancen in seinem Beruf versprach.

Die Zeit war zweifellos günstig für die späteren Kultkomiker, denn Ende der sechziger Jahre öffnete sich die ansonsten betont seriöse BBC gegenüber dem grotesken Humor, der von den Universitäten kam und immer beliebter wurde. 1967 nahm der Londoner Sender die „At Last the 1948 Show“ ins Programm, in der unter anderem John Cleese, Graham Chapman und Eric Idle ihre Kapriolen treiben durften. Die unkonventionellen Lachnummern machten die Show zum Erfolg. Eine zweite Sendereihe, die als wichtiger Meilenstein auf dem Weg zu Monty Python gilt, ist die 1968 gestartete Serie „Do Not Adjust Your Set“, in der Palin, Gilliam, Jones und wiederum Idle zu sehen waren. „Do Not Adjust Your Set“ war als Sketchsendereihe für Kinder geplant, für die seltsamen Witze interessierten sich jedoch vor allem Erwachsene.

Die Geburtsstunde von Monty Python schlug 1969. Nach den guten Erfahrungen mit „At Last the 1948 Show“ und „Do Not Adjust Your Set“

beschloss die BBC, eine neue Comedysendung auf die Beine zu stellen und dabei auf einige der vertrauten Gesichter zu setzen. So wurde ein Komikerteam aus Cleese, Idle, Chapman, Gilliam, Jones und Palin zusammengestellt, die in dieser Zusammensetzung noch nie miteinander gearbeitet hatten. Die neue Serie erhielt den Namen „Monty Python's Flying Circus", sollte 13 Teile haben und im Nachtprogramm auf die Menschheit losgelassen werden. Durch die sinnfreie Bezeichnung erhielt die neu formierte Komikertruppe gleich einen Namen: „Monty Python".

Am 5. Oktober 1969 wurde die erste Folge des „Flying Circu"s ausgestrahlt. Die Zuschauer bekamen in der neuen Serie eine Art von Humor geboten, die alles bisher Dagewesene an Absurdität und Skurrilität noch übertraf. Sketche beschäftigten sich mit Schafen, die sich für Vögel halten, einem Mann mit zwei Nasen, einer jungen Frau, die Milchmänner entführt, einem erfolglosen Kamelbeobachter, einem Indianermassaker an einem Theatermanager und vielem mehr. Zwischen den Episoden kam immer wieder der Satz „And now for something completely different" (Und nun zu etwas völlig anderem) vor, der später zum Titel des ersten Monty-Python-Kinofilms wurde.

Angesichts des schrägen Humors ist es kein Wunder, dass der „Flying Circus" bereits mit den 13 Folgen der ersten Staffel Kultstatus erlangte. Die Begeisterung stieg so stark an, dass sich viele Beobachter an die Beatlemania erinnert fühlten, die einige Jahre zuvor ihren Höhepunkt erlebt hatte. Natürlich polarisierte der seltsame Humor von Monty Python, den man im Grunde nur lieben oder hassen konnte. Für den konservativen Geschmack war der „Flying Circus" sicherlich nicht das Richtige, doch die Jugend konnte sich an Monty Python kaum satt sehen. Angesichts des Erfolges gab die BBC gleich die nächsten 13 Flying-Circus-Folgen in Auftrag, die ab September 1970 ausgestrahlt wurden. Zum Höhepunkt der erneut sehr erfolgreichen zweiten Staffel geriet der von John Cleese gespielte Minister

Er ist der Messias! Ich muss es wissen, ich bin schon vielen gefolgt.

Ausruf eines Brian-Jüngers in „Das Leben des Brian"

für alberne Gangarten – eine Idee, wie sie nur von Monty Python kommen konnte.

Nachdem also auch die Fortsetzung geglückt war, legten die sechs Komiker erst einmal eine schöpferische Pause ein. Die zahlreichen Fans wurden dafür mit dem Kinofilm „And Now For Something Completely Different" entschädigt, der nach dem mittlerweile berühmtesten Monty-Python-Satz benannt war. Der Film ist im Wesentlichen ein Zusammenschnitt von Sketchen aus den ersten beiden Flying-Circus-Staffeln. Dem deutschsprachigen Publikum wollte man die geballte Ladung britischen Humors zu diesem Zeitpunkt noch nicht zumuten, und so kam der erste Monty-Python-Film hierzulande erst 1983 unter dem Namen „Die wunderbare Welt der Schwerkraft" in die Kinos.

Im Oktober 1972 gab es dann 13 weitere Folgen von „Monty Python's Flying Circus". Diese dritte Staffel sollte die letzte vollständige sein. 1974 wurden zwar noch einmal sechs weitere Folgen gedreht, doch dabei fehlte John Cleese, der sich in der Zwischenzeit zum heimlichen Star der Truppe entwickelt hatte. Dafür war – wenn auch nur am Rande – der Schriftsteller und Monty-Python-Fan Douglas Adams als Autor am Zustandekommen dieser letzten Ministaffel beteiligt. Von Adams stammt bekanntlich die kultige Science-Fiction-Parodie „Per Anhalter durch die Galaxis", der in diesem Buch ein eigenes Kapitel gewidmet ist (siehe Kapitel 36).

Nach der dritten Staffel ihrer Fernsehserie beschlossen die Monty Pythons, einen weiteren Film in die Kinos zu bringen. Statt einer Aneinanderreihung von bereits bekannten Sketchen sollte es dieses Mal jedoch ein Streifen mit neuem Material und durchgehender Handlung sein. Das Ergebnis hieß „The Holy Grail" und kam im deutschsprachigen Raum unter dem Namen „Die Ritter der Kokosnuss" in die Lichtspielhäuser. Inhalt des Films sind die Abenteuer des legendären Königs Artus auf der Suche nach dem Heiligen Gral, allerdings in einer Monty-Python-typischen Interpretation. Das Publikum mochte die respektlose Kostümfilmpersiflage und machte sie zu einem weiteren Erfolg.

Der eigentliche Höhepunkt kam jedoch mit dem nächsten Film, der noch skurriler, noch umstrittener und noch kultiger werden sollte als der Vorgänger: „Das Leben des Brian“. Dabei wagte sich das Sextett mit dem neuen Testament an einen Stoff, den in der Branche noch nicht allzu viele durch den Kakao gezogen hatten. Gedreht wurde in Tunesien unweit der Stelle, wo einige Jahre zuvor der Monumentalfilm „Jesus von Nazareth“ von Franco Zeffirelli entstanden war. „Das Leben des Brian“ wurde zu einer abgedrehten Parodie auf derartige Hollywood-Bibelfilme. Fast wäre das Brian-Projekt allerdings noch geplatzt, denn einer der Geldgeber bekam nach dem Durchlesen des Drehbuchs kalte Füße und zog seine Unterstützung zurück. Zum Glück sprang im letzten Moment der Ex-Beatle George Harrison mit einer Finanzspritze von 2 Millionen Pfund ein und ermöglichte dadurch, dasss das Vorhaben doch noch umgesetzt werden konnte. Monty-Python-Fan Harrison machte keinen Hehl daraus, dass er keine geschäftlichen Interessen mit der Unterstützung des Films verband, sondern einfach nur einen weiteren Film der kultigen Truppe sehen wollte.

Im Mittelpunkt von „Das Leben des Brian“ steht der harmlose Jude Brian, der zur Zeit des Jesus von Nazareth lebt und ständig für den Messias gehalten wird. Die Titelrolle übernahm Graham Chapman, während Terry Jones in Frauenkleider schlüpfte und Brians Mutter spielte. Schon die erste Szene des Films ist jedem Monty-Python-Fan bestens bekannt: Kaum ist Brian in Bethlehem geboren, statten ihm auch schon die drei Weisen aus dem Morgenland einen Besuch ab. Dummerweise müssen die Herren jedoch feststellen, dass sie sich im Stall geirrt haben, und ziehen daher ein paar Häuser weiter, wo mit Jesus der eigentliche Anlass ihrer Reise in der Krippe liegt.

33 Jahre später hört Brian Jesus bei der Bergpredigt zu, muss dabei jedoch mit ansehen, wie im Publikum eine Schlägerei ausbricht, nachdem einer der Zuhörer das Schimpfwort „Rübennase“ etwas zu ausgiebig gebraucht. Später gerät Brian in die Mühlen der beiden Widerstandsgruppen Judäische Volksfront und Volksfront von Judäa, die allerdings nicht so recht wissen, ob sie sich nun lieber gegenseitig bekriegen oder gemeinsam gegen die römischen Besatzer kämpfen sollen. Durch ein Versehen wird Brian von immer mehr Menschen für den Messias gehalten, auch wenn er ständig dementiert und ihm die zahlreichen Verehrer mächtig auf die Nerven gehen. Doch seine Anhänger sind hartnäckig und sehen auf einmal Wunder, die

ihr Herr bewirkt haben soll. Zu allem Überfluss wird Brian dann noch von den Römern geschnappt und zusammen mit einigen anderen Delinquenten gekreuzigt. Zum Glück fällt einem seiner Leidensgenossen nun ein, dass man das Leben nicht so ernst nehmen sollte, und so stimmen die Gekreuzigten gemeinsam „Always look on the bright side of life“ an.

Bei so viel Spott zu biblischen Themen versteht es sich fast von selbst, dass Proteste aus christlichen und jüdischen Kreisen nicht ausblieben. Vertreter der katholischen Kirche nannten den Film blasphemisch und bezeichneten es als Sünde, ihn anzuschauen. Ein jüdischer Rabbiner sah darin eine Verspottung des Judentums. Vor allem in den USA verzichteten Kinobesitzer aus Angst vor Protesten darauf, „Das Leben des Brian“ ins Programm zu nehmen. Insgesamt fielen die Proteste, die von den Monty Pythons natürlich einkalkuliert wurden, allerdings nicht ganz so stürmisch aus, wie viele es erwartet hatten. Viele Christen lachten offensichtlich lieber selbst über den Film, anstatt darin etwas Gotteslästerliches zu suchen.

Zweite Tür links, hinten anstellen, jeder nur ein Kreuz!

Anweisung an die Verurteilten vor der Kreuzigung (aus „Das Leben des Brian“)

Nachdem Monty Python zu diesem Zeitpunkt schon Kultstatus hatte, wurde „Das Leben des Brian“ zu einem der Kultfilme schlechthin. In ihrer Heimat Großbritannien verehrte man die Bibelparodie genauso wie in den USA und im deutschsprachigen Raum. Das Leben von Monty Python ging auch nach dem Erfolg des Brian-Films weiter, auch wenn die einzelnen Mitglieder immer mehr Energie in Soloaktivitäten steckten. 1982 erschien mit „Live at The Hollywood Bowl“ ein Mitschnitt eines Live-Auftritts als Kinofassung, bevor 1983 als letzter Monty-Python-Film „Der Sinn des Lebens“ fertig gestellt wurde. Alle Mitglieder blieben auch danach in der Comedyszene aktiv, wobei der 1988 veröffentlichte Film „Ein Fisch namens Wanda“ mit John Cleese und Michael Palin zum erfolgreichsten Monty-Python-Soloprojekt werden sollte.

Literatur

Andreas Pittler: *Monty Python. Über den Sinn des Lebens.* Wilhelm Heyne Verlag, München 1997

Guido Mann: *Eine Python namens Monty. Alle Gemeinschaftsproduktionen, Soloprojekte und Biographien der erfolgreichsten Comedy-Truppe der Welt.* Libri Books on Demand, Hamburg 2003

Kim Johnson: *The first 280 years of Monty Python.* St. Martin's Press, New York 1999

Internet

Pythonline: www.pythonline.com

21 Don't dream it, be it – Rocky Horror Picture Show

Jahr der Uraufführung des Musicals:	1973
Jahr der Uraufführung des Films:	1975
Produktionskosten des Films:	1,2 Millionen Dollar
Bisherige Einnahmen in den USA:	200 Millionen Dollar

„Wenn dir plötzlich ein Gummihandschuh ins Gesicht fliegt, dann ist die Zeit gekommen, selbst mit Gummihandschuhen zu schmeißen“, heißt es in einer Gebrauchsanweisung zum Kultfilm „The Rocky Horror Picture Show“. In der Tat muss man mit dem einen oder anderen Wurfgeschoss rechnen, wenn man sich für den 1975 uraufgeführten Streifen ins Kino wagt. Auch sonst kann man dabei einiges erleben, wobei das Geschehen auf der Leinwand nur einen Teilaspekt des gruseligen Filmerlebnisses darstellt, das sich zu wesentlichen Teilen auch davor und im Publikum abspielt. Das Schmeißen mit allerlei Gegenständen ist ein wichtiger Teil davon.

Seinen Ursprung nahm der schaurig-schöne Rocky-Horror-Kult in London. Dort feierte im Juni 1973 im kleinen Theatre Upstairs ein Musical namens „The Rocky Horror Show" Premiere, das von dem Engländer Richard O'Brien, der darin auch selbst mitspielte, getextet und komponiert worden war. O'Brien, der mit bürgerlichem Namen Richard Smith heißt, hatte sich zuvor als arbeitsloser Schauspieler durchgeschlagen und gehörte damit sicherlich nicht zum Establishment unter den Musical-Komponisten.

So konnte O'Brien froh sein, dass er mit dem gerade einmal 60 Besucher fassenden Theatre Upstairs überhaupt eine Bühne für sein schräges Werk fand, auch wenn dieses eher ein Ort für experimentelles Theater und sicherlich nicht für Kassenschlager war. Doch die „Rocky Horror Show" lockte erstaunlich viele Zuschauer in das Avantgarde-Spielhaus, und so zog das Musical schon bald in ein umgebautes Kino nach Chelsea um, das mehr Platz bot. Schon damals hielt es jedoch die Besucher während der Vorstellungen nicht auf den Sitzen, und so sorgte beschädigtes Inventar dafür, dass die „Rocky Horror Show" einen erneuten Ortswechsel vornehmen musste und schließlich im 500 Zuschauer fassenden King's Road Theatre seine bis heute gültige Heimat fand. Aus einem Experimentalstück war innerhalb einiger Monate die Musical-Attraktion des Jahres geworden.

> **Give yourself over to absolute pleasure!**
> **Frank-N-Furter in der „Rocky Horror Picture Show"**

Was faszinierte die Massen an der „Rocky Horror Show"? Vielleicht war es die konsequent schrille Inszenierung des Musicals, die mit tuntenhaft aufgemachten Männern in Netzstrümpfen und Stöckelschuhen sowie aufreizend gekleideten Frauen das Fehlen eines aufwendigen Bühnenbilds und gesangliche Defizite der Darsteller kompensierte. Die fetzige Musik und das Geschehen auf der Bühne standen der gezielt geschmacklosen Aufmachung der Schauspieler in nichts nach, und so bot die „Rocky Horror Show" eine kompromisslose Beleidigung für Ohr und Auge, die ihre Wirkung auf das Publikum nicht verfehlte.

Natürlich gehört auch die Handlung der „Rocky Horror Show“ nicht gerade in den Bereich der konventionellen Vorabendunterhaltung. Im Mittelpunkt des Geschehens steht ein junges, durchschnittliches Liebespaar, bestehend aus Janet Weiss und Brad Majors. Die beiden fahren gerade mit ihrem Auto durch den Wald, als eine Reifenpanne sie aufhält. Daraufhin gehen sie zu einem Schloss, an dem sie gerade vorbeigefahren sind, um Hilfe zu holen. Der Hausherr des Schlosses ist natürlich kein gewöhnlicher Zeitgenosse, sondern der transsexuelle Außerirdische Frank-N-Furter, der gerade nach Frankenstein-Manier einen künstlichen Menschen namens Rocky Horror geschaffen hat.

Mit dem exzentrischen Frank-N-Furter, der vom Planeten Transexual in der Galaxie Transsilvanien stammt, und einigen anderen schrillen Charakteren erleben Janet und Brad eine reichlich gruselige Nacht. Sie werden Zeuge der Hochzeit zwischen Frank-N-Furter und Rocky Horror, zwischenzeitlich werden sie in Statuen verwandelt. Sie erleben einen Fluchtversuch des künstlichen Menschen und nehmen an seinem Geburtstagsessen teil – da er ja gerade erst geboren ist, ist ein solches schließlich angebracht. Dabei verspeisen sie unbewusst einen Besucher, den Frank-N-Furter gerade erschlagen hat. Nachdem Janet ihre Zuneigung zum gut gebauten Rocky Horror nicht mehr verleugnen kann, wird Brad eifersüchtig, und am Ende proben dann noch zwei Mitglieder des Personals den Aufstand gegen ihren Hausherrn.

Von diesem schrägen Tohuwabohu in Musicalform ließ sich auch der US-amerikanische Medienunternehmer und Theaterbesitzer Lou Adler begeistern, der zehn Monate nach der Uraufführung in London weilte und sich dort die „Rocky Horror Show“ anschaute. Er war derart davon angetan, dass er sich sofort die Rechte für den US-Markt sicherte. So brachte Adler 1975 die „Rocky Horror Show“ in seinem eigenen Theater in Los Angeles auf die Bühne und lockte auch dort schnell die Besuchermassen an.

Zwar sind schon viele erfolgreiche Musicals verfilmt worden – man denke nur an „Evita“ mit Madonna in der Hauptrolle –, doch normalerweise geschieht dies erst nach jahrelangem Erfolg. Nicht so bei der „Rocky Horror Show“, deren hohe Besucherzahlen in Los Angeles sich schnell bis zu den Filmbossen im nahen Hollywood herumsprachen. So konnte Lou Adler die

Produktionsfirma 20th Century Fox für eine Verfilmung des Musicals gewinnen, die im Oktober 1974 begann. Um den Film von der Theaterversion abzugrenzen, fügten die Filmemacher das Wort „Picture" in den Titel ein, und damit war die „Rocky Horror Picture Show" geboren.

Mit einem Budget von bescheidenen 1,2 Millionen Dollar geriet die „Rocky Horror Picture Show" zu einer Billigproduktion, was der Vorlage auch durchaus angemessen war. Gedreht wurde in England, unter anderem in einem Schloss in Berkshire. Das Drehbuch, das Richard O'Brien zusammen mit Jim Sharman schrieb, der auch Regie führte, hielt sich weitgehend an die Musical-Vorlage, auch einige der Schauspieler wurden übernommen. Dazu gehörte beispielsweise Tim Curry alias Frank-N-Furter, der bis heute als der Star des Films gilt und später mit Filmen wie „Jagd auf Roter Oktober" weiter Karriere machte.

In der Rolle der Janet ist in der „Rocky Horror Picture Show" Susan Sarandon zu sehen und Barry Bostwick gab den Brad. Beide hatten nicht zur Musicalbesetzung gehört, genauso wie der schwergewichtige Rocksänger Meatloaf, der in einer Nebenrolle auftritt. Rocky-Horror-Komponist und -Texter Richard O'Brien übernahm die Rolle des Butlers. Bevor der Film im August 1975 in die Kinos kam, gab das Musical noch ein Werbegastspiel in New York, doch das Broadway-Publikum mochte das schrille Showvergnügen nicht. So fiel die „Rocky Horror Show" ausgerechnet im Musicalolymp erst einmal durch.

Auch wer nun gedacht hatte, die „Rocky Horror Picture Show" würde auf Anhieb ein Kassenknüller werden, sah sich getäuscht, denn das Publikum wurde mit dem gruseligen Musikfilm nicht so richtig warm. Dafür gingen die Besucherzahlen erstaunlicherweise nicht so schnell zurück, wie es eigentlich zu erwarten gewesen wäre. Die Kinobesitzer beobachteten außerdem, dass viele Zuschauer immer wieder kamen und sich den Film so oft anschauten, bis sie jede Stelle auswendig kannten. Schon bald begannen erfahrene Rocky-Horror-Anhänger, die Lieder des Films mitzusingen, während der Vorstellung zu tanzen und mit Gegenständen zu schmeißen. Ein Kult war geboren.

Bis heute ist eine Rocky-Horror-Picture-Show-Vorführung nur echt, wenn sich im Kino entsprechende Szenen abspielen. Dazu gehört zum einen die so genannte „Live Action“, also parallel zum Film dargebotene Vorführungen von passend gekleideten Rocky-Horror-Enthusiasten. Zum anderen muss das Publikum mitmachen. „Audience Participation“ (AP) nennt man das in Fankreisen, und welche Ritualhandlungen von einem Rocky-Horror-Zuschauer während des Films verlangt werden, ist auf zahlreichen Webseiten in Form von „Audience Participation Guides“ im Detail nachzulesen.

Zu den Anfängerübungen in Sachen AP gehören das Werfen von Reis und Konfetti während der zwei Hochzeitsszenen im Film sowie das Spritzen mit einer Wasserpistole, wenn es im Film regnet. Fortgeschrittene Rocky-Horror-Jünger schmeißen passend zu bestimmten Szenen auch gerne mit Spielkarten, Gummihandschuhen, Toilettenpapier, Zeitungen und anderen Gegenständen um sich. Beim Lied „There's a light“ leuchten im Kino Taschenlampen und Wunderkerzen auf. Besonders aktive Anhänger verkleiden sich für eine Kinovorstellung, wobei natürlich nur das Skurrilste gut genug ist. Zu den Kulthandlungen gehören zudem Zwischenrufe aus dem Publikum, mit denen auf bestimmte Szenen reagiert wird. So ertönt beispielsweise bei der Erwähnung des Namens Janet der Ruf „slut“ (Nutte), während sich Brad als „arsehole“ (Arschloch) beschimpfen lassen muss. So richtig geht die Post jedoch erst dann ab, wenn das Publikum zu den Liedern tanzt.

Seinen Höhepunkt erlebte der Rocky-Horror-Kult Anfang der achtziger Jahre. Viele Kinos zeigten den Film um Mitternacht, um den Schauerfaktor zu erhöhen. Aus dem gleichen Grund hat die „Rocky Horror Picture Show“ jedes Jahr am Gruselfest Halloween (31. Oktober) Hochkonjunktur. Fälschlicherweise wird an diesem Tag auch der Geburtstag der „Rocky Horror Picture Show“ gefeiert, obwohl der Drehbeginn im Jahr 1974 auf einen 21. Oktober fiel.

Die Hochburg des deutschen Rocky-Horror-Kults ist zweifellos München. Im dortigen Kino „Museum Lichtspiele“ lief die „Rocky Horror Picture Show“ von 1976 bis 2002 ohne größere Unterbrechungen täglich, bevor der Betreiber schließlich auf einen wöchentlichen Rhythmus – jeweils samstags um 22 Uhr – umstellte. Der Kinosaal, in dem die Aufführung stattfindet, fasst 70 Plätze und ist dem Schlosssaal aus dem Film nachempfunden. In der Regel ist die Vorstellung ausverkauft. Es versteht sich von selbst, dass die Audience Participation im „Museum Lichtspiele“ längst zur Tradition geworden ist und einige Enthusiasten den Film bereits mehrere Dutzend Mal gesehen haben. Einige der Besucher betreiben den Rocky-Horror-Kult bereits in zweiter Generation.

Natürlich hat die „Rocky Horror Picture Show“ längst die Wandlung von der Revolution zur Institution vollzogen. Die schrillen Bilder und Töne des Films wirken in der heutigen Medienlandschaft auch längst nicht mehr so provozierend wie vor knapp 30 Jahren bei der Uraufführung. So läuft der Streifen in vielen Sendern heute auch zur Hauptsendezeit, ohne dass die darin enthaltenen Anzüglichkeiten jemanden aufregen. Das Musical gehört heute noch zu den meistgespielten seiner Art und wird auch an anerkannten Bühnen aufgeführt.

Mit der zunehmenden Popularisierung wurde aus der „Rocky Horror Picture Show“ mit der Zeit auch ein kommerzieller Erfolg. Allein in den USA bewegt sich der Umsatz aus Kino und Filmverleih auf die 200 Millionen Dollar zu. Allerdings erwies sich das Projekt „Rocky Horror“ als absolutes Unikum, denn keiner der Beteiligten konnte jemals wieder etwas ähnlich Erfolgreiches auf die Beine stellen. Seit Jahren wird berichtet, dass Richard O'Brien eine offizielle Fortsetzung unter dem Namen „Revenge of the Old Queen“ herausbringen will, doch bisher ist dieses Stück unvollendet geblieben, zumal noch keiner der Schauspieler des ursprünglichen Films Interesse gezeigt hat. Ähnlich ging es Richard O'Brien mit seinem Film „Shock Treatment“, der 1980 in die Kinos kam und Züge einer Rocky-Horror-Fortsetzung hatte. Ursprünglich sollte der Film „Brad and Janet Show“ heißen und mit der Rocky-Horror-Besetzung in den Titelrollen gedreht werden. Daraus wurde jedoch nichts: Barry Bostwick lehnte wegen anderer Verpflichtungen ab, und Susan Sarandon stellte zu hohe Honorarforderungen.

Literatur

Ilka Schmitt: „‚Rocky Horror Show' wird 25: Was einst provozierte, ist heute Kult“, *dpa* vom 12.6.1998

Internet

Rocky Horror Picture Show FAQ:
www.uta.fi/fficstivi/rocky/material/rhpsfaq.txt

22 Eine Art Lebensphilosophie – Star Trek

Jahr des Starts der Serie:	1966
Produktionskosten für den ersten Film:	44 Millionen Dollar
Erlöse der Produktionsfirma:	2 Milliarden Dollar
Anzahl der fest angestellten Mitarbeiter des offiziellen Fanklubs:	20

„Der Weltraum – unendliche Weiten. Wir schreiben das Jahr 2200. Dies sind die Abenteuer des Raumschiffs Enterprise, das mit seiner 400 Mann starken Besatzung fünf Jahre unterwegs ist, um neue Welten zu erforschen, neues Leben und neue Zivilisationen. Viele Lichtjahre von der Erde entfernt, dringt die Enterprise in Galaxien vor, die noch nie ein Mensch gesehen hat."

Mit diesen Worten beginnen seit 1972 die deutschsprachigen Folgen der legendären Fernsehserie „Raumschiff Enterprise", die im Original „Star Trek" heißt und die den Grundstein zu einem der dauerhaftesten Kultphänomene überhaupt gelegt hat. Allein die Zahl der weltweit in Star-Trek-Fanklubs organisierten Enthusiasten geht in die Millionen, von den nichtorganisierten Fans nicht zu reden. „Raumschiff Enterprise ist mehr als Science-Fiction", schrieb der *Focus*, „es ist eine Art Lebensphilosophie."

Als geistigen Vater der Lebensphilosophie verehrt die Star-Trek-Kultgemeinde den amerikanischen Autor und Produzenten Gene Roddenberry. Dessen Serienkonzeption sah zunächst ein „Raumschiff Yorktown" vor sowie Charaktere, die nur entfernte Ähnlichkeit mit der späteren Enterprise-Besatzung hatten. Es erwies sich für Roddenberry als schwierig, einen Sender für die Realisierung des Projekts zu gewinnen, nicht zuletzt deshalb, weil Science-Fiction gerade nicht in Mode war. Die deutsche Weltraumreihe „Raumpatrouille Orion", die heute wie ein Star-Trek-Abklatsch wirkt, war zu diesem Zeitpunkt längst auf dem Markt. Trotz der widrigen Umstände gelang es Roddenberry, den US-Sender NBC 1964 zur Produktion eines Pilotfilms zu überreden, auf den eine spätere Serie hätte aufbauen können. Die 630.000 Dollar teure Produktion, bei der außer Mr. Spock noch keiner der späteren Charaktere auftauchte, fand bei NBC zwar keine Gnade, doch der Sender wagte noch einen zweiten Versuch. Den Part des Kapitäns übernahm nun der kanadische Schauspieler William Shatner alias James T. Kirk, unterstützt vom Chefingenieur Montgomery Scott („Scotty"). Der zweite Pilotfilm sagte NBC zu, und so ging „Star Trek" in Serie.

Beam me up, Scotty! There's no intelligent life.

Angebliches Zitat aus „Raumschiff Enterprise", das in der Serie jedoch nie vorkam.

Mit einem Budget von 180.000 Dollar pro Folge wurde die erste Star-Trek-Staffel gedreht. Für die Handlung der Serie hatte sich Roddenberry das 23. Jahrhundert ausgesucht, in dem die Menschheit bereits zahlreiche intelligente Kulturen auf anderen Planeten entdeckt und viele ferne Himmelskörper selbst besiedelt hat. Zusammen mit einigen anderen Zivilisationen haben die Menschen im Jahr 2161 mit der „Föderation" eine Organisation gegründet, die sich neben der weiteren Erkundung des Alls die Verteidigung gegen bösartige Weltraumbewohner wie die Klingonen auf die Fahnen geschrieben hat. Im Auftrag der Föderation ist die Enterprise auf einer fünfjährigen Forschungsreise durch das All unterwegs.

Um in den Weiten des Weltraums bestehen zu können, nutzt die Enterprise verschiedene Technologien, die uns Menschen des frühen 21. Jahrhunderts noch nicht zur Verfügung stehen. Äußerst praktisch ist beispielsweise die Verwendung eines Materie-Energietransporters, was umgangssprachlich als „Beamen" bezeichnet wird. Durch das Beamen wird eine Person von einem Augenblick zum nächsten an eine andere Stelle trans-

Die Abenteuer des Raumschiffs Enterprise in der Fernsehserie „Star Trek“ begründeten eines der größten Kultphänomene überhaupt. Der offizielle Fanklub hat 20 fest angestellte Mitarbeiter.

portiert, wodurch beispielsweise das Betreten eines nahe gelegenen Planeten aus dem Raumschiff deutlich vereinfacht wird. Das heute längst sprichwörtliche Beamen entstand aus einem profanen Grund: Autor Roddenberry umging damit die Notwendigkeit, dass ein Raumschiff auf einem Planeten landen muss, wenn die Besatzung ihn betreten will. Solche Landungen sind nur mit großem Aufwand zu inszenieren und hätten das Budget gesprengt.

Als die Enterprise am 8. September 1966 um 20.30 Uhr erstmals über den Bildschirm flimmerte, ergaben die Reaktionen ein ungewöhnliches Bild: Während sich die Einschaltquoten in Grenzen hielten, erhielt NBC körbeweise begeisterte Fanpost. Offensichtlich war „Star Trek“ also kein Straßenfeger, doch die vergleichsweise wenigen Zuschauer liebten die Serie heiß und innig. Wie weit diese Liebe ging, zeigte sich, als NBC angesichts der mauen Quoten plante, die Serie nach der ersten Staffel nicht fortzusetzen. Als Reaktion auf diese Entscheidung ertränkten entrüstete Star-Trek-Fans die NBC-Verantwortlichen förmlich in Protestbriefen, was den Sender schließlich zum Nachgeben und damit zur Produktion einer zweiten Staffel bewegte.

Mit den neuen Folgen setzte sich das bekannte Bild fort: begeisterte Fans, aber nur mittelmäßige Einschaltquoten. So erwog NBC erneut eine Einstellung der Serie, überlegte es sich jedoch wieder anders, nachdem ein zweites Mal bergeweise Protestbriefe eingegangen waren. Allerdings verlegte der Sender die Ausstrahlung nun auf den späten Abend, was Star-Trek-Erfinder Roddenberry als Demütigung empfand und zum Anlass nahm, seinen Rückzug zu erklären. Da auch zwei andere wichtige Drehbuchautoren das Enterprise-Team verließen, ging die Qualität der Serie spürbar zurück. 1969 erklärte NBC das endgültige Aus der Serie – die 24 Folgen der dritten Staffel sollten die letzten bleiben.

Überraschenderweise ebbte das Star-Trek-Fieber auch nach Einstellung der Serie nicht ab. Die Star-Trek-Fans nannten sich inzwischen „Trekker" oder „Trekkies" und sorgten für einen Boom auf dem Markt für Enterprise-Devotionalien. Erste Fanklubs wurden gegründet, und 1972 kamen über 3.000 Trekkies zur „Star Trek Committee Convention" nach New York. Der Star-Trek-Kult hatte seinen Anfang genommen. Ab 1972 konnten sich auch deutsche Fernsehzuschauer an diesem beteiligen, da das ZDF die Serie gekauft hatte und unter dem Namen „Raumschiff Enterprise" ausstrahlte. Der Mainzer Sender ließ das Raumschiff allerdings in schlechter Synchronisation im Vorabendprogramm starten, was die Serie hierzulande zunächst einmal zur Kinder- statt zur Kultsendung machte.

1975 traten die Paramount Studios, die sich zwischenzeitlich die Star-Trek-Rechte gesichert hatten, an Roddenberry heran, um eine Wiederbelebung der Serie in Angriff zu nehmen. Die Pläne dafür waren bereits weit fortgeschritten, als 1977 „Krieg der Sterne" (siehe Kapitel 23) in die Kinos kam und zu einem der größten Erfolge der Filmgeschichte wurde. Von diesem Vorbild animiert, warf man bei Paramount alle Pläne über Bord und beschloss, die Enterprise statt auf den Fernsehschirm ins Kino zu bringen. Mit einem Budget von 10 Millionen Dollar wurde schließlich „Star Trek – The Motion Picture" gedreht, wobei von William Shatner bis Leonard Nimoy alle Hauptdarsteller aus der Originalserie an Bord waren. Am Ende machten die Produktionskosten für den ersten Star-Trek-Film sogar 44 Millionen Dollar aus, doch dafür gab es aufwendige Spezialeffekte, die weit über das hinausgingen, was die Fans aus der Serie kannten.

Es sollte sich zeigen, dass die hohe Summe gerechtfertigt war. Denn obwohl sich die Kritiker wiederum nicht so recht für das neue Star-Trek-Werk begeistern konnten, pilgerten die Trekkies 1979 in Scharen in die Kinos und machten den ersten Star-Trek-Kinofilm zu einem vollen Erfolg. Der Star-Trek-Kult erreichte neue Dimensionen, und so ließ die Fortsetzung nicht lange auf sich warten. 1982 erschien mit „The Wrath of Khan“ das zweite Star-Trek-Abenteuer auf der Leinwand, danach kamen „The Search for Spock“ (1984), „The Voyage Home“ (1986), „The Final Frontier“ (1989) und „Undiscovered Country“ (1991). Paramount unterließ es dabei tunlichst, die Trekkies durch einschneidende Änderungen im Konzept oder in der Besatzung zu verunsichern.

Mit den Filmen entwickelte sich „Star Trek“ zu einem der mächtigsten Kultphänomene der Welt. Allein in den USA gibt es heute etwa 2 Millionen Trekkies, die in Fanklubs wie dem „Star Trek: The Official Fan Club“ organisiert sind. Bei Letzterem dürfte es sich um den einzigen Fanklub der Welt handeln, der 20 Personen hauptberuflich beschäftigt. Der in Deutschland angesiedelte „Star Trek Central Europe“ bringt es auf immerhin 6.000 Mitglieder, während die Gesamtzahl der bekennenden Trekkies hierzulande auf 50.000 bis 100.000 geschätzt wird.

Zelebriert wird der Star-Trek-Kult beispielsweise auf weltweit mehreren Dutzend Star Trek Conventions (kurz „Con“ genannt), die den Fans Videovorführungen, Kostümwettbewerbe, Vorträge und Autogrammstunden bieten. Die weltweit größte Con heißt „Grand Slam Con“ und findet in Pasadena (USA) statt, wo sich jährlich etwa 15.000 Trekkies versammeln. Für deutschsprachige Trekkies gibt es mit der jährlich stattfindenden Federation Con (FedCon) eine ähnliche Veranstaltung. Wie groß die Macht der Star-Trek-Gemeinde sein kann, zeigte sich einmal mehr, als die NASA 1976 ihr erstes Spaceshuttle „Enterprise“ taufte. Über 400.000 Zuschriften von Trekkies hatten die US-Raumfahrtbehörde förmlich dazu gezwungen.

Für die Paramount Studios hat sich der Star-Trek-Kult längst zu einer Lizenz zum Gelddrucken entwickelt. Das „erfolgreichste und lukrativste Kultphänomen der TV-Geschichte“ (*Focus*) hat dem Filmriesen bisher einen Umsatz von etwa 2 Milliarden Dollar eingebracht, wobei ein Ende nicht abzusehen ist. Während alle paar Jahre ein neuer Film neues Geld in die Kassen spült, verkaufen sich mehrere Hundert Lizenzprodukte vom Schachspiel bis zum Telefon in Gestalt des Raumschiffs glänzend. Nebenbei ging der von Gene Roddenberry geschriebene Roman „Star Trek: New Frontier" etwa 50 Millionen Mal über den Ladentisch und machte den Star-Trek-Erfinder damit zu einem der erfolgreichsten Autoren der USA. Als Roddenberry 1991 im Alter von 70 Jahren starb, hatte er die Welt verändert.

Zu den Besonderheiten von „Star Trek" gehört, dass es den Verantwortlichen der Paramount Studios gelungen ist, den Kultstatus auf weitere Projekte zu übertragen. So schickte das Unternehmen 1987 unter dem Namen „Star Trek – The Next Generation" eine neue Star-Trek-Besatzung ins All, die es unter Kapitän Jean-Luc Piccard auf 177 Serienfolgen brachte. Nach guten Quoten verlegte auch die neue Crew ihr Betätigungsfeld erfolgreich ins Kino und sorgte so endgültig für die Loslösung des Star-Trek-Kults von Captain Kirk und seinen Mitstreitern. Nach dem Erfolg der neuen Enterprise-Besatzung rief Paramount weitere Star-Trek-Serien ins Leben: „Star Trek – Deep Space Nine" lief von 1993 bis 1999, und im Jahr 1995 kam „Star Trek – Voyager" auf den Bildschirm. Die vorläufig letzte Serie aus der Star-Trek-Schmiede heißt „Star Trek – Enterprise" und ging 2001 auf Sendung.

Mediengeschichte hat „Star Trek" übrigens nicht nur durch den Erfolg, den Kult und die vielen Ableger geschrieben. Vielmehr leistete die Weltraumsaga auch einen Beitrag zur Überwindung des Rassismusproblems in den USA: In der dritten Staffel der Originalserie gab es den ersten Fernsehkuss zwischen einem Weißen und einer Schwarzen.

Literatur

J. M. Dillard: *Star Trek. Eine Chronik in Bildern.* Wilhelm Heyne Verlag, München 1994

Michael Okuda, Denise Okuda, Debbie Mirek: *Das Star Trek-Universum von* A – Z, Heel AG, Schindellegi 1995

Ingrid Böck: „Space-opera", *Focus* 7/1995

Internet

Star Trek Central Europe: www.ostfc.de
Star Trek: The Official Fan Club: www.startrek.com

23 Möge die Macht mir dir sein – Star Wars

Jahr der Uraufführung des ersten Films:	1977
Produktionskosten für den ersten Film:	10 Millionen Dollar
Anzahl der Mitglieder des OSWFC:	5.500
Gesamtumsatz im Bereich Merchandising:	über 10 Milliarden Dollar

Wenn die Handlung eines Films darin besteht, dass sich ein affenähnliches Wesen mit zwei Robotern, einem älteren Herrn in Mönchskutte und zwei jungen Männern aufmacht, das Universum zu retten, dann kann dies eigentlich nur zwei mögliche Folgen haben: Entweder der Film wird ein Flop oder er wird zum Kult. Im Falle von „Star Wars" (Krieg der Sterne) ist der letzte Fall eingetreten. Die Filmreihe, die 1977 startete, begeistert bis heute Millionen von Fans in aller Welt und gilt nach „Star Trek" als zweitwichtigstes Kultphänomen aus dem Science-Fiction-Bereich.

Geistiger Vater des „Krieg der Sterne"-Epos ist der geniale Filmemacher George Lucas, der 1944 in Kalifornien geboren wurde. Er wuchs in kleinbürgerlichen Verhältnissen auf und begeisterte sich schon früh für Science-Fiction- und Fantasy-Helden wie Flash Gordon, Batman und Superman. Gegen den Willen seiner Eltern begann Lucas ein Studium der Filmwissenschaften an der University of Southern California in Los Angeles, unweit von Hollywood. Nach dem Abschluss im Jahr 1966 gründete er mit dem Regisseur Francis Ford Coppola eine Produktionsfirma und drehte seinen ersten abendfüllenden Spielfilm. Seinen Durchbruch schaffte er 1973 mit dem bis heute als Klassiker geltenden „American Graffiti".

Nach seinem ersten großen Erfolg machte sich Lucas an die Arbeit, einen lange gehegten Traum zu verwirklichen: ein Weltraumabenteuer. Mit großem Arbeitsaufwand entwickelte er ein Drehbuch für dieses Projekt, das nach mehreren Namensänderungen – zwischendurch hieß es beispielsweise „The Story of Mace Windu" oder „Adventures of the Starkiller" – den Namen „Star Wars" erhielt. Als seine Pläne mit der Zeit zu umfangreich wurden, teilte Lucas die Handlung in sechs Teile auf, zu denen jeweils ein eigener Spielfilm gedreht werden sollte. Da ihm der vierte Teil am interessantesten und außerdem technisch am besten realisierbar erschien, beschloss er, diesen als Erstes in Angriff zu nehmen. Die Zeit war für ein solches Projekt jedoch alles andere als günstig, denn Mitte der siebziger Jahre waren derartige Weltraumgeschichten längst aus der Mode gekommen.

Trotz der schlechten Voraussetzungen fand Lucas mit 20th Century Fox ein Unternehmen, das bereit war, in sein Science-Fiction-Abenteuer zu investieren. Mit einem Budget von 3,5 Millionen Dollar konnte Lucas allerdings nicht gerade aus dem Vollen schöpfen. 20th Century Fox schätzte das Potenzial von „Star Wars" völlig falsch ein, was sich daran zeigt, dass das Unternehmen Lucas die Rechte an sämtlichen Star-Wars-Figuren und -Inhalten inklusive Musik, Merchandising und Fortsetzungen überließ, was später Milliarden an entgangenen Einnahmen bedeuten sollte. Allerdings konnten die Fox-Manager auch nicht ahnen, dass „Star Wars" den Begriff Merchandising neu definieren würde.

Als Ort des Star-Wars-Geschehens legte Lucas ein zahlreiche Planeten umfassendes galaktisches Imperium fest, das von den bösen „Empirial Forces" und dem nicht weniger bösen Befehlshaber Darth Vader beherrscht wird. Die Empirial Forces haben die hübsche Prinzessin Leia Organa entführt, um von ihr den Standort einer Rebellenbasis zu erfahren. Leia kann jedoch über die beiden Roboter R2-D2 und C-3PO einen Videohilferuf absetzen, der schließlich auf einem kleinen Planeten am Rande des Imperi-

„Star Wars" stellte alles in den Schatten, was es bis dahin an Science-Fiction-Filmen gegeben hatte. Das furiose Weltraumabenteuer gilt neben „Star Trek" als bedeutendster Kultfilm in diesem Bereich.

ums den jungen Luke Skywalker erreicht. Zusammen mit den beiden Robotern und dem weisen Obi-Wan Kenobi, zu denen später noch der affenähnliche Mutant Chewbacca und der Schmuggler Han Solo stoßen, organisiert Skywalker die Rettung der Prinzessin. Dabei spielt nicht zuletzt die „Macht", eine geheimnisvolle Kraft, die das Universum zusammenhält, eine entscheidende Rolle. Als einer der Höhepunkte des Films gilt ein Laserschwertduell zwischen Darth Vader und Obi-Wan Kenobi, das der Letztgenannte natürlich gewinnt.

Bei der Realisierung seines Science-Fiction-Märchens ging George Lucas an die Grenzen dessen, was technisch und organisatorisch machbar war. Mit über 900 Mitarbeitern drehte er furiose Weltraumsequenzen, in denen es von Spezialeffekten nur so wimmelte. Auch die Musik überließ Lucas nicht dem Zufall und sicherte sich die Dienste des erfahrenen Filmkomponisten John Williams, der die bekannte Star-Wars-Melodie komponierte und vom Londoner Sinfonieorchester einspielen ließ. Angesichts des Aufwands stiegen die Produktionskosten von den geplanten 3,5 auf 10 Millionen Dollar.

Wie wenig man sich bei 20th Century Fox von Lucas' Weltraumspektakel versprach, zeigen die bescheidenen Vermarktungsaktivitäten, die das Unternehmen vor dem Kinostart unternahm. Es gab kaum Plakate, Anzeigen und Werbespots, allenfalls in Science-Fiction-Kreisen rührten die Fox-Leute die Werbetrommel. Gerade einmal 40 Lichtspielhäuser wollten das Science-Fiction-Abenteuer ins Programm nehmen, wodurch 20th Century Fox nur sehr bescheidene Vorabzahlungen einnehmen konnte.

> **Nichts hat die Kinowelt so nachhaltig beeinflusst wie die Star-Wars-Trilogie.**
>
> **Garry Jenkins in seinem Buch „Star Works"**

Was dann kam, ist Filmgeschichte. Am 25. Mai 1977 lief „Star Wars" in 32 Kinos an und sorgte schon bei den ersten Vorstellungen um 8 Uhr morgens für lange Schlangen vor den Kassen. Viele Zuschauer zeigten sich so begeistert, dass sie sich nach der Vorführung sofort die nächste Karte kauften oder gleich an ihrem Platz sitzen blieben. Bei 20th Century Fox konnte man die Zahlen, die am nächsten Tag auf den Tisch flatterten, kaum fassen: Mit über 250.000 Dollar hatte „Star Wars" den umsatzstärksten Premierentag der Filmgeschichte hingelegt, und das obwohl der Start auf einen Mittwoch fiel und nur 32 Kinos den Streifen gezeigt hatten. In den folgenden Wochen feierte „Star Wars" einen wahren Triumphzug durch die USA und später durch die ganze Welt. Bereits drei Monate nach dem Start zeigten über 900 Kinos das Science-Fiction-Abenteuer, wodurch 20th Century Fox mit der Produktion der Kopien kaum nachkam. Nach vielen Vorführungen mussten die Platzanweiser das Publikum zum Verlassen des Saals auffordern, um Platz für die nächsten Besucher zu machen. Viele Kinos, in denen eine Eintrittskarte bis dahin auch für mehrere Vorstellungen desselben Films gültig gewesen war, schafften diese Regelung ab. In San Francisco sahen mehr Besucher „Star Wars", als die Stadt Einwohner hatte.

Aus der Begeisterung wurde schnell ein Kult. Lucas schickte die Hauptdarsteller auf eine Tour durch die USA, die riesige Menschenmassen anlockte und mit den entstehenden Tumulten an die Auftritte der Beatles erinnerte. Aufdringliche Star-Wars-Fans belagerten die Häuser ihrer Idole oder drangen gar in sie ein. Erste Fanklubs und Star-Wars-Veranstaltungen entstanden, und das Merchandising, das für Filmemacher bis dahin nur als Zubrot galt, entwickelte sich zu einem gigantischen Geschäft. Die Umsätze, die George Lucas' Firma Lucasfilm mit Star-Wars-Devotionalien erwirtschaftete, haben längst die 10-Milliarden-Grenze überschritten und betragen ein Mehrfaches der Kinoeinnahmen. Vom Star-Wars-Comic über Star-Wars-Legobaukästen bis hin zu den besonders begehrten Star-Wars-Figuren, die von vielen gesammelt werden, gibt es kaum ein Produktsegment, für das Lucasfilm noch keine Lizenz vergeben hat.

Auf den enormen Erfolg des ersten Star-Wars-Films, der im Nachhinein den Titel „A New Hope" erhielt, folgte 1980 mit „Das Imperium schlägt zurück" („The Empire Strikes Back") der zweite Star-Wars-Teil. Dieser stand an fünfter Stelle der sechs geplanten Filme und drehte sich erneut um Skywalker, Solo, Prinzessin Leia, Chewbacca, Obi-Wan-Kenobi sowie die beiden Roboter R2-D2 und C-3PO. Als zusätzliche Figur kam der koboldartige Yoda dazu, der wie Obi-Wan Kenobi zu den Jedi gehört. Viele Fans bezeichnen „Das Imperium schlägt zurück", das ein gigantischer Erfolg wurde, heute als den besten Film der Reihe. Am Kultstatus änderte sich ohnehin nichts.

1983 erschien schließlich das Finale der sechsteiligen Star-Wars-Reihe unter dem Namen „Return of the Jedi" („Die Rückkehr der Jediritter"). Erneut waren alle Stars der zwei vorhergehenden Episoden an Bord, wobei als neue Charaktere die Merchandising-freundlichen Ewoks dazukamen, die Teddybären nicht ganz unähnlich sehen. Die Ewoks kamen so gut an, dass später sogar zwei Fernsehfilme mit ihnen gedreht wurden.

Nach dem dritten Star-Wars-Film wartete Lucas über 15 Jahre, bis der Fortschritt in der Filmtechnik ihm neue Möglichkeiten bot, die er 1999 schließlich für „Die dunkle Bedrohung" („The Phantom Menace") nutzte. Dieser Film bildete die erste Episode der sechsteiligen Reihe. 2002 wurde dann im „Angriff der Klonkrieger" die zweite Folge erzählt, der sechste und voraussichtlich letzte Star-Wars-Film soll voraussichtlich 2005 erscheinen.

Auch wenn viele Fans die beiden neuesten Folgen für nicht so gelungen halten wie die drei alten, ist das Star-Wars-Fieber bis heute ungebrochen.

Mit der Bezeichnung „Warsler“ haben sich Star-Wars-Fans einen eigenen Namen gegeben, ihr aus den Filmen stammender Gruß lautet „Möge die Macht mit dir sein“. Wie groß die Begeisterung ist, zeigt sich beispielsweise daran, dass der „Offizielle Star Wars Fan Club“ (OSWFC) mit 5.500 Mitgliedern zu den größten Fanklubs überhaupt in Deutschland gehört. Neben einer professionellen Webseite bietet die seit 1981 bestehende und seit 1995 offiziell von Lucasfilm anerkannte Organisation auch eine Fanzeitschrift und organisiert die Fanveranstaltung Jedi-Con. Was die Faszination von „Star Wars“ ausmacht, erklärt Regina Mörwald vom OSWFC dem Autor so: „Star Wars ist eine Kombination aus Science-Fiction und Märchen, in der das Gute gegen das Böse gewinnt.“

Nach „Star Trek“ hat sich „Star Wars“ als zweitgrößte Science-Fiction-Kultserie etabliert. Dabei verbindet die Trekkies und die Warsler eine Art Hassliebe: So mancher Enterprise-Jünger glaubt, im „Krieg der Sterne“ reaktionäre, gewaltverherrlichende oder sogar faschistoide Tendenzen erkannt zu haben. Viele Star-Wars-Anhänger wiederum sehen in „Star Trek“ eine oberflächliche Weltraum-Seifenoper, die sie als „Star Dreck“ und „Raumschiff Entenscheiß“ beschimpfen. Ganz so ernst darf man die gegenseitigen Aversionen laut Regina Mörwald vom OSWFC aber dann doch nicht nehmen. So meint die Fanklub-Angestellte gegenüber dem Autor dieses Buchs: „Die meisten Fans mögen beides.“

Literatur

Garry Jenkins: *Star Works. Wie der Krieg der Sterne entstand.* Bastei-Verlag, Bergisch Gladbach 1997

Internet

Offizieller Star Wars Fan Club: www.oswfc.de

24 Das unergründliche Meisterwerk – 2001: Odyssee im Weltraum

Jahr der Uraufführung:	1968
Filmminuten:	141
Produktionskosten:	10,5 Millionen Dollar
Umsatz an den Kinokassen:	200 Millionen Dollar

Dass Science-Fiction eine Literatur- und Filmsparte ist, die besonders viele Kulte hervorbringt, zeigen nicht zuletzt die in diesem Buch beschriebenen Phänomene „Star Trek", „Star Wars" und „Per Anhalter durch die Galaxis". Wer als Nichteingeweihter nun denkt, auch Stanley Kubricks Film „2001: Odyssee im Weltraum" ließe sich bedenkenlos in diese Reihe einordnen, der irrt sich jedoch gewaltig. Zwar ist auch das cineastische Meisterwerk aus dem Jahr 1968 ein Weltraumabenteuer mit Kultstatus, doch Raumschiffe mit Überlichtgeschwindigkeit oder furiose Weltraumgefechte kommen darin genauso wenig vor wie furchterregende Außerirdische. Stattdessen beschreibt Kubricks Science-Fiction-Epos die Zukunft so, wie sie tatsächlich hätte sein können, und nutzt das Science-Fiction-Genre, um philosophische Gedankengänge über Herkunft und Sinn der Menschheit anzuregen. Unter der Mitwirkung zahlreicher Wissenschaftler entstand so ein alles andere als leicht verdauliches Werk, von dem klassische Science-Fiction-Film-Fans zwar meist enttäuscht sind, das aber nachhaltig dazu beigetragen hat, das Genre auch für ein anspruchsvolles Publikum salonfähig zu machen. „2001: Odyssee im Weltraum" ist Kult, wenn auch in einer ganz anderen Form als „Star Trek" oder „Krieg der Sterne".

Stanley Kubrick, der Urheber des 2001-Kults, wurde 1928 in New York geboren. Schon in früher Kindheit interessierte er sich für die Fotografie und entwickelte mit der Zeit beachtliche Fähigkeiten auf diesem Gebiet. Noch während seiner Schulzeit veröffentlichte er erste Bilder in der Zeitschrift *Look*, bei der er im Alter von 17 Jahren seine erste Stellung als Fotograf annahm. 1950 drehte er zusammen mit einem Freund seinen ersten Dokumentarfilm, dem weitere kleine Filmprojekte folgten. Das Drehen von Filmen faszinierte Kubrick so sehr, dass er Anfang der fünfziger Jahre beschloss, sich professionell als Regisseur zu betätigen.

1956 feierte Kubrick mit dem Film noir „The Killing" seinen ersten Achtungserfolg, dem mit „Paths of Glory" (1957) der erste Kubrick-Film mit Klassikerstatus und einige weitere viel beachtete Werke folgten. Mitte der sechziger Jahre hatte sich Stanley Kubrick zu einem der anscheinend amerikanischen Filmemacher hochgearbeitet. Er bewegte sich scheinbar mühelos von einem Filmgenre zum nächsten und feierte in den Sparten Thriller, Kriegsfilm, Satire und Historienfilm gleichermaßen Erfolge, die teilweise höchst umstritten waren.

So war es nur konsequent, dass Kubrick 1964 mit einem Weltraumabenteuer, zu dessen Realisierung er mit dem Schriftsteller Arthur C. Clarke zusammenarbeitete, weiteres Neuland betrat. Clarke hatte sich mit anspruchsvollen Science-Fiction-Kurzgeschichten einen Namen gemacht, was Kubrick dazu veranlasste, die Rechte an sechs von ihnen zu kaufen. Als das Filmprojekt Gestalt annahm, legten sich die beiden auf eine der Kurzgeschichten – sie hieß „The Sentinel" („Der Wachtposten") – fest. Kubrick, der auf Pappmaché-Aliens und fliegende Untertassen verzichten und dafür einen realistischen Science-Fiction-Film drehen wollte, recherchierte lange und intensiv für den Film, der den Titel „2001: A Space Odyssey" erhielt. Er holte den Rat von Astronomen, Computerspezialisten und Raumfahrtexperten ein und legte die Handlung schließlich in das damals noch über drei Jahrzehnte entfernte Jahr 2001. Im Film sollten nur Technologien gezeigt werden, die es nach Expertenansicht im Jahr 2001 tatsächlich würde geben können.

Das ist das Ende von Stanley Kubrick.

Kommentar eines MGM-Managers nach der Premiere von „2001: Odyssee im Weltraum"

1968 kam „2001: A Space Odyssey" in die Kinos. Kubrick präsentierte allerdings kein furioses Science-Fiction-Spektakel, sondern ein 141-minütiges Filmepos, das zwar unglaubliche Spezialeffekte, dafür aber nur wenige Dialoge bot. Vor allem die zahlreichen überdurchschnittlich langen, fast handlungslosen Kameraeinstellungen, die oft mehrere Minuten dauerten, verlangten dem Zuschauer einiges ab. Das Monumentalwerk, das in Deutschland unter dem Namen „2001: Odyssee im Weltraum“ in die Kinos kam, präsentierte sich in vier nur lose miteinander verbundenen Episoden, die zahlreiche Fragen offen ließen. Hollywood-Star Rock Hudson soll nach der Uraufführung folgenden Kommentar abgegeben haben, dem viele zustimmten: „Kann mir irgendjemand erklären, worum es hier ging?“ Ralf Michael Fischer, ein guter Kenner des kubrickschen Filmschaffens, würde ihm heute darauf antworten: „Kubrick strebt nach maximaler Authentizität und versucht auf diese Weise, etwas Grundlegendes über die Menschheitsgeschichte in prägnante Bilder zu kleiden. Im gleichen Atemzug stellt er bewusst das Gezeigte so weit in Frage, dass es ein Rätsel bleiben muss, denn er will keine einfachen Lösungen anbieten, sondern sein Publikum zur Skepsis am Gesehenen und zu eigenständigen Überlegungen provozieren, die über das Filmende hinausreichen.“

Schon der Anfang der 2001-Geschichte ist befremdlich. Gezeigt wird eine Affenhorde vier Millionen Jahre vor unserer Zeit. Eines der Tiere benutzt nach dem Erscheinen eines geheimnisvollen, schwarzen Quaders erstmals einen Knochen als Waffe und begeht damit einen Mord, der das Überleben seiner Artgenossen sichert. Es folgt der berühmteste Schnitt der Filmgeschichte: Der Affe wirft seine Knochenwaffe triumphierend in die Luft, worauf sie sich in ein Raumschiff gleicher Form zu verwandeln scheint, das im Erdorbit dahingleitet. Damit beginnt die zweite Sequenz des Films, der den Betrachter in das Jahr 2001 versetzt. Weltraumflüge gehören inzwischen zum Alltag, und so ist auch die Reise eines Vertreters der amerikanischen Weltraumbehörde zum Mond nicht mehr als Routine. In einer Raumstation trifft er auf eine Abordnung russischer Wissenschaftler, die ihn nach seltsamen Vorgängen auf der Mondbasis Clavius ausfragen, zu der seine Reise führen wird. Auf dem Mond sucht er die Ausgrabungsstätte eines Monolithen auf, der ein intensives Radiosignal in Richtung Jupiter aussendet.

18 Monate später startet eine Weltraumexpedition zum Jupiter, um den Monolithen zu untersuchen. Zur Besatzung gehört neben fünf Astronauten, von denen drei in einen Kältetiefschlaf versetzt wurden, auch der Bordcom-

puter HAL (Heuristically programmed Algorithmic Computer), der sich verhält wie ein Mensch. Als HAL in den Verdacht gerät, einen Fehler gemacht zu haben und die beiden Astronauten David Bowman und Frank Poole überlegen ihn abzuschalten, eskaliert die Situation und mündet in einen Kampf um Leben und Tod, den lediglich Bowman überlebt. Er deaktiviert HAL, der ergreifend um Gnade bittet und schließlich sein „Leben" aushaucht, indem er wie eine immer langsamer werdende Schallplatte „Hänschen klein" singt.

Der vierte Teil zeigt schließlich, wie Bowman beim Jupiter ankommt und auf einen riesigen Monolithen trifft. Als er sich diesem nähert, wird er mit seiner Raumkapsel in eine Art Lichttunnel gesogen. Er fliegt mit rasender Geschwindigkeit durch Licht- und Farbkaskaden und sieht expandierende Formen, die an kosmische Ereignisse erinnern. Am Ende erscheint ihm wieder ein Monolith, er verwandelt sich in einen Fötus, der zu seiner Heimat, der Erde, zurückkehrt und das Publikum mit fragenden Blicken in die Kamera aus dem Kino entlässt.

Jetzt fühle ich mich, als wäre ich zweimal im All gewesen.

Kosmonaut Alexej Leonow nach dem Besuch von „2001: Odyssee im Weltraum"

Bei so viel Befremdlichkeit ist es kein Wunder, dass sowohl die Kritik als auch das Publikum anfangs zurückhaltend auf Kubricks Film reagierten. Dafür ließen die Besucherzahlen im Lauf der Jahre längst nicht so stark nach wie bei anderen Filmen, weshalb sich die 2001-Produktionsfirma MGM nach einigen Jahren dann doch über eine Amortisierung der Produktionskosten von 10,5 Millionen Dollar freuen konnte. Bis heute hat der Film etwa 200 Millionen Dollar an den Kinokassen eingespielt. Weitere Einnahmen für MGM kamen durch den 1984 erschienenen Fortsetzungsversuch „2010: Das Jahr, in dem wir Kontakt aufnahmen" von Peter Hyams dazu, der auch ohne die Mitwirkung von Kubrick für ordentliche Umsätze sorgte, aber kein Klassiker wurde.

Für technisch interessierte 2001-Fans ging die Faszination vor allem von den im Film beschriebenen Zukunftstechnologien aus, die Kubrick erstaunlich gut prognostizierte, auch wenn seine Visionen insgesamt etwas zu optimistisch ausfielen. So gab es bis zum Jahr 2001 beispielsweise noch keine Raumstationen mit Wohnzimmercharakter wie im Film. Andere von Kubrick in die Handlung eingebaute Errungenschaften wie Bildtelefon oder Stimmerkennung zur Zutrittskontrolle existieren dagegen heute tatsächlich. Auch Intellektuelle und Geisteswissenschaftler fanden in Kubricks Werk interessante Aspekte und Diskussionsstoff für Themen wie künstliche Intelligenzen und deren Folgen für die Gesellschaft. Kein Film wurde daher so oft und so ausführlich aus unterschiedlichsten Perspektiven beleuchtet wie „2001: Odyssee im Weltraum", so dass es über diesen Film etliche Examensarbeiten und eine konkurrenzlos große Anzahl von Internetseiten gibt. Darüber hinaus existieren zahlreiche mehr oder weniger parodistische Anspielungen, etwa in John Carpenters Filmerstling „Dark Star" (1973).

1999 starb Stanley Kubrick, der nach „2001" weitere viel beachtete Filme realisierte, im Alter von 70 Jahren. Mit seinem letzten Projekt „A. I." (= Artificial Intelligence), das sein Partner Steven Spielberg 2001 zu Ende brachte, widmete er sich noch einmal dem Thema künstliche Intelligenz, zu dem er ja in Gestalt von HAL bereits einen einflussreichen Beitrag geleistet hatte. In Fankreisen kursiert übrigens immer noch das unbestätigte Gerücht, dass sich Kubrick mit dem Namen „HAL" einen netten Spaß erlaubt hat: Die Abkürzung verwandelt sich in „IBM", wenn man die drei Buchstaben durch ihre Nachfolger im Alphabet ersetzt. IBM war Ende der Sechziger die marktbeherrschende Computerfirma, und der Bordcomputer der Discovery ist ihr im buchstäblichen Sinne immer einen Schritt voraus.

Literatur

Jerome Agel (Hrsg.): *The Making of Kubrick's „2001"*. The New American Library, New York 1970

Arthur C. Clarke (Übersetzung von Egon Eis): *2001: Odyssee im Weltraum*. Econ, Düsseldorf, Wien 1969 (zahlreiche Nachauflagen bei Heyne, München)

Ralf Michael Fischer: *Visuelle Gestaltungsprinzipien in Stanley Kubricks Film „2001: Odyssee im Weltraum“ (GB 1968): Eine kunsthistorische Untersuchung.* Unpublizierte Magisterarbeit, Tübingen 1999
Stephanie Schwam (Hrsg.): *The Making of 2001: „A Space Odyssey“.* The Modern Library, New York 2000

Internet

2001-Übersichtsseite: www.palantir.net/2001

Teil 3
Kultereignisse und Kultinstitutionen

25 Aldi dente – Aldi

Gründungsjahr des ersten Selbstbedienungsmarkts:	1962
Anzahl Filialen weltweit:	6.300
Jahresumsatz:	20 Milliarden Euro
Preis des ersten Aldi-PCs:	1998 Mark

„Geiz ist geil" hieß der populärste Werbespruch des Jahres 2003. Dieses von der Elektronikmarktkette Saturn geprägte Motto hätte auch von Aldi stammen können – jedenfalls dann, wenn Aldi jemals einen Werbespruch verwendet hätte. Denn bei Aldi war das Sparen längst zum Kult geworden, als die rezessionsgeplagten Kunden zusammen mit der Werbewirtschaft die Geilheit des Geizes entdeckten. Nachdem der Ladenkette mit den niedrigen Preisen über Jahrzehnte hinweg etwas Proletarisches anhaftete, outeten sich ab Mitte der neunziger Jahre auf einmal auch Besserverdienende als Aldi-Kunden und entdeckten den Billigeinkauf als Freizeitvergnügen. Erstaunlich an dieser Aschenputtelgeschichte ist nicht zuletzt, dass diese Wandlung ohne jegliches Marketing über die Bühne ging und dass offensichtlich gerade der konsequente Verzicht auf Werbung Aldi zur kultigsten Lebensmittelkette Deutschlands machte.

Weit weniger kultig als die neunziger Jahre verliefen zweifellos die Zeiten nach dem Zweiten Weltkrieg, als die beiden Brüder und späteren Aldi-Gründer Karl und Theo Albrecht von ihrer Mutter einen kleinen Tante-Emma-Laden in Essen-Schonnebeck übernahmen. Die beiden Albrechts boten Waren des täglichen Bedarfs zu günstigen Preisen und machten aus dem geerbten Laden eine immer größer werdende Kette. Schon 1953 gehörten 31 Geschäfte zum aufstrebenden Albrecht-Imperium, 1960 waren es über 300. Die heute üblichen Selbstbedienungsläden gab es damals noch nicht, weshalb der Kunde seine Wünsche noch der Verkäuferin mitteilen musste, die ihm anschließend die erstandenen Waren über die Theke reichte.

1961 teilten Karl und Theo Albrecht ihr Einzelhandelsreich in zwei Hälften auf. Seit damals ist „Aldi-Nord", das von Theo Albrecht geleitet wird, im Norden der Republik aktiv, während der Süden unter der Herrschaft von Karl Albrechts „Aldi-Süd" einkaufen darf. Die Grenze zwischen beiden Teilimperien führt durch das Ruhrgebiet, wo Aldi-Süd von Mülheim und Aldi-Nord vom benachbarten Essen aus regiert wird. Welcher der beiden Einzugsgebiete eine Aldi-Filiale angehört, ist am Logo deutlich zu erkennen: Das Erkennungszeichen von Aldi-Süd ist ein rot-orange-gelb eingerahmtes hellblaues „A" auf dunkelblauem Grund, während die Nord-Gruppe ein blaues „A" auf weißem Hintergrund verwendet.

Der Billig-Discounter wurde zur Heimat des aufgeklärten Verbrauchers.

Stern

Den ersten Selbstbedienungsmarkt eröffnete Aldi-Nord 1962 in Dortmund. Das neue Verkaufsprinzip erwies sich als so erfolgreich, dass nach und nach alle Filialen im Norden und Süden umgerüstet wurden. Während kleinere Läden vom Tante-Emma-Typ zu dieser Zeit reihenweise schließen mussten, wuchs Aldi unaufhörlich – 1990 gab es in Deutschland 2.000 Aldi-Filialen – und machte seine beiden Gründer zu Milliardären. Auch im Ausland – unter anderem in Österreich, Frankreich und Großbritannien – ist Aldi mit Erfolg aktiv. Kein Wunder, dass die beiden Albrecht-Brüder auf der berühmten Forbes-Liste auf Rang 5 unter den reichsten Menschen der Erde aufgeführt sind.

Die Strategie von Aldi lässt sich einfach beschreiben: Alles ist darauf ausgerichtet, hohe Qualität zum möglichst niedrigen Preis zu bieten, während alles, was diesem Ziel im Wege steht, konsequent gemieden wird. Da auch Öffentlichkeitsarbeit weder für niedrigere Preise noch für höhere Qualität sorgt, ist Aldi ein konsequent verschwiegenes Unternehmen, das noch nie auch nur einen Euro für eine Werbeagentur ausgegeben hat. Das Einzige, womit Aldi überhaupt auf sich aufmerksam macht, ist die Verbreitung von Zeitungsanzeigen und Prospekten mit der legendären Titelzeile „Aldi informiert“, die sich seit Jahrzehnten kaum verändert haben.

Darüber hinaus findet Werbung bei Aldi nicht statt. So gibt es keine TV-Spots, keine Radiowerbung, keine Plakate, kein Sponsoring und keine PR-Veranstaltungen. Dekorationen oder auffällige Leuchtreklamen sucht man in Aldi-Märkten vergeblich. Das Unternehmen besitzt auch keine Presseabteilung und erlaubt seinen Managern keine Auftritte in der Öffentlichkeit. Passend dazu leben auch die Firmenpatriarchen Karl und Theo Albrecht so zurückgezogen, dass es in den letzten 20 Jahren noch nicht einmal Paparazzi geschafft haben, irgendwelche Bilder von den beiden zu schießen. Diese Scheu hat allerdings neben der Aldi-typischen Zurückhaltung einen weiteren Grund: Theo Albrecht wurde 1971 von einem Verbrecherduo entführt und erst nach einer Zahlung von 7 Millionen Mark freigelassen. Die selbst gewählte Anonymität ist daher auch eine Sicherheitsmaßnahme.

Auch in anderen Bereichen gilt bei Aldi das Gebot der Schlichtheit. Das Angebot in einer Filiale beschränkt sich auf deutlich unter 1.000 Artikel, die alle zu den so genannten „Schnelldrehern“ gehören, also auf Grund einer starken Nachfrage nicht lange im Regal liegen bleiben. Für Vielfalt ist bei Aldi kein Platz. Ausgefallene Produkte gehören nicht zum Sortiment, und wer in einer Produktsparte unter verschiedenen Marken oder Packungsgrößen auswählen will, sollte lieber anderswo einkaufen gehen. Manche Großmärkte haben über 20.000 Artikel im Angebot.

Markenartikel gibt es bei Aldi nur in einigen Ausnahmefällen. Fast alle angebotenen Produkte fallen daher in den Bereich der so genannten „Handelsmarken“: Sie sind nur bei Aldi erhältlich und tragen Phantasienamen wie „Monarc“ (Doppelkekse), „Westside“ (Tee) oder „Tandil“ (Waschmittel). Die Ähnlichkeit der Waren mit bekannten Markenprodukten ist oft frappierend und zeigt sich teilweise schon im Namen – man denke nur an

Tandil und Persil oder Monarc und Prinzenrolle. Natürlich produziert Aldi seine Waren nicht selbst – die einzige Ausnahme ist „Albrecht Kaffee" –, sondern kauft bei unterschiedlichen Herstellern ein. Obwohl viele Lieferanten ihre Beziehung zu Aldi hüten wie ein Staatsgeheimnis, ist bekannt, dass auch renommierte Markenhersteller wie Bahlsen Aldi beliefern.

Auf so aufwendige Angebotselemente wie eine Fleisch-, Käse- oder Backwarentheke verzichtet Aldi genauso wie auf Pfandflaschen. Die Waren werden von den Lieferanten auf Paletten geliefert, die so gepackt sind, dass sie von den Filialmitarbeitern ohne Umladen direkt in den Verkaufsraum gestellt werden können. Verkaufspsychologische Aspekte – etwa die berühmten Süßigkeiten an der Kasse in Griffhöhe der Kinder – spielen bei der Anordnung der Waren keine Rolle, nur Übersichtlichkeit und eine leichte Handhabung durch das Personal zählen.

Keine Frage, Aldi ist für Supermärkte das, was ursprünglich die Ente oder der VW Käfer für Autos waren: die bis zur Perfektion ausgelebte Idee, Zweckmäßigkeit in den Vordergrund zu stellen. Weihnachtsschmuck in der Aldifiliale wäre daher ein ähnlicher Widerspruch wie eine Klimaanlage in der Grundausstattung des 2 CV – nicht unbedingt notwendig und daher ein Verstoß gegen die Philosophie. Genauso wie die genannten Zweckautos, so galt auch Aldi lange Zeit als Lösung für den kleinen Geldbeutel. Während jedoch ein Auto auch in einfacher Form zum Statussymbol wurde, ging zu Aldi lange Zeit nur, wer sparen musste oder wollte. Wer etwas auf sich hielt, kaufte dort nicht ein oder gab es zumindest nicht zu.

Kennt man die Geschichte der Ente oder des Käfers, dann ist die Entwicklung von Aldi zum Kultobjekt gar nicht so überraschend. Wie bei anderen Kultphänomenen, so ist allerdings auch bei Aldi nicht im Detail nachvollziehbar, wann und wie der Kult entstand. Sicher ist nur, dass die öffentliche Wahrnehmung des Discountriesen Mitte der neunziger Jahre plötzlich kippte. „Es ist so weit: Besserverdienende fallen bei Aldi ein", schrieb 1996 die Wochenzeitung *Die Zeit*, die zu den Ersten gehörte, die über das unbekannte Phänomen berichteten. „Es gibt bereits Leute, die tragen freiwillig das blau-orange Aldi-Signet auf dem T-Shirt", heißt es an gleicher Stelle weiter. Ein Kultphänomen war geboren.

Die Logos von Aldi-Nord (links) und Aldi-Süd (rechts). Der Nordteil des Imperiums wird von Theo Albrecht geleitet, der Süden von seinem Bruder Karl. Die beiden gehören zu den reichsten Männern der Welt.

Möglich wurde der Aldi-Kult nicht zuletzt deshalb, weil die Ladenkette seit jeher nicht nur niedrige Preise, sondern auch hohe Qualität bietet. Zu den Grundsätzen des Unternehmens gehört, dass Artikel, die von der Stiftung Warentest schlechter als mit befriedigend bewertet werden, aus dem Sortiment fliegen. Zu den Säulen des Aldi-Kults entwickelten sich daher auch und vor allem Luxusprodukte wie der Champagner Veuve Durande für 9,99 Euro oder der skandinavische Räucherlachs für 1,99 Euro. Gemäß dem bekannten Motto „Gebt mir Luxus, auf alles andere kann ich verzichten“ deckten sich auch verwöhnte Yuppies gerne mit den preiswerten Edelschlemmereien ein.

Fest zur Aldi-Kultur gehören inzwischen die zahlreichen Kochbücher, die Rezepte mit Aldi-Zutaten präsentieren. Den Anfang machten Astrid Paprota und Regina Schneider mit ihrem 1996 erschienenen „Aldidente: 30 Tage preiswert schlemmen“. Inzwischen ist aus dem einen Buch ein ganzes Genre geworden: Von „Fatburner. Die besten 100 Aldi-Rezepte“ über „Aldidente Wok“ und „Trennkost mit Aldi“ bis zu „Expressküche mit ALDI“ gibt es kaum ein Aldi-Kochbuch, das es nicht gibt.

Das Kultphänomen Aldi wäre jedoch unvollständig beschrieben, ginge man nicht auf die legendären Aldi-PCs ein, die den Computermarkt ordentlich durcheinander wirbelten. Im Mai 1996 bot Aldi erstmals Personalcomputer an, die für den damals sensationellen Preis von 1.998 Mark verkauft wurden. Vor einigen Filialen spielten sich vor der morgendlichen Öffnung tumultartige Szenen ab, oft waren die vorhandenen Exemplare nach Minuten ausverkauft. Seitdem bietet Aldi zweimal jährlich preisgünstige Computergeräte an und hat des Öfteren auch Laptops, Drucker und allerlei PC-Zubehör zum Schnäppchenpreis im Angebot. Wie begehrt die Aldi-Geräte sind, zeigt eine Anekdote, die sich im Dezember 1997 in Rielasingen am Bodensee abspielte. Dort musste die Polizei ausrücken, nachdem ein zu spät gekommener PC-Interessent im Aldi-Markt kurzerhand seine Schreckschusspistole gezogen hatte. Nachdem weitere Einzelhandelsketten wie Tchibo oder Plus die Idee mit den Billigcomputern kopierten, blieb dem Fachhandel nichts anderes übrig, als die Preise zu senken. Heute zahlt niemand mehr über 1.000 Euro für einen PC ohne Extras.

Angesichts der Entwicklung zum Kult dürfte man sich in Mülheim und Essen längst ins Fäustchen lachen. Mit weltweit über 6.300 Filialen und Jahresumsätzen von um die 20 Milliarden Euro spielt Aldi in der ersten Liga der deutschen Großunternehmen – die Höhe der Gewinne wird dabei natürlich geheim gehalten. Dabei ist der Erfolg von Aldi in Wirtschaftskreisen längst sprichwörtlich: Nachdem die Firma Mobilcom in ihren erfolgreichen Jahren oft als „Telekommunikations-Aldi" bezeichnet wurde, lebt heute die Oettinger-Brauerei gut mit dem Beinamen „Bier-Aldi". Möbel Roller adelte sich gar selbst als „Aldi der Möbelbranche".

Und was tut man im Discountimperium selbst, um der allseitigen Verehrung zu begegnen? Das Gleiche wie eh und je: Man genießt und schweigt. Auch über 50 Jahre nach dem Start im Essener Tante-Emma-Laden beschränkt sich die Unternehmenskommunikation bei Aldi-Nord und Aldi-Süd auf das Existenzminimum. Und doch gibt es – man höre und staune – unter www.aldi.de inzwischen eine Aldi-Webseite. Diese kann zwar den Verdacht, ein fortgeschrittener Hobbyprogrammierer habe sie entwickelt, nicht vollständig entkräften, doch für Aldi-Verhältnisse wirkt so viel Selbstdarstellung fast schon verschwenderisch. Sogar einige zitierfähige Weisheiten sind im Online-Auftritt des Discount-Imperiums nachzulesen. So etwa diese: „Die besten Ideen bestechen durch ihre Klarheit und uneingeschränkte Umsetzung."

Literatur

Helga Hein, Ingrid Lorbach, Sven Röhde, Nikola Sellmair, Michael Streck: „Die Magie des Billigen", *Stern* 49/2002

Burkhard Straßmann: „Es ist so weit: Besserverdienende fallen bei Aldi ein", *Die Zeit* 38/1996

Dieter Brandes: *Konsequent einfach. Die ALDI-Erfolgsstory.* Campus Verlag, Frankfurt 1998

Hannes Hintermeier: *Die ALDI-Welt.* Karl Blessing Verlag, München 1998

Internet

Offizielle Aldi-Webseite: www.aldi.de

26 Hoeneß, nein danke – FC Bayern München

Gründungsjahr:	1900
Gewonnene Meisterschaften	18
Anzahl der registrierten Fanklubs:	2.000
Jahresumsatz 2002:	145 Millionen Euro

Zweifellos könnte man den FC Bayern München auf den ersten Blick als Kultverein bezeichnen. Schließlich drücken etwa 10 Millionen Fußballfans dem Rekordmeister die Daumen, die Merchandising-Artikel der Bayern gehen seit Jahren weg wie warme Semmeln, 2.000 Fanklubs sind registriert und Prominente wie Boris Becker oder Dirk Nowitzki haben sich als Bayern-Fans geoutet. Aber ist das wirklich Kult? Nein, denn was die wirkliche Verehrung anbelangt, kann der FC Bayern Vereinen wie dem FC Schalke 04 oder dem FC St. Pauli nicht das Wasser reichen. Die Liebe zum Verein, die Treue auch in schlechten Tagen und die Identifikation mit dem Klub sind bei den Bayern-Fans nicht einmal Mittelmaß. Bayern München ist erfolgreich, aber kein Kult.

Dass der FC Bayern dennoch die Aufnahme in dieses Buch gefunden hat, kann also nicht an den zahlreichen Anhängern liegen, die der Verein zweifellos hat. Vielmehr zeichnen statt der Fans die noch zahlreicheren Bayern-Hasser verantwortlich, die sich Woche für Woche nichts sehnlicher wünschen als eine Niederlage des Münchener Rekordmeisters und die Bayern München damit zum Antikultverein gemacht haben. Nicht die Liebe zum FCB, sondern der Hass gegen den so erfolgreichen Verein ist also das eigentlich Kultige an Bayern München, und dieser Kult wird von halb Fußballdeutschland mit zahlreichen Ritualen und aus tiefster Überzeugung zelebriert.

Längst hat sich der Bayern-Widerstand formiert. So gibt es eine Anti-Bayern-Webseite, ein Anti-Bayern-Buch, einen Anti-Bayern-Newsletter und nicht zu vergessen den Anti-Bayern-Song der „Toten Hosen" mit dem Refrain „Ich würde nie zum FC Bayern München gehen". Ein Beleg für die Unbeliebtheit der Bayern ist zudem eine Szene, die sich im Mai 1989 abspielte, als Bayern-Manager Uli Hoeneß und der damalige Trainer Jupp Heynckes im „Aktuellen Sportstudio" des ZDF zu Gast waren. Plötzlich stimmte das Publikum spontan „Zieht den Bayern die Lederhosen aus" an und machte damit aus seiner Antipathie gegen den Rekordmeister keinen Hehl. Überhaupt könnte man mit Anti-Bayern-Hymnen fast ein eigenes Buch füllen. Neben dem Lederhosensong ist auch „Ihr seid Bayern, asoziale Bayern, ihr schlaft unter Brücken oder in der Bahnhofsmission" recht beliebt, wenn sich Torhüter Oliver Kahn nicht gerade mit „Du bist ein hässlicher Torwart" gesanglich beschimpfen lassen muss.

Was aber ist nun eigentlich so verabscheuungswürdig am deutschen Rekordmeister? Zunächst einmal natürlich der Erfolg. 18 deutsche Meisterschaften hat der FC Bayern in seiner Geschichte bereits eingefahren, 17 davon in den letzten 40 Jahren – eine solche Übermacht schafft natürlich Neider. Doch ganz so einfach, meinen echte Bayern-Hasser, ist die Sache allerdings dann doch nicht. Die Bayern träten besonders arrogant auf und sie hätten immer wieder unverschämtes Glück, lauten die am häufigsten zitierten Argumente. Wenn sich diese Befunde empirisch nicht ohne Weiteres belegen lassen, dann betonen die Bayern-Antifans, dass der Klub mit seiner Übermacht dem deutschen Fußball die Spannung nimmt und dass Bayern-Fans im Grunde nur Opportunisten sind. Diese Auffassung vertrat 1999 auch der *Spiegel*: „Bayern-Fans sind anders. Ihnen ist alles egal, nur eines muss sein: dass sie als Sieger nach Hause gehen."

Die traditionelle Symbolfigur für die meisten Bayern-Hasser ist der langjährige Manager des Vereins, Uli Hoeneß. Dieser wird regelmäßig als raffgieriger Oberkapitalist der Bundesliga dargestellt, der für den Erfolg selbst seine Großmutter bedenkenlos verkaufen würde. An dieser Einschätzung hat sich auch dadurch nichts geändert, dass Hoeneß immer wieder versucht, durch gute Taten – beispielsweise in Form eines Benefizspiels für den finanziell angeschlagenen FC St. Pauli – seinen schlechten Ruf aufzumöbeln.

> **Jeder Fußballfan weiß es intuitiv. Es ist nicht nötig, es auszusprechen. Keiner zweifelt daran. Und doch gibt es das Bedürfnis, es ein für alle Mal festzustellen: Es gibt keine Bayern-Fans.**
>
> **Die Tageszeitung**

Was müssen das für herrliche Zeiten gewesen sein, als 1963 die Fußball-Bundesliga gegründet wurde und der FC Bayern noch nicht dabei war. Die Nummer eins in München hieß damals noch TSV 1860 und der heute so erfolgreiche Lokalrivale musste sich mit einem Dasein in der Zweitklassigkeit begnügen. Dies änderte sich jedoch, als die Bayern 1965 in die Bundesliga aufstiegen und mit jungen Talenten wie Franz Beckenbauer, Sepp Maier und Gerd Müller für Furore sorgten. Während der traditionsbeladene Arbeiterverein TSV 1860 durch mangelnde Professionalität immer mehr den Anschluss verlor, wurde der FC Bayern zum deutschen Vorzeigeverein schlechthin. An diesem Aufstieg hat der ungeliebte Manager Uli Hoeneß, der diesen Posten 1979 übernahm, einen bedeutenden Anteil. Hoeneß baute den Verein in ein modernes Wirtschaftsunternehmen um, gegen das die oft noch von wohlhabenden Feierabendfunktionären geführten Konkurrenten reichlich alt aussahen. Hoeneß weitete das Merchandising aus, verpasste dem Verein eine klare Kommunikationsstrategie, stritt erfolgreich für höhere Fernsehgelder und unterstützte die Bayern-Spieler – zumeist unerfahrene Jungmillionäre – bei der Geldanlage. Leute, die Hoeneß kennen, beschreiben ihn übrigens als durchaus gutmütigen, aber eben auch sehr professionell arbeitenden Manager.

Die Arbeit hat sich ausgezahlt. Seit den sechziger Jahren hat der Verein von der Isar neben den 18 deutschen Meisterschaften auch zehn DFB-Pokalsiege und diverse Europapokalerfolge erzielt, was ihn längst zur klaren Nummer eins in Deutschland gemacht hat. Zudem gilt der FC Bayern als derzeit einzige deutsche Mannschaft von Weltruf. Dass Mannschaften wie Borussia Dortmund oder Schalke 04 in den letzten Jahren aufgeholt haben, liegt sicherlich auch daran, dass sie die Methoden der Bayern in vielen Bereichen kopiert haben. An der kultigen Unbeliebtheit der Bayern hat dies jedoch wenig geändert.

> **Es gibt eben auch Kinder, die als Fünfjährige cholerische Wutanfälle bekommen, bloß weil sie mal beim Murmelspiel verloren haben. Die werden dann Bayern-Fans.**
>
> **Der Spiegel**

Natürlich ist der FC Bayern nicht das einzige Objekt, das über die Antipathie zum Kult wurde. An zweiter Stelle in dieser Liste steht zweifellos die Computerfirma Microsoft, die sich durch ihren immensen Erfolg und ihre monopolartige Stellung die halbe EDV-Welt zum Feind gemacht hat. Die Parallelen der Hasskultur um den FC Bayern und Microsoft sind offensichtlich. So hat Microsoft als Antikultobjekt mit Apple und Linux gleich zwei Gegenspielern allein dadurch zum Kultstatus verholfen, dass sie sich halbwegs gegen den Branchenriesen behaupten konnten. Ähnlich wäre wohl die Kultstellung des FC St. Pauli oder des Ortsrivalen TSV 1860 ohne das große Feindbild FC Bayern nicht in dieser Form denkbar.

Bei so viel Antikult sollte man jedoch nicht vergessen, dass der FC Bayern einen der kultigsten Momente der deutschen Fußballgeschichte hervorgebracht hat. Am 10. März 1998 trat der damalige Bayern-Trainer Giovanni Trapattoni vor die Presse und schimpfte wie ein Rohrspatz über seine Spieler. Die Aufregung des Italieners gepaart mit seinen mangelnden Deutschkenntnissen hätte kein Kabarettist schöner inszenieren können, und so geriet die eigentlich unbedeutende Pressekonferenz zu einem mittleren Medienereignis. Trapattonis Schlusssatz „Ich habe fertig" wurde genauso zum geflügelten Wort wie „schwach wie Flasche leer". Bayern-Spieler Thomas Struntz musste damit leben, dass sein Nachname fortan nach Trapattoni-Vorbild „Struuuntz" ausgesprochen wurde. Selten hatte ein ernst gemeinter Medienauftritt so viele Lacher verursacht.

Doch Trapattoni ist bei Bayern München längst Geschichte, und so stellt sich die Frage, ob es der Verein irgendwann auch zum Kultphänomen mit positiven Vorzeichen schaffen wird. Vielleicht müssten die Bayern dazu öfter verlieren – Schalke 04 wurde ja schließlich auch erst durch seine schlechten Zeiten zu dem, was es heute ist. Vielleicht kann sich der Verein aber auch James Bond zum Vorbild nehmen, denn die Filme des Geheimagenten sind ja auch Kult, obwohl sie durch eine kultuntypische Perfektion bis ins letzte Detail bestechen. Als ersten Schritt könnten die Bayern dazu ihr Standardgetränk Weißbier durch geschüttelten Martini ersetzen.

Literatur

Torsten Geiling, Niclas Müller: *Zieht den Bayern die Lederhosen aus*. Eichborn, Frankfurt 2002

Katrin Weber-Klüver: „Die schlechtesten Fans der Liga", *Der Spiegel* 49/1999

Johannes Keller: „Bayern-Fans sind Feiglinge", *Die Tageszeitung* vom 28.9.1998

Internet

Anti-Bayern-Seite: www.antibayern.de

27 O'zapft is' – Münchener Oktoberfest

Gründungsjahr:	1810
Jährlicher Umsatz:	ca. 500 Millionen Euro
Anzahl der Besucher 2003:	6,3 Millionen
Konsumierte Biermenge 2003:	6,1 Millionen Liter

6,3 Millionen Besucher, 6,1 Millionen Liter Bier und 91 Ochsen. So lautete 2003 die Bilanz von Deutschlands größter regelmäßig stattfindender Kultveranstaltung, bekannt auch unter dem Namen „Münchener Oktoberfest“. Alljährlich zieht das zweiwöchige Spektakel mit seinen Bierzelten und Fahrgeschäften auf der Münchener Theresienwiese die Massen an, wobei neben den Deutschen längst auch Amerikaner, Briten und Japaner die Vorzüge deutscher Bierseligkeit zu schätzen gelernt haben. Ob man nun glücklich darüber ist oder nicht: Neben „Derrick“ ist das Oktoberfest – von den Einheimischen meist „Wiesn“ genannt – das einzige Kultphänomen von Weltruf, das Deutschland zu bieten hat. Während Derrick allerdings längst in Rente gegangen ist, ist ein Ende des globalen Wiesn-Kults längst noch nicht abzusehen.

Und älter als „Derrick“ ist das Oktoberfest sowieso. „Kein König, kein Minister“, so heißt es auf der offiziellen Wiesn-Webseite stolz, „nein, ein bürgerlicher Lohnkutscher legte mit seiner Idee den Grundstein für das Oktoberfest.“ In der Tat war es ein Mitglied der bayerischen Nationalgarde, das vorschlug, die Hochzeit von Ludwig von Bayern und Prinzessin Therese von Hildburghausen mit einem Pferderennen zu feiern. Der damalige König Max I. Joseph von Bayern war einverstanden, und so fand am 17. Oktober 1810 der erste Vorläufer des Oktoberfests in Form eines Pferderennens auf der Theresienwiese statt – der Austragungsort wurde nach der Braut benannt. Die Veranstaltung kam so gut an, dass sie fortan jedes Jahr stattfand. Das Pferderennen fiel zwar wieder weg, dafür gab es in den siebziger Jahren des 19. Jahrhunderts erste professionelle Schausteller, 1881 die erste Hendlbraterei und 1896 erstmals Bierzelte. Durch Krieg, Cholera und Inflation fielen im Lauf der Zeit insgesamt 24 Oktoberfeste aus, doch davon abgesehen konnte sich die Veranstaltung durch die Wirren der Zeit glänzend behaupten. Auch einen Bombenanschlag mit 13 Toten und etwa 200 Verletzten im Jahr 1980 überstand die Wiesn ohne bleibende Blessuren.

Zu einem internationalen Kultphänomen wurde das Oktoberfest jedoch erst nach dem Zweiten Weltkrieg. München lag damals auf dem Gebiet der amerikanischen Besatzungszone, und so zog die Wiesn zahlreiche US-Soldaten an, denen schon bald Landsleute als Touristen folgten. So mancher von ihnen soll das Hofbräuzelt auf der Wiesn mit dem berühmten Hofbräuhaus in der Innenstadt verwechselt haben. Die auf der Theresienwiese zelebrierten Sitten und Gebräuche der bayerischen Ureinwohner kamen bei den Amerikanern bestens an, und so lernten mit der Zeit weitere Besucher aus allen Teilen des westlichen Europas, Australier und nicht zuletzt Japaner die Wiesn zu schätzen. Heute sind etwa 15 Prozent der Oktoberfest-Besucher Ausländer, wobei besonders junge Menschen die Wiesn-Gaudi nicht selten in ein systematisches Komasaufen ausarten lassen. Alkoholkonsum als Kult – nirgends wird dies so offensichtlich praktiziert wie auf der Wiesn, und gerade dies scheint Heranwachsende aus den Industrienationen magisch anzuziehen.

Der Kölner Karneval ist eine Puristenveranstaltung im Vergleich zur Wiesn.

Die Welt

Natürlich hat auch der Wiesn-Kult seine Kultrituale. So beginnt das Spektakel traditionell mit dem feierlichen Auszug der Wiesn-Wirte zur Theresienwiese in feierlich geschmückten Bierkutschen. Das wichtigste und bekannteste aller Rituale begründete allerdings erst 1950 der damalige Münchener Oberbürgermeister Thomas Wimmer, indem er zum Auftakt des Fests den Anstich des ersten Bierfasses mit den Worten „O'zapft is'!" vornahm. Seitdem gehört der Fassanstich durch den aktuellen OB unter Ausspruch des geflügelten Wortes zur bayerischen Lebensphilosophie. Schon zuvor gehörte zu dieser die berühmte Maß – von den Einheimischen „Mass" ausgesprochen –, jener Einliterkrug, der mit Bier gefüllt im wahrsten Sinne des Wortes auf der Wiesn zum Maß aller Dinge geworden ist. Bier wird auf dem Oktoberfest nur in der Maß und damit ausschließlich in Einliterportionen ausgeschenkt, wodurch Weicheier, die sich mit einer kleineren Menge begnügen würden, von vornherein keine Chance haben. Der Preis für eine Maß Bier betrug 2003 um die 6,50 Euro.

Selbstverständlich folgt auch der Konsum einer Maß gewissen Regeln. Wer in den Genuss einer Bierportion kommen will, muss sich beispielsweise zunächst über die überfüllte Theresienwiese in eines der überfüllten Bierzelte vorkämpfen. Seit einigen Jahren ist außerdem das Tragen einer bayerischen Tracht wieder angesagt, die zur Not auch über den Kostümverleih bezogen werden darf. Wer einen der begehrten Bierzeltplätze ergattert hat, sollte sich für den vollen Wiesn-Genuss am Singen von „Ein Prosit der Gemütlichkeit“ und „Oans, zwoa, g'suffa“ beteiligen, bevor er seine Maß leert. Wer dagegen Abwechslung vom Dauertrinken sucht, findet diese in einem der zahlreichen Fahrgeschäfte einschließlich „Power Tower“ und „High Energy Karusell“ oder in einer der beiden Kinderoasen. Doch das echte Wiesn-Erlebnis – da sind sich die Fans einig – findet nun einmal im Bierzelt statt.

So viel Bierseligkeit, wie sie auf dem Oktoberfest geboten wird, kann man vermutlich nur lieben oder hassen. Daher sind die Meinungen über die Wiesn auch durchaus geteilt. Fans bezeichnen das Ereignis gerne und zu Recht als „größtes Volksfest der Welt“, wogegen die *Welt* einst über das Oktoberfest als „zu Ende gedachten Ballermann“ schrieb. In eine ähnliche Kerbe hieb der *Spiegel*: Die Wiesn sei „das größte kollektive Besäufnis der Welt“. Zu den Wiesn-Kritikern zählt nicht zuletzt die linksalternative TAZ, die 1997 einen legendären Artikel zur „weltweit größten Orgie mit Suchtmitteln“ veröffentlichte. Darin heißt es zur Schadenfreude aller Haschisch-Legalisierer: „Auf Kommando werden die Glasbehältnisse kollektiv zum Mund geführt und die Drogen oral eingenommen.“

Die von der bayerischen Landesregierung geförderte Masseninfoxikation endet am Sonntag, 5. Oktober um 23.30 Uhr.

TAZ

Fest steht allerdings, dass die Suchtmittelorgie für die Stadt München einen wichtigen Wirtschaftsfaktor darstellt. Eine knappe Milliarde Euro lassen die Wiesn-Besucher alljährlich in der bayerischen Landeshauptstadt, wovon etwa die Hälfte auf dem Festgelände ausgegeben wird. Durchschnittlich 74 Euro investiert ein Wiesn-Besucher in sein berauschendes Erlebnis. Die wirtschaftliche Bedeutung der Veranstaltung war es dann auch, die dafür sorgte, dass nach den Terroranschlägen vom 11. September 2001 niemand in der bayerischen Politik ernsthaft für eine Absage der kurz danach startenden Wiesn plädierte. Mit einem Umsatzrückgang von 30 Prozent, der angesichts der Umstände unvermeidlich war, fühlten sich Wirte und Schausteller schon genug gestraft.

Neben der weltpolitischen Lage, zu der neben dem Terrorismus auch der Dollarkurs gehört, hat das Wetter stets einen großen Einfluss auf die Wiesn-Umsätze. Daher ist das Oktoberfest längst zum Septemberfest mutiert: Die 16 Wiesn-Tage werden so gelegt, dass das abschließende Wochenende auf die ersten Oktobertage fällt, wodurch der größere Teil des Fests im September stattfindet. Eine zeitliche oder räumliche Ausweitung der Veranstaltung plant die Stadt München als Veranstalter allerdings nicht, obwohl das Oktoberfest vor allem an den Wochenenden regelmäßig aus allen Nähten platzt. Angesichts überfüllter Hotels und nahezu kollabierender öffentlicher Verkehrsmittel zur Wiesn-Zeit ist dies sicherlich ein verständlicher Gedanke, zumal das Gedränge auf dem überfüllten Gelände einen Teil des Kulterlebnisses darstellt.

Welchen weltweiten Kult die Wiesn inzwischen ausgelöst hat, zeigen nicht zuletzt die zahllosen anderen Oktoberfeste, die nach Vorbild des Münchener Originals weltweit gefeiert werden. Die meisten davon gibt es in den USA: So rühmt sich das „Oktoberfest Zinzinnati" in Cincinnati (Bundesstaat Ohio), das landesweit größte und authentischste seiner Art zu sein. Weitere Oktoberfeste gibt es in Tulsa (Oklahoma), La Crosse (Wisconsin), Leavenworth (Washington), Fredericksburg (Texas) und San Francisco, um nur die wichtigsten zu nennen. Sie alle berufen sich auf das bayerische Original und werden oft von deutschstämmigen Amerikanern organisiert. Statt exzessiven Alkoholgenusses steht meist die Pflege deutschen Brauchtums – oder dessen, was man dafür hält – im Vordergrund, wobei deutsches Bier und Bratwürste mit Sauerkraut nicht fehlen dürfen. Weitere bedeutende Oktoberfeste finden im brasilianischen Blumenau und in Kitchener in Kanada statt. Nicht unerwähnt bleiben soll ein weiterer Veranstaltungsort in deutschen Landen: Ausgerechnet im preußischen Berlin gibt es inzwischen jährlich ein Oktoberfest vor dem Roten Rathaus.

Literatur

Manfred Kriener, Walter Saller: „Massenintoxikation in München", *Die Tageszeitung* vom 20.9.1997

Lars Langenau: „Maß halten im Waden-Wonderbra", *Spiegel Online* vom 20.9.2003

Felix Denk, Philip Cassier: „Marathon der Gemütlichkeit", *Die Welt* vom 22.9.2003

Internet

Offizielle Wiesn-Webseite: www.oktoberfest.de

28 Alles Walzer und viel Vergnügen – Wiener Opernball

Jahr des ersten Wiener Opernballs:	1935
Kosten pro Veranstaltung:	1,5 Millionen Euro
Anzahl der Teilnehmer:	4.500
Preis für eine Loge:	16.000 Euro

Fragt man nach international bekannten österreichischen Kultphänomenen, dann kommen sicherlich Arnold Schwarzenegger, die Sachertorte und das Riesenrad im Prater in Frage. Noch eine Spur kultiger ist jedoch zweifellos Österreichs bedeutendste Party, besser bekannt unter dem Namen „Wiener Opernball“. Zwar kommen alljährlich nur etwa 4.500 Reiche und Berühmte in den Genuss des Dabeiseins, doch durch die Fernsehübertragung und die ausführliche Berichterstattung in den Medien können längst auch normal Sterbliche über dieses außergewöhnliche Ereignis mitreden. Nicht zu vergessen ist dabei die linke Szene, die im Opernball ihr Lieblingshassobjekt sieht und die Veranstaltung daher regelmäßig zu Protestaktionen nutzt. So bietet der Opernball am Ende für jeden etwas.

> **Als ich einst vermeldete, Lo Sachs, die Schwägerin des Playboy-Industriellen Gunter Sachs, habe wohl den teuersten Schmuck getragen, auf eine Million Mark taxiert, da schnaubte Milliardärsgattin Heidi Horten indigniert: „Lächerlich, meine Smaragde waren rund 84 Millionen Schilling wert.“ Dabei waren die Hortens nur angejettet, weil Ehemann Helmut von der indischen Regierung keine Lizenz zur Tigerjagd bekommen hatte.“**
>
> **Roman Schliesser, Opernball-Experte der Kronenzeitung im Manager Magazin**

Der Name „Wiener Opernball“ ist zwar nicht ganz so alt, wie man es angesichts der geballten Nostalgie, welche die Veranstaltung bietet, erwarten würde. Auf eine lange Tradition kann sich die glamouröse Party aber dennoch berufen, denn der Opernball ist ein Erbe der glanzvollen Monarchieära Österreichs. Als Keimzelle der Balltradition an der Donau gilt gemeinhin der Wiener Kongress (1814–1815), auf dem Abgesandte der mächtigsten Herrscher Europas die neue politische Ordnung des Kontinents nach dem Ende Napoleons festlegten – und nebenbei legendäre Feste feierten. Damit etablierten sich derartige Veranstaltungen in der österreichischen Hauptstadt, auch wenn das Zentrum des Ballgeschehens im 19. Jahrhundert noch in Paris lag. 1877 fand erstmals ein Ball im Wiener Opernhaus statt, aus dem schließlich 1935 der „Wiener Opernball“ hervorging. Nach einer kriegsbedingten Pause ging der Opernball ab 1956 wieder jährlich über die Bühne.

Veranstaltungstag des Opernballs ist jeweils der andernorts unter dem Namen „Weiberfasnacht“ bekannte Donnerstag vor Karneval. Als Veranstalter tritt die Wiener Staatsoper auf, wobei derzeit Opernchef Ioan Holender und Elisabeth Gürtler, Chefin des berühmten Sacher-Hotels, dem Organisationsteam vorstehen. Traditionell startet die Veranstaltung um 22 Uhr mit dem Einzug der Sänger und Schauspieler, begleitet von österreichischen Regierungsmitgliedern. Anschließend schreiten die insgesamt 360 Debütantinnen und Debütanten unter den Klängen von Strauß-Musik zum Wiener Walzer. Abgesehen von diesen live im Fernsehen übertragenen Programmpunkten gibt es viel Champagner und Heurigen zu trinken sowie Lachs, Austern, Gulaschsuppe und Frankfurter Würstel zu essen. Während für die Herren der Schöpfung Frackzwang gilt, ist für Damen ein langes Abendkleid vorgeschrieben, wobei es für viele Teilnehmerinnen zum Ritual gehört, das Beste und Teuerste aufzubieten, was Kleiderschrank und Schmuckschatulle hergeben.

Doch im Grunde bilden die Genüsse für Auge, Ohr und Gaumen nur den Rahmen für die eigentlichen Zwecke des Opernballs, also das Sehen und Gesehenwerden sowie das Kontaktepflegen. Die Gelegenheit ist für beides günstig: Die Medien sind präsent, und im Glanze von allerlei Prominenz können sich die weniger Bekannten und Betuchten richtig wichtig fühlen. Welche Prominenten sich beim Opernball die Ehre geben oder durch Abwesenheit glänzen, wird daher im Vorfeld von der Boulevardpresse dankbar aufgegriffen. Eine Steilvorlage für dieses Thema liefert regelmäßig der Bauunternehmer Richard Lugner mit seiner Gattin Mausi, die jedes Jahr einen Star einladen und mit ihrer Wahl grundsätzlich für gehöriges Aufsehen sorgen: Sophia Loren, Dolly Buster und Pamela Anderson sind nur einige der Damen, in deren Glanz Lugner sich sonnen und mit deren Hilfe er PR in eigener Sache machen konnte. Neben blaublütiger Prominenz, wie etwa dem spanischen Königspaar, werden im Kreise der Besucher regelmäßig auch Showgrößen wie Thomas Gottschalk, Udo Jürgens oder Placido Domingo gesichtet, und selbst DJ Ötzi und Falco zwängten sich schon in den obligatorischen Frack. Um den ehrwürdigen Ball nicht zur Schickimickiveranstaltung verkommen zu lassen, haben die Organisatoren diesem Trend inzwischen jedoch dezent entgegengewirkt und gleichzeitig die über Jahre hinweg zum Opernball gehörende Disco abgeschafft. Die große

Der Opernball (hier die Debütantinnen und Debütanten) ist Österreichs Kultveranstaltung Nummer eins. Wer sich die 900 Euro für einen Tisch nicht leisten kann, kann dem Kult auch live am Fernseher frönen.

Masse der Besucher bilden ohnehin nicht die Showstars, sondern die Größen aus Politik und Wirtschaft, die den Opernball für das so wichtige Networking nutzen. Ein Opernball, so lautet eine Wiener Weisheit, erspart gut und gerne 30 Geschäftsreisen.

So viel Exklusivität ist natürlich nicht ganz billig. 16.000 Euro kostet beispielsweise eine der Logen, in die vor allem Industriegrößen ihre Gäste einladen. Da die Nachfrage nach den exklusiven Séparées das Angebot traditionell übersteigt, ließen die Organisatoren in den achtziger Jahren zusätzliche Logen auf der Opernbühne installieren, die seitdem speziell für den Ball auf- und wieder abgebaut werden. Da diese so genannten Bühnenlogen kleiner sind und außerdem durch ihre Metallkonstruktion leicht zum Backofen mutieren, ist eine solche schon für den Schnäppchenpreis von 9.000 Euro zu mieten. Vergleichsweise billig mutet auch ein Tisch für sechs Personen an, der mit 900 Euro zu Buche schlägt. Trotz dieser stolzen Preise ist der Opernball mit 4.500 Besuchern regelmäßig schon Monate im Voraus ausgebucht. Äußerst begehrt sind auch die Plätze im Jungherren- und Jungdamenkomitee, die an Jugendliche zwischen 17 und 24 vergeben werden und mit einem Preis von 100 Euro relativ günstig zu haben sind. Aufnahmevoraussetzung sind allerdings gute Kenntnisse im Linkswalzertanzen, die bei einem Vortanztermin unter Beweis gestellt werden müssen. Auch ein namhafter Elternteil soll angeblich die Chancen nicht mindern.

Der in Staatsbesitz befindlichen Wiener Staatsoper kommt der Geldsegen aus den Opernballeinnahmen sehr gelegen, denn wie jedes andere Opernhaus, so kann auch die traditionsreiche Wiener Opernbühne nicht allein vom Kartenver-kauf leben und liegt daher dem österreichischen Steuerzahler auf der Tasche. Der Tag des Opernballs gilt auf Grund der gesalzenen Preise als der einzige im Jahr, an dem die Wiener Staatsoper Gewinn abwirft. Zwar kostet die ganze Veranstaltung jedes Mal knapp 1,5 Millionen Euro, doch am Ende kann man sich in der Oper meist über einen Überschuss im sechsstelligen Bereich freuen.

Seit 1987 sammeln wir uns vor der Oper, um der kapitalistischen Klassenherrschaft zu zeigen, was wir von ihr halten, und ihr zu zeigen, was sie in Zukunft zu Fall bringen und ersetzen wird.

Von einer Anti-Opernball-Webseite

Seine Stellung als Kultveranstaltung hat sich der Opernball jedoch längst nicht nur durch die geballte Anwesenheit von Prominenz und Geldadel verdient. Eine besondere Beziehung zur alljährlichen High-Society-Party hat nämlich auch die linke Szene in Österreich und einigen benachbarten Ländern, die den Opernball als Hassobjekt Nummer eins betrachtet. „Der Opernball ist ein Symbol für alles, was uns ankotzt“, heißt es auf einer der radikalen Anti-Opernball-Webseiten. „Eine TV-Peepshow für diejenigen 99,9 Prozent, die genau wissen, dass sie niemals in so einer Loge für 16.000 Teuros Platz nehmen werden, selbst wenn sie sich ein Leben lang krumm und kaputt schuften.“

Angesichts dieser Feindbildfunktion des Opernballs sind Demonstrationen inzwischen ein fast so verlässlicher Bestandteil der Veranstaltung wie Lachs und Champagner. Den Anfang der Ballkrawalle markierte das Jahr

1987, als der damalige bayerische Ministerpräsident Franz-Josef Strauß auf der Gästeliste stand. Strauß hatte sich damals durch den Bau einer atomaren Wiederaufbereitungsanlage in Wackersdorf und durch Aids-Tests für Gastarbeiter in linken Kreisen unbeliebt gemacht und löste deshalb durch seinen Opernballbesuch massive Proteste aus, die in einer Straßenschlacht zwischen Demonstranten und der Polizei gipfelten. Vergleichbare Krawalle hatte Österreich bis dahin nicht erlebt.

Seither hat es bei jedem Opernball Demonstrationen gegeben, doch deren Intensität nahm in den Neunzigern wieder stark ab. Teilweise waren sogar nur einige verstreute Linke zu sehen, die mit Transparenten gegen die kapitalistische Veranstaltung protestierten. Als allerdings in Österreich 2000 die rechtskonservative FPÖ des Populisten Jörg Haider an die Regierung kam, erhielten die Opernballdemonstrationen wieder Auftrieb und mobilisierten bis zu 10.000 Teilnehmer. Den Opernballteilnehmern sind die Proteste, die von einem oft großen Polizeiaufgebot unter Kontrolle gehalten werden, ohnehin meist egal. Einige von ihnen sollen sogar auf den Ball kommen, um zu tanzen. Die Tanzfläche wird dabei traditionell immer wieder mit den gleichen Worten freigegeben: „Alles Walzer und viel Vergnügen!“

Literatur

Roman Schliesser: „Linkswalzer“, *Manager Magazin* 2/1989

Internet

Webseite der Wiener Staatsoper (mit Informationen zum Opernball): www.staatsoper.at

Anti-Opernball-Webseite: www.geocities.com/opernballdemo

29 Der Kiezkicker-Kult – FC Sankt Pauli

Gründungsjahr:	1924
Erlöse aus der Aktion „Saufen für St. Pauli“:	50.000 Euro
Anzahl der Fanklubs:	200
Etat im letzten Aufstiegsjahr:	6,5 Millionen Mark

Es ist nichts Neues, dass der Kultfaktor eines Fußballvereins nicht in direktem Zusammenhang mit dessen sportlichen Erfolgen stehen muss. Viel entscheidender ist dagegen die Tradition oder die lokale Verwurzelung eines Klubs, wie sie beispielsweise bei den Kultvereinen Schalke 04 (siehe Kapitel 30) oder TSV 1860 München gegeben ist. Beim ebenfalls kultartig verehrten FC St. Pauli greifen diese bekannten Muster jedoch zu kurz. Den St. Paulianern fehlen nämlich nicht nur die großen sportlichen Erfolge. Vielmehr sind auch eine außergewöhnliche Tradition sowie eine historische Verwurzelung in der heutigen, zum Teil linksanarchistischen Fangemeinde schlichtweg nicht vorhanden. Obwohl damit alles Typische fehlt, ist die Verehrung des Vereins durch seine Anhänger größer und ungewöhnlicher als bei fast allen anderen Vereinen. Kult kennt eben keine Regeln.

Die Geschichte des FC St. Pauli verlief lange Zeit ausgesprochen unspektakulär. Der vollständige Klubname „FC St. Pauli 1910“ weist zwar 1910 als Gründungsjahr aus, als eigenständiger Verein existiert der FC St. Pauli jedoch erst seit 1924. Eine nennenswerte Rolle spielte der FC in den Folgejahren nicht einmal in Hamburg. Angesichts der Tatsache, dass die Fans des FC St. Pauli heute vorwiegend im linken politischen Spektrum beheimatet sind, ist schon fast in Vergessenheit geraten, dass der Verein ursprünglich dem kleinbürgerlichen Milieu entstammt. Den damals ebenfalls recht zahlreichen Arbeitervereinen fühlte man sich angesichts der eigenen Herkunft überlegen. Wie viele Angehörige des Bürgertums, so zeigten auch die Mitglieder des FC St. Pauli keine Berührungsängste gegenüber den Nazis, und während viele Vereine aus dem Arbeitermilieu nach Hitlers Machtergreifung 1933 verboten wurden, nahm der FC St. Pauli bereitwillig verschiedene Fördermaßnahmen der Nationalsozialisten in Anspruch.

Die ersten nennenswerten Erfolge der Vereinsgeschichte erreichte der FC St. Pauli in den unmittelbaren Nachkriegsjahren. Die damalige Mannschaft, die den FC erstmals auch überregional ins Gespräch brachte, wird bis heute etwas übertrieben als „Wunderelf" bezeichnet. Man mag es kaum glauben, doch die Wunderelf war eine Truppe, die sich der FC regelrecht zusammengekauft hatte. Fußballer waren damals allerdings noch vergleichsweise bescheiden, und daher waren es auch keine größeren Geldbeträge, die die Stars in die Hansestadt lockten, sondern die gute Versorgung mit Lebensmitteln. Für diese sorgte der Vater des St.-Pauli-Spielers Karl Miller, der eine Metzgerei betrieb.

Nachdem der FC St. Pauli 1963 nicht in die neu gegründete Bundesliga aufgenommen wurde, gelang erst 1977 der lang ersehnte Aufstieg in die Eliteklasse. Der Abstieg folgte jedoch gleich in der ersten Saison. Ein Jahr später war der Verein wegen zahlreicher Managementfehler zahlungsunfähig, was einen Absturz ins Amateurlager bedeutete. Auch wenn sich der FC St. Pauli mit seinen missglückten Aufstiegsversuchen inzwischen einige Sympathien erworben hatte, konnte von einem Kultverein zu diesem Zeitpunkt noch nicht die Rede sein. Die heute so außergewöhnliche Fankultur mit dem linksanarchistischen Touch existierte noch nicht, und allgemein genoss Fußball in linken Kreisen kein besonderes Ansehen.

Wie unpolitisch der Verein damals noch war, zeigt die Tatsache, dass am 8. Juni 1986 während eines Spiels kaum jemand davon Notiz nahm, dass unweit des Stadions eine Anti-Atomkraft-Demonstration zu einem Vorfall eskalierte, der als „Hamburger Kessel" in die Geschichte der Bundesrepublik einging. Dabei kreisten übereifrige Polizeikräfte Demonstranten ein und hielten diese bis zu 15 Stunden widerrechtlich fest. Der Hamburger Kessel, der von vielen Linken als schwerstes Fehlverhalten der Polizei seit der Studentenrevolte von 1968 gewertet wird, interessierte die St.-Pauli-Fans offensichtlich so wenig, dass es trotz der räumlichen Nähe nicht die geringsten Berührungspunkte gab.

Noch im Jahr des Hamburger Kessels kam jedoch die große Wende in der

Geschichte des FC St. Pauli. In der Saison 86/87 spielte der FC wieder in der zweiten Liga, verpasste nur knapp den Aufstieg und erwarb sich gerade durch dieses tragische Scheitern den Ruf des sympathischen Helden. Interessanterweise sprach dieses Image als tragischer Verlierer vor allem Personen aus der Hamburger linksanarchistischen Szene an, die nun auf einmal ins Stadion pilgerten. Es gehört zweifellos zu den kuriosesten und unerklärlichsten Phänomenen der deutschen Fußballgeschichte, dass innerhalb von kaum einem Jahr Fans mit linker Gesinnung das Regiment rund um den FC St. Pauli übernahmen.

Falls es überhaupt eine einleuchtende Erklärung für diesen Wandel gibt, dann spielt darin zweifellos der damalige St.-Pauli-Torwart Volker Ippig eine Rolle. Auch wenn dieser sportlich nicht immer glänzte, so wurde er doch durch seine politische Einstellung zu einer Identifikationsfigur für linke Gesinnungsgenossen. Ippig war vor seiner Fußballkarriere Entwicklungshelfer in Nicaragua gewesen und machte aus seiner Sympathie für die Hausbesetzer an der Hafenstraße keinen Hehl. Als weiterer großer Sympathieträger kam im Jahr nach dem Beinaheaufstieg der neue Trainer Helmut Schulte dazu. Schulte war durch eine Arbeitsbeschaffungsmaßnahme zum FC gekommen und hatte sich dort dank seines Fußballsachverstands bis zum höchsten Traineramt hochgearbeitet – so etwas beeindruckte natürlich jeden linken Fußballfan. Unter Schulte, der in Hamburg noch heute als Volksheld verehrt wird, schaffte der FC St. Pauli 1988 den Aufstieg in die Bundesliga. Dort entdeckten die Fans den kapitalistischen FC Bayern München als neues Feindbild, dessen Gastspiele bei den Paulianern folgerichtig zum „Klassenkampf" hochstilisiert wurden.

Mit dem FC St. Pauli, der immer wieder „der etwas andere Fußballverein" genannt wurde, war Hamburg nahezu über Nacht um eine Attraktion reicher. Da das Millerntor-Stadion recht zentral liegt, ließ sich der Besuch eines FC-Heimspiels bestens mit einem Bummel auf dem Hamburger Kiez verbinden. Schon bald wurde der Begriff „Kiezkicker" zu einem Synonym für den FC St. Pauli, genauso wie die mehrdeutige Bezeichnung „Freudenhaus der Bundesliga". Im Übrigen nannten sich viele der St.-Pauli-Anhänger „Supporter" und gaben ihrer Leidenschaft damit den Ruch einer

Die Piratenflagge wurde zum Symbol für den St.-Pauli-Kult. Nachdem der Totenkopf zunächst nur auf Fahnen im Fanblock auftauchte, ziert er inzwischen auch zahlreiche Merchandising-Produkte.

verschwörerischen Vereinigung. Zum Markenzeichen der Supporter entwickelte sich die Piratenflagge mit Totenkopfsymbol, die im Fanblock geschwenkt wurde. Kein anderes Zeichen hätte das Selbstverständnis der St.-Pauli-Fans besser veranschaulichen können. Dabei versteht es sich fast von selbst, dass sich auch immer mehr Manager und andere Besserverdienende dem St.-Pauli-Kult anschlossen und sich am Wochenende im Stadion ihr Anarchismuserlebnis als Abwechslung zum wenig anarchistischen Berufsalltag holten.

Wie bei vielen anderen Kultvereinen, so agierte auch beim FC St. Pauli das Management oftmals alles andere als professionell. Trotz des unerwarteten Zuschauersegens, der natürlich auch Geld in die Kassen spülte, schaffte es die Vereinsführung nie, die für einen Bundesligaverein notwendige Ruhe in den Klub zu bringen. Präsident Otto Paulick (Spitzname „St. Paulick") musste gehen, nachdem seine undurchsichtige Finanzpolitik die Gerichte beschäftigte. Die Manager des FC mussten sich teilweise ebenfalls Dilettantismus vorwerfen lassen und rieben sich mehrfach in Grabenkämpfen mit dem jeweiligen Trainer auf. So häufte der FC St. Pauli Schulden in Höhe von fast 10 Millionen Mark an und entging im Frühjahr 2000 nur knapp dem Konkurs.

Für die Zweitligasaison 2000/2001 konnte man daher beim FC ganze 6,5 Millionen Mark einplanen – dies war der niedrigste Etat unter allen Zweitligavereinen. Diese scheinbar ausweglose Situation mobilisierte die Supporter in besonderem Maße und ließ dann sogar die Mannschaft zu einem Höhenflug ansetzen. Zur großen Überraschung schafften die St. Paulianer am Ende sogar den erneuten Aufstieg in die Bundesliga. Auch wenn die folgende Saison den postwendenden Abstieg brachte, gewann der St.-Pauli-Kult in dieser Zeit eine interessante Facette dazu: In einer der wenigen Sternstunden gelang es den St. Paulianern, den Erzfeind FC Bayern München mit 2:1 zu besiegen. Da die Bayern zuvor den Weltpokal – den höchsten Titel, den eine Vereinsmannschaft überhaupt erringen kann – gewonnen hatten, durfte sich der FC St. Pauli von nun an „Weltpokalsiegerbesieger" nennen. T-Shirts mit diesem Aufdruck fanden reißenden Absatz.

Durch alle Höhen und Tiefen konnte sich der FC St. Pauli seinen Status als „etwas anderer" Fußballverein bewahren. Auf den ganz großen sportlichen Erfolg können deshalb auch viele der echten Fans verzichten. Dies zeigte sich beispielsweise 1989, als das in Sachen linker Fankultur damals noch unerfahrene Management Pläne zu einem neuen, 500 Millionen Mark teuren Stadionkomplex mit Einkaufszentrum verkündete. Für so viel Kapitalismus im St.-Pauli-Umfeld hatte man in der linken Szene natürlich überhaupt kein Verständnis, weshalb das Projekt schnell auch wieder begraben wurde. Ähnliche Proteste gab es 1991 nach der Entlassung des beliebten Trainers Helmut Schulte. Das Fanmagazin *Millerntor Roar* schrieb nach dem Rausschmiss des Volkshelden voller Verachtung von einer „Erfolg-um-jeden-Preis-Strategie", die es beim anarchistischen FC St. Pauli nicht geben durfte. Dafür gab es beim FC St. Pauli andere Dinge: So setzten die Supporter 1991 durch, dass das Verbot rechtsradikaler Parolen und Plakate in die Stadionordnung aufgenommen und Verstöße mit Hausverbot geahndet wurden.

Doch allem Kult zum Trotz wurde es für den FC St. Pauli in finanzieller

Hinsicht nach dem vierten Bundesligaabstieg wieder einmal brenzlig. Die Mannschaft spielte so schlecht, dass sie direkt in die dritte Liga durchgereicht wurde und angesichts fehlender Einnahmen erneut vor der Pleite stand. Zwei Millionen Euro fehlten für die Lizenz. Doch Kult macht offensichtlich erfinderisch, und so riefen Fans die Aktion „Saufen für den FC St. Pauli" ins Leben. Diese sah vor, dass Kneipenwirte auf dem Hamburger Kiez am Pfingstwochenende auf jedes Glas Bier einen Aufschlag von 50 Cent erheben sollten, der dem Verein zugute kam. Zahlreiche Wirte beteiligten sich, und die Fans soffen mit großem Vergnügen für die Sicherung der Regionalliga-Lizenz.

Zusätzlich kamen T-Shirts mit dem Aufdruck „Weltpokalsiegerbesieger-Retter" auf den Markt, von deren Kaufpreis 10 Euro an den FC St. Pauli gingen. Doch alle anderen Rettungsaktionen verblassten gegenüber der Tatsache, dass in dieser tiefen Krise ausgerechnet Bayern-Manager Uli Hoeneß – die meistgehasste Person rund um das Millerntor – als Retter einsprang. Hoeneß ließ seine Bayern-Elf zu einem Benefizspiel zu Gunsten des FC St. Pauli nach Hamburg fahren und sicherte dem Kultverein dadurch wichtige Gelder für den letztendlich erfolgreichen Lizenzkampf. Der ausgebuffte Managerprofi Hoeneß erlebte dabei ein völlig neues Gefühl: Zum ersten Mal in seinem Leben wurde er von den Pauli-Fans nicht gnadenlos ausgepfiffen.

Literatur

René Martens: *Wunder gibt es immer wieder. Die Geschichte des FC St. Pauli.* Verlag Die Werkstatt, Göttingen 2002

Internet

Offizielle Webseite des FC St. Pauli: www.fcstpauli.de
Fanseite: www.kiezkicker.de

30 Schalke unser – Schalke 04

Gründungsjahr:	1904
Gewonnene Meisterschaften:	7
Baukosten für die Arena AufSchalke:	192 Millionen Euro
Anzahl der Fanklubs:	600

„Schalke unser" heißt das offizielle Fanmagazin des FC Schalke 04, und schon durch diesen Namen wird klar: Schalke 04 ist mehr als einfach nur ein Fußballverein, Schalke 04 ist fast eine Religion. Auch wenn die Skandale in der langen Vereinsgeschichte mindestens so zahlreich sind wie die Erfolge, auch wenn die Mannschaft sportlich oft nur Mittelmaß verkörpert hat – Schalke 04 ist und bleibt ein Mythos, der tief in der Seele der Menschen des Ruhrgebiets verwurzelt ist. Schalke 04 ist Kult. Zu verstehen ist die einzigartige Verehrung nur, wenn man die Geschichte des Vereins in den Jahren bis zum Ende des Zweiten Weltkriegs kennt. Der Aufstieg zur Spitzenmannschaft unter ungünstigen Bedingungen sowie die unglaublichen Erfolge in den dreißiger Jahren haben sich so tief in das Bewusstsein der Schalke-Fans eingegraben, dass sie ihrem Verein durch alle Aufs und Abs der folgenden Jahrzehnte die Treue gehalten haben.

Schalke ist bekanntlich ein Stadtteil der Ruhrgebietsstadt Gelsenkirchen. Wie das gesamte Ruhrgebiet, so wurde auch das bis 1903 eigenständige Schalke vom Kohlebergbau geprägt, der sich im 19. Jahrhundert entwickelte und durch den enormen Bedarf an Arbeitskräften zahlreiche Zuwanderer anlockte. Von den anderen Städten im Ruhrgebiet unterschied sich Schalke vor allem dadurch, dass die Lebensverhältnisse hier noch schlechter waren. So entwickelten sich Schalke und Gelsenkirchen zur Durchgangsstation des Reviers, in der sich besonders viele Neuankömmlinge niederließen, die meist versuchten, schnell wieder wegzukommen. Bis heute gilt Gelsenkirchen nicht gerade als die erste Adresse im Ruhrgebiet.

Als Geburtsjahr von Schalke 04 gilt – der Vereinsname legt es nahe – das Jahr 1904, auch wenn heute niemand mehr richtig weiß, was sich damals genau abgespielt hat. Sicher ist nur, dass irgendwann im Frühjahr jenes Jahres ein paar Arbeiterkinder auf die damals nicht gerade ungewöhnliche Idee kamen, einen Fußballklub zu gründen. Erst 1924 wurde daraus der heutige Verein Schalke 04. Der Fußball wurde zur damaligen Zeit noch von bürgerlichen Kreisen dominiert, weshalb die hemdsärmeligen Schalker nicht überall gerne gesehen waren. Der fußballerische Klassenkampf, den die Gelsenkirchener Pioniere auszutragen hatten, wurde zu einem der wichtigsten Pfeiler des späteren Mythos.

Die Gründung von Schalke 04 war der Anfang einer erstaunlichen Aufwärtsentwicklung. Mit dem aus Großbritannien importierten Spielprinzip des „Schalker Kreisels" etablierten sich die Gelsenkirchener Kicker unter den besten Mannschaften Deutschlands. Zu einer wichtigen Säule des Schalker Aufstiegs entwickelte sich dabei das 1928 eingeweihte Stadion „Glückauf-Kampfbahn", das der Verein aus eigenen Mitteln errichtet hatte. Für einen Arbeiterverein war eine solche Arena zur damaligen Zeit ein einzigartiges Statussymbol, denn ein eigenes Stadion konnten sich ansonsten nur reiche Klubs leisten. Der wichtigste Garant des Schalker Fußballwunders waren jedoch die Spieler, unter ihnen die beiden bis heute bekannten Idole Ernst Kuzorra und Fritz Szepan.

> Ob ich verroste, ob ich verkalke
> Ich gehe immer noch auf Schalke
> Ob ich erlahme, ob ich ergrau
> Ich liebe Königsblau
>
> Schalker Fangesang

Einen ersten Höhepunkt erlebte der damals einsetzende Schalke-Kult im Jahr 1930, als das gesamte Team wegen der Annahme von Handgeldern – damals ein schweres Vergehen – gesperrt wurde. Zum ersten Freundschaftsspiel nach Ablauf der Sperre kamen am 1. Juni 1931 nicht weniger als 70.000 Zuschauer, um ihre Verbundenheit mit dem FC Schalke 04 zu demonstrieren. Dieses Ereignis wirkte für die „Königsblauen", wie die Schalker ehrfurchtsvoll genannt wurden, wie ein Startschuss zu einem Höhenflug, wie er nur mit der Dominanz des FC Bayern München Jahrzehnte später zu vergleichen ist. Zwischen 1932 und 1945 wurden die Schalker sechsmal deutscher Meister und gewannen 1937 den DFB-Pokal. Der Grundstein für einen Status als Kultverein war gelegt.

Nach dem Zweiten Weltkrieg begann allerdings die Zeit, in der mehr über Schalker Krisen geredet wurde als über die nun deutlich spärlicher ausfallenden Erfolge. Nach den Wirtschaftswunderjahren setzte im Ruhrgebiet zudem ein Zechensterben ein und stürzte die gesamte Region in die Krise. In dieser Zeit kam der Fußball als Identifikationsangebot gerade recht, und so musste sich Schalke 04, dessen Aufstieg unter widrigen Umständen immer noch in den Köpfen der Menschen hing, trotz sportlicher Flaute über einen Mangel an Fans keine Gedanken machen. Zeitzeugen betonen immer wieder die außergewöhnliche Atmosphäre, die zu dieser Zeit in der Glückauf-Kampfbahn herrschte. Pfiffe oder Sprechchöre gegen die eigene Mannschaft gab es kaum, dafür eine bedingungslose Unterstützung im Kampf gegen den Gegner. Wenn die Schalke-Anhänger auf den Zuschauerrängen ihre Lieder anstimmten, dann war dabei eine Ergriffenheit zu spüren, die man sonst nur in der Kirche fühlte.

1963 gehörte Schalke 04 zu den Gründungsmitgliedern der Fußball-Bundesliga und verbrachte die folgenden Jahre vor allem im Mittelfeld der Tabelle. Spätestens mit dem Bundesligastart mussten die Schalke-Fans akzeptieren, dass nun nicht mehr Spieler aus dem Ruhrpott mit Bergarbeiterstallgeruch auf dem Platz standen, sondern hoch bezahlte Profis aus allen Teilen der Republik. Der Kultverein Schalke 04 überstand jedoch auch diesen notwendigen Wandel, obwohl die Identifikation der Fans mit ihren Idolen nachließ. Dafür hielt man sich in Fankreisen nun umso mehr an die wenigen verbliebenen echten Ruhrpottspieler wie Reinhard „Stan" Libuda, der in den sechziger Jahren zum großen Schalker Idol wurde.

Einen Tiefpunkt erreichten Schalke 04 und der gesamte deutsche Fußball mit dem berüchtigten Bundesligaskandal, der im Juni 1971 seinen Anfang nahm. Damals wurde bekannt, dass mehrere Vereine im großen Stil Bestechungsgelder gezahlt oder erhalten hatten. Ein undurchschaubarer Sumpf von vorab festgelegten Spielergebnissen tat sich auf, den der DFB erst nach jahrelanger Aufarbeitung trockenlegen konnte. Schalke 04 spielte im Bundesligaskandal zwar zunächst nur eine Nebenrolle, stand am Ende jedoch mit dem größten Schaden da. Dies lag daran, dass einige der betroffenen Schalke-Spieler ihre Verfehlungen hartnäckig leugneten und sogar einen Meineid schworen.

Die leidgeprüften Schalke-Anhänger hatten in den Folgejahren noch einige weitere Rückschläge zu verkraften. 1981 musste der Verein erstmals in der Geschichte einen Abstieg in die zweite Liga hinnehmen und entwickelte sich in den Folgejahren zur Fahrstuhlmannschaft. Doch die Schalker Fans hielten ihrem Verein auch in dieser entbehrungsreichen Zeit die Treue. Schalke 04 galt in jener Zeit als Musterbeispiel für einen Traditionsklub, der sich nur schwer im Profitum zurechtfindet.

Erst in den neunziger Jahren gelang es Schalke 04, in der Realität des Profifußballs anzukommen. Unter dem neuen Manager Rudi Assauer entwickelten sich langsam, aber sicher professionelle Strukturen, mit denen Schalke wieder an alte Erfolge anknüpfen konnte. 1996 qualifizierte man sich unter Trainer Jörg Berger zum ersten Mal seit 1977 für den UEFA-Cup, und im Jahr darauf geschah das Unfassbare: Schalke 04 wurde UEFA-Cup-Sieger und feierte damit den größten Erfolg der Vereinsgeschichte. Zu einem Trauma für die Fans geriet dagegen das Saisonfinale 2001, als die Schalker die deutsche Meisterschaft in den letzten Sekunden des letzten Spieltags verloren. Eine solche Tragödie konnte sich wohl nur in Schalke abspielen.

Im positiven Sinne typisch Schalke 04 ist dagegen ein Projekt, das die Vereinsführung in den neunziger Jahren in die Wege leitete: der Bau eines neuen, vereinseigenen Stadions. Dabei wurde nicht gekleckert, sondern geklotzt. Die neue Arena, deren Bau von 1998 bis 2001 dauerte, bot als erstes deutsches Stadion ein überdachtes Spielfeld und einen ausfahrbaren Rasen. Ausgerechnet in der Fußballprovinz, und nicht etwa bei Bayern München oder Borussia Dortmund, entstand damit das modernste deutsche Stadion. Die Fans, die in die Planung mit einbezogen wurden, setzten durch, dass es auch in der neuen Arena Stehplätze gibt und dass bei diesen auf eine Heizung verzichtet wurde – der echte Schalke-Fan braucht offenbar auch Kälte und Unbequemlichkeit, um auf seine Kosten zu kommen. Es ist zweifellos auch ein Zugeständnis an die Fans, dass die Vereinsführung das neue Stadion „Arena AufSchalke“ nannte und auf die Benennung nach einem Sponsor – was sicherlich einen zweistelligen Millionenbetrag eingebracht hätte – verzichtete. So demonstrierte man wenigstens durch den Namen das Bewusstsein für die alten Traditionen, auch wenn das Stadion mit luxuriösen VIP-Logen ausgerüstet wurde.

Auch 100 Jahre nach der Vereinsgründung ist der FC Schalke 04 immer noch etwas Besonderes unter den deutschen Fußballvereinen. Zwar gibt es viele Klubs, die von einem Teil ihrer Anhänger kultartig verehrt werden, doch was die Treue und die Identifikation der Fans anbelangt, kann es sicherlich kein Verein mit Schalke 04 aufnehmen. Noch immer gilt die Schalker Nordkurve, die seit dem Umzug in die Arena AufSchalke gar keine Kurve mehr ist, als eine Art heiliges Gelände. Noch immer fühlen sich Schalker Fans als benachteiligte Underdogs und singen „Wir sind Schalker, keiner mag uns, scheißegal“. Auch die Nähe von Schalke 04 zu einer Religion hat für viele bis heute Bestand. Dem trägt auch die neue Schalker Arena Rechnung: Als einziges Stadion in Deutschland beherbergt sie eine Kapelle.

Literatur

Georg Röwekamp: *Der Mythos lebt. Die Geschichte des FC Schalke 04*. Verlag Die Werkstatt, Göttingen 2003

Internet

Offizielle Webseite von Schalke 04: www.schalke04.de

Teil 4 Kultbücher und Kultcomics

31 Die spinnen, die Römer – Asterix

Entstehungsjahr:	1959
Jahr der ersten deutschsprachigen Ausgabe:	1967
Anzahl der verkauften Alben:	300 Millionen
Anzahl der Sprachen und Dialekte, in denen Asterix erschienen ist:	über 100

Wir befinden uns im Jahr 2004 n. Chr. Ganz Deutschland ist von Asterix-Fans besetzt ... Ganz Deutschland? Nein! Es soll ja immer noch Menschen geben, die sich von den Abenteuern des kleinen Galliers nicht begeistern lassen und die nicht einmal bemerken, dass die ersten Sätze dieses Kapitels an den Einführungstext der Asterix-Bände angelehnt sind. Besonders viele Asterix-Verweigerer kann es allerdings nicht geben, denn die Abenteuer des kleinen Galliers erreichen längst Schwindel erregende Auflagen.

Die beiden geistigen Väter von Asterix heißen Albert Uderzo und René Goscinny. Ersterer wurde 1927 in Fismes bei Reims geboren und wuchs in einfachen Verhältnissen auf. Heute ist bekannt, dass Uderzo farbenblind ist, was ihn bei seiner Arbeit sicherlich behinderte, aber offensichtlich nicht entscheidend störte. Uderzos Freund und Partner René Goscinny erblickte 1926 in Paris das Licht der Welt. Im Vergleich zum weniger gebildeten Uderzo galt Goscinny als deutlich extrovertierter und zeigte daher später auch weniger Berührungsängste gegenüber den Medien. Die Lebenswege von Uderzo und Goscinny kreuzten sich im Jahr 1951. Sie stellten fest, dass sie eine ähnliche Auffassung von ihrer Arbeit hatten und dass sie sich als Zeichner und Texter sehr gut ergänzten. Sie beschlossen zusammenzuarbeiten.

Nach einigen unauffälligen Jahren beteiligten sich Uderzo und Goscinny am Aufbau einer neuen Jugendzeitschrift mit dem Namen *Pilote*, für die sie eine Comicreihe entwickeln sollten. Glaubt man den späteren Berichten, dann dauerte es kaum eine Viertelstunde, bis das Asterix-Konzept geboren war. Uderzo und Goscinny suchten bei einem Blick auf die französische Geschichte nach Anregungen und blieben bei den Galliern hängen. Goscinny kam sofort auf die Idee, den römischen Besatzern aus dieser Zeit ein Dorf von unbeugsamen Einheimischen gegenüberzustellen, die sich mit Erfolg gegen ihre Unterdrücker zur Wehr setzen. Die Namen der Gallier sollten in Anlehnung an den historischen Gallierfürsten Vercingetorix mit „ix“ enden. Um den erfolgreichen Widerstand der Gallier plausibel zu machen, dachte sich Goscinny einen unbesiegbar machenden Zaubertrank aus. In der weiteren Planung nannte Goscinny den Titelhelden des Comics „Asterix“, was von dem Begriff „Asterisk“ abgeleitet ist, der ein Satzzeichen in Form eines kleinen Sterns („*“) bezeichnet.

Am 29. Oktober 1959 erschien die erste Ausgabe von *Pilote* und damit auch der erste Auftritt von Asterix. Die Premierengeschichte hieß „Asterix le Gaulois“ und ist heute im deutschsprachigen Raum als „Asterix der Gallier“ bekannt. Die Pilote-Leser bekamen das Asterix-Abenteuer jedoch nur häppchenweise serviert und mussten sich bis zum Ende der 44-seitigen Handlung insgesamt 38 Ausgaben der wöchentlich erscheinenden Zeitschrift kaufen. Asterix' Freund und Gefährte *Obelix*, heute fast so bekannt wie Asterix selbst, spielte in der ersten Geschichte nur eine unbedeutende Nebenrolle. Obwohl das erste Asterix-Abenteuer noch nicht die heutige Perfektion erreichte, kam es bei den Pilote-Lesern bestens an. Daher lieferten Uderzo und Goscinny weitere Episoden, die weiterhin in jeweils wöchentlich erscheinende kleine Einheiten zerstückelt wurden.

Die vierte Geschichte, die 1962 in *Pilote* erschien, hieß „Asterix als Gladiator“ und führte als neue Charaktere eine Bande von Piraten ein. Diese haben

Dicke Freunde mit Kultstatus: Asterix und sein Freund Obelix verbreiten ihre Lebensweisheit „Die spinnen, die Römer" mittlerweile in über 100 Sprachen und Dialekten.

seitdem in jedem Asterix-Abenteuer einen Kurzauftritt und entwickelten sich zum wohl bekanntesten Running Gag der Literaturgeschichte. Später kam noch ein kleiner, weißer Hund dazu, der im Nachhinein als „Idefix" ebenfalls zur festen Größe werden sollte. Die Beliebtheit der Comicserie war längst so groß, dass alle Asterix-Episoden ein bis zwei Jahre nach Erscheinen in *Pilote* in einem eigenen Album als komplette Geschichte erschienen. Der Daugaud-Verlag, der die Zeitschrift *Pilote* 1960 übernommen hatte und die Asterix-Bände veröffentlichte, konnte sich über Auflagen freuen, die von zunächst 6.000 Exemplaren auf mehrere Hunderttausend anstiegen. Wie beliebt der kleine Gallier zu diesem Zeitpunkt bereits war, belegt die Tatsache, dass der erste französische Satellit, der 1965 ins All geschossen wurde, den – wenn auch nur inoffiziellen – Namen Asterix erhielt.

Als Durchbruch zum ganz großen Erfolg gilt im Nachhinein das achte Asterix-Abenteuer, „Asterix bei den Briten", das 1966 in *Pilote* erschien und noch im selben Jahr als Album veröffentlicht wurde. Die Startauflage des Albums betrug stolze 600.000 Exemplare und war innerhalb von Tagen vergriffen. Asterix war nun ein Star und die beliebteste Comicfigur Frankreichs. Zeitschriften berichteten über Asterix in Titelgeschichten, das Radio brachte Hörspieladaptionen, während sich Marketingmanager um den kleinen Gallier als Werbemedium rissen. Uderzo und Goscinny nutzten den Erfolg und machten 1967 ihren ersten Asterix-Zeichentrickfilm „Asterix der Gallier". 1973 wurde *Pilote* eingestellt, doch Asterix lebte weiter und erschien von nun an immer gleich als Comicalbum.

Auch in Deutschland war man längst auf den beginnenden Asterix-Kult beim westlichen Nachbarn aufmerksam geworden. Das Comicmagazin *Lupo* – Schwesterzeitschrift der bekannteren Reihe *Fix und Foxi* – sicherte sich die Lizenzrechte und brachte 1965 die erste deutschsprachige Bearbeitung auf den Markt. Diese geriet jedoch aus heutiger Sicht zur Peinlichkeit. Die Lupo-Macher verlegten den Ort des Geschehens kurzerhand nach Germanien und tauften Asterix und Obelix in „Siggi" und „Barabas" um. Wo das Bildmaterial nicht zur neuen Umgebung passte, halfen die Lupo-Redakteure mit Retuschen nach. Uderzo und Goscinny waren vom Germanenspuk, der sogar den Verdacht des Rechtsradikalismus aufkommen ließ, verständlicherweise alles andere als begeistert und entzogen *Lupo* nach vier abgedruckten Geschichten die Lizenz.

Trotz der missglückten Übersetzung fand Asterix alias Siggi in Deutschland erste Freunde. Es wurden mehr, als 1967 der Ehapa-Verlag die deutschen Lizenzrechte übernahm und die Asterix-Geschichten in einer deutlich verbesserten Übersetzung im Comicmagazin *MV* veröffentlichte. In dieser Zeitschrift erschienen bis 1977 insgesamt 23 Asterix-Abenteuer als Fortsetzungsgeschichten und später auch als eigenständige Comicalben. Anfang der siebziger Jahre erfasste das Asterix-Fieber schließlich auch Deutschland. Anfangs noch ein Geheimtipp unter Studenten, stiegen die Auflagen schnell in Millionenhöhe. Im deutschen Asterix-Fanklub sind heute über 200 Mitglieder organisiert.

1977 starb René Goscinny überraschend an einem Herzinfarkt. Uderzo gestaltete nun auch den Text der Asterix-Alben, auch wenn ihm dies viele

Fans nicht zutrauten, und so sind bis heute sechs von ihm allein entwickelte Asterix-Bände auf dem Markt. Es herrscht weitgehend Einigkeit darüber, dass es Uderzo nicht gelungen ist, Goscinny vollständig zu ersetzen, und dass seine Geschichten dramaturgisch das frühere Niveau nicht ganz halten konnten. Insbesondere der 2001 erschienene, bisher letzte Band „Asterix und Latraviata" erhielt nicht gerade die besten Kritiken. Da der inzwischen 75-jährige Uderzo unmissverständlich klar gemacht hat, dass es nach ihm keine neuen Episoden mehr geben wird, müssen die Fans zudem mit einem absehbaren Auslaufen der Serie leben.

Trotz der etwas nachlassenden Qualität ist die Asterix-Begeisterung ungebrochen. Über 300 Millionen Alben sind inzwischen weltweit abgesetzt worden, wobei ausgerechnet der vorläufig letzte Band trotz mäßiger Presse mit einer Erstauflage von 8 Millionen Exemplaren der bisher erfolgreichste ist. Der kleine Gallier rebelliert in über 100 Sprachen und Dialekten gegen die Römer, wobei Asterix selbst Idiome wie Plattdeutsch, Schwäbisch oder Hessisch beherrscht. Seit 1999 ziert Asterix sogar eine französische Briefmarke. In Parc Plailly bei Paris gibt es einen Asterix-Vergnügungspark, und in einem Pariser Kunstmuseum wurde eine Asterix-Ausstellung gezeigt, die auch im deutschen Haltern gastierte. Natürlich gibt es längst auch eine ganze Legion von Asterix-Devotionalien, über die sogar ein eigenes Buch existiert.

Nach „Asterix der Gallier" sind inzwischen sechs weitere Asterix-Zeichentrickfilme in die Kinos gekommen. Die tricktechnische Qualität der Filme ist im Lauf der Zeit deutlich angestiegen und erreicht inzwischen das Niveau der Hollywood-Konkurrenz. Auch wenn die Filme den subtilen Humor aus den Comics nie erreichten und ohnehin eher Kinder als Zielgruppe ansprachen, wurden sie zu Kassenschlagern. Gleiches gilt für die Realfilm-Adaptionen „Asterix & Obelix gegen Cäsar" und „Mission Kleopatra" mit Christian Clavier und Gérard Depardieu in den Hauptrollen.

Darüber hinaus ist nicht zu bestreiten, dass Asterix auch seine Spuren in der deutschen Sprache hinterlassen hat (von der französischen nicht zu reden). So diente der Einführungstext „Wir befinden uns im Jahr 50 v. Chr. ..." schon für zahlreiche Zeitschriftenartikel und Fernsehreportagen als Aufhänger. Der bis dahin unbekannte „Hinkelstein", den Obelix herumträgt, schenkte den Deutschen ein neues Wort, und das Zitieren lateinischer Sprüche kam mit Asterix wieder richtig in Mode. „Die spinnen, die Römer" und „Ich bin nicht dick!" werden von den meisten Menschen ebenso zielsicher den Asterix-Comics zugeordnet wie die Drohung „20 Peitschenhiebe!" (aus „Asterix bei den Schweizern").

Zweifellos hat Asterix Kulturgeschichte geschrieben. Comics galten einst als amerikanisch, anspruchslos und Kinderlektüre, doch seit Asterix ist das anders. Mit Asterix etablierte sich die franko-belgische Comicschule als gleichwertiges Gegengewicht zu den von Disney dominierten US-Comics. Durch Uderzos liebevolle Zeichnungen und Goscinnys hintergründige, anspielungsreiche Texte kam erstmals Anspruch in die Comicwelt. Und dass Asterix kein Kinderspaß, sondern ein auch und gerade von Erwachsenen geliebter Comic ist, versteht sich ganz nebenbei. Asterix machte Comics salonfähig und sorgte dafür, dass von dieser Kunstform vor allem in Frankreich inzwischen als „neunter Kunst" gesprochen wird.

Nicht zu vergessen ist außerdem der Einfluss, den Asterix auf unser Bild von Römern und Galliern genommen hat. Wohl kein Geschichtslehrer, der das Alte Rom behandelt, und schon gar kein Lateinlehrer kann sich den zahlreichen Asterixismen entziehen, die in den Köpfen der Schüler herumschwirren. Da sich gerade unter den Lehrern dieser Fächer besonders viele Asterix-Fans tummeln, stört es auch kaum, dass die Gallier in der fraglichen Zeit gar keine Hinkelsteine schlugen und die Wildschweine nicht etwa aßen, sondern als heilige Tiere verehrten. Die durch Asterix bekannten Schlachten von Gergovia und Alesia gab es dagegen wirklich. Historisch ist auch die Szene, in der der besiegte Vercingetorix Julius Cäsar seine Waffen zu Füßen schmeißt. Dass Cäsar dabei „Aua!" schrie, weil der Gallierfürst seine Zehen traf, ist allerdings eine Erfindung.

Literatur

Horst Berner: *Das große Asterix-Lexikon*. Egmont Ehapa Verlag, Stuttgart 1999

Michael F. Walz: *Asterix. Das Kultbuch*. Egmont Ehapa Verlag, Stuttgart 2000

Internet

Deutsches Asterix Archiv: www.comedix.de

32 Denkmal einer Generation – Der Fänger im Roggen

Erscheinungsjahr:	1951
Letzte öffentliche Äußerung Salingers:	1953
Gesamtauflage:	75 Millionen
Anzahl der Romane von Salinger:	1

In einem abgelegenen Landhaus in Cornish (US-Bundesstaat New Hampshire) lebt seit etwa 50 Jahren ein Mann, den Literaturexperten für den größten lebenden Schriftsteller der USA halten: Jerome D. Salinger. Zu den produktivsten Vertretern seiner Zunft zählt der inzwischen 84-jährige Autor allerdings nicht. Insgesamt hat Salinger nur vier Bücher veröffentlicht, sein letztes Werk datiert aus dem Jahr 1965. Warum der eigenwillige Schriftsteller seitdem nicht mehr publiziert, wird man so schnell nicht erfahren, denn Salinger hat sich seit 1953 nicht mehr öffentlich geäußert. In seinem Domizil in New Hampshire empfängt er keine Besucher, neugierige Pressevertreter schon gar nicht. Die einzigen Lebenszeichen aus den letzten Jahrzehnten sind ein paar Paparazzi-Fotos, die einen groß gewachsenen, weißhaarigen Mann zeigen. Spötter stellten schon die Vermutung an, dass man Salinger irgendwann den Literaturnobelpreis verleihen würde, nur um ihn noch einmal aus seinem selbst gewählten Exil zu locken.

Kein Zweifel, für den Autor eines Kultbuchs ist der zurückgezogen lebende Jerome Salinger eine Idealbesetzung. So gesehen passt es, dass dem öffentlichkeitsscheuen Schriftsteller 1951 mit seinem einzigen Roman „Der Fänger im Roggen“ ein Jahrhundertwerk gelungen ist, das vor allem in den USA seit Jahrzehnten kultartig verehrt wird. „The Catcher in The Rye“, wie das Buch im Original heißt, wurde laut Reinhard Baumgart zum „Denkmal einer ganzen empfindsam wütenden Generation“ (*Zeit* 15/2003), zum Standardwerk sich unverstanden fühlender Jugendlicher und zu einem „Werther“ (siehe Kapitel 35) des 20. Jahrhunderts.

Dabei klingt der Inhalt des Buchs zunächst einmal alles andere als spektakulär. Hauptperson ist der 16-jährige Holden Caulfield, Sohn aus gutem Hause, der ein Internat in Pennsylvania besucht und kurz vor Weihnachten 1948 wegen schlechter Leistungen von dort verwiesen wird. Die gesamte Geschichte, die im „Fänger im Roggen“ erzählt wird, spielt sich in etwa 48 Stunden ab und wird von Caulfield als Ich-Erzähler geschildert. Nach seinem Rausschmiss reist Caulfield zurück in seine Heimatstadt New York, wo er jedoch zunächst einen Bogen um sein Elternhaus macht und sich lieber in einigen Kneipen und Hotels herumtreibt. Die Handlung besteht im Wesentlichen aus einer Aneinanderreihung von Dialogen zwischen Caulfield und anderen Charakteren sowie den Gedanken, die sich der frustrierte Jugendliche dazu macht. Diese werden unter anderem von der Tatsache beeinflusst, dass sein jüngerer Bruder kürzlich gestorben ist.

Wenn man jung ist, gibt es Dinge, nach denen das Leben nicht mehr so ist wie vorher: der erste Kuss, das erste Geld, die erste Droge, der erste Sex und „Der Fänger im Roggen“.

Stern

Gerade diese Gedanken Caulfields sind es, die den Reiz von „Der Fänger im Roggen“ ausmachen. Für die seiner Meinung nach verlogene Gesellschaft hat er nur Abscheu übrig, was er dem Leser unter Verwendung zahlreicher Schimpf- und Slangwörter ohne große Diplomatie mitteilt. Lediglich Kindern, die in seinem Weltbild noch nicht von den Erwachsenen verdorben sind, bringt Caulfield eine gewisse Achtung entgegen, allen voran seiner zehnjährigen Schwester Phoebe, die als einer der wenigen Charaktere des Romans positiv beschrieben wird. Der Titel des Buchs leitet sich aus einem Wunschbild Caulfields ab: In Anlehnung an ein Gedicht möchte er Kinder, die auf einem Roggenfeld Baseball spielen, davor bewahren, dass sie in einen Abgrund am Rand des Felds stürzen. Das Buch endet mit einer Szene, in der Phoebe auf einen Karussellpferd im Central Park ihre Runden dreht und Caulfield erstmals ein gewisses Glücksgefühl verspürt. Ebenfalls am Ende des Buchs erfährt man, dass Caulfield die ganze Geschichte im Abstand von einigen Monaten erzählt und sich gerade in einer psychiatrischen Klinik in Kalifornien befindet. Er bedauert, dass er die Geschichte überhaupt erzählt hat.

Offenbar traf Salinger mit den umgangssprachlich formulierten Gedanken seines Protagonisten Holden Caulfield genau den Nerv seiner amerikanischen Leserschaft. Hunderttausende amerikanischer Jugendlicher konnten sich mit dem weltverneinenden Sohn aus gutem Hause identifizieren, die von diesem umgekehrt getragene Schirmmütze mit Tarnmuster (Hunting Cap) wurde zu ihrem Markenzeichen. Salingers Roman wurde zu einem ersten Manifest einer Jugend, die im Wohlstand aufwuchs, jedoch zum Unverständnis ihrer Eltern in dieser Situation nicht glücklich wurde und rebellierte. So gesehen bereitete der „Fänger im Roggen“ den Weg für den Rock 'n' Roll genauso wie etwa für die 68er-Bewegung.

Vom Fänger-im-Roggen-Kult ließen sich die Jugendlichen der US-Mittelklasse gleich reihenweise anstecken. Zu den prominenten Persönlichkeiten, die das Werk als ihr Lieblingsbuch oder zumindest als einflussreich für die Entwicklung ihrer Persönlichkeit bezeichnen, gehören beispielsweise Madonna, Bill Gates, die Schauspiel-Stars Winona Ryder und Johnny Depp sowie der Tennisspieler Pete Sampras. Ein „Bekenntnisbuch und Identifikationsobjekt“ nannte die *Zeit* den „Fänger im Roggen“ und hatte damit leider auch in negativer Hinsicht recht: Als der Ex-Beatle John Lennon 1980 in New York erschossen wurde, gab der Mörder an, vom „Fänger im Roggen“ beeinflusst gewesen zu sein.

Durch die kultartige Verehrung wurde das laut Burkhard Spinnen „mythenverhangenste Buch des 20. Jahrhunderts“ (*Süddeutsche Zeitung* vom 17.3.2003) zum Gegenstand zahlreicher Anspielungen. Der Rocksänger Billy Joel erwähnte es in seinem Lied „We Didn't Start The Fire“, weitere

Anspielungen finden sich in Liedern von Bill Haley, Guns 'n' Roses, Van Morrison, den Beastie Boys und Simon & Garfunkel. Im Film „Conspiracy Theory" mit Mel Gibson spielt „Der Fänger im Roggen" genauso eine Rolle wie in Folgen der Simpsons und der Peanuts. Unter den Vertretern anspruchsvollerer Literatur ist vor allem Ulrich Plenzdorfs „Die neuen Leiden des jungen W." zu nennen, in dem die Hauptfigur ebenfalls von Salinger beeinflusst wird.

„Der Fänger im Roggen" wurde zum Kult, obwohl oder gerade weil vor allem konservative Kreise in den USA heftig Anstoß daran nahmen. Die nihilistische Tendenz des Romans störte sie genauso wie die ungenierte Verwendung von Begriffen wie „fuck" und anderen Obszönitäten. So wurde das Salinger-Buch aus zahlreichen Schulen und Lehrplänen verbannt, ohne dass dies dessen Popularität etwas anhaben konnte. Gleiches galt für die Vorwürfe mancher Kritiker, „Der Fänger im Roggen" sei langweilig und die Handlung vorhersehbar.

> Ich erinnere mich, dass ich nach der Lektüre des „Catcher" im Alter von 17 Jahren monatelang als Holden Caulfield herumgelaufen bin.
>
> Ian Hamilton, Salinger-Biograf

In Deutschland erreichte „Der Fänger im Roggen" zwar nie den Kultstatus, den das Buch in den USA besitzt. Zu einer gewissen Popularität kam es dennoch. Mit der ersten Übersetzung, die 1954 in einem Schweizer Verlag erschien, gelang dies allerdings noch nicht, zumal diese in der Wortwahl reichlich zahmer ausfiel als das Original und ganze Passagen dem Rotstift zum Opfer fielen. Vermutlich war die Zeit auch noch nicht reif, denn die Deutschen genossen zu dieser Zeit noch das Wirtschaftswunder, und da hatten selbst pubertierende Jugendliche wenig Sinn für weltverneinende Gedanken.

Seinen Durchbruch in Deutschland schaffte „Der Fänger im Roggen" erst 1962 mit einer neuen Übersetzung des späteren Literatur-Nobelpreisträgers Heinrich Böll, auch wenn dieser es immer noch nicht wagte, die zahlreichen Schimpf- und Fäkalwörter in adäquate deutsche Begriffe zu übertragen. Erst 2003, also 52 Jahre nach Erscheinen der Urfassung, brachte der

Verlag Kiepenheuer & Witsch schließlich eine diesbezüglich angemessene Übersetzung auf den Markt, für welche der Übersetzer Eike Schönfeld verantwortlich zeichnete. Nun endlich durfte Holden Caulfield „Arsch“ statt „Hintern“ sagen und Ausdrücke wie „Du gehst mir auf den Sack“ verwenden. Das amerikanische Allzweckschimpfwort „fuck“ wurde nun nicht mehr dezent entschärft, sondern einfach stehen gelassen.

Bis heute sollen vom „Fänger im Roggen“ weltweit etwa 75 Millionen Exemplare verkauft worden sein. Immer noch geht die Anzahl der jährlich verkauften Bücher in die Hunderttausende, während Liebhaber für eine Erstausgabe des Romans zwischen 5.000 und 10.000 Dollar bezahlen. Trotz dieser beeindruckenden Zahlen hat sich kaum ein anderer Schöpfer eines Kultromans so konsequent geweigert, mit neuen Büchern an seinen Erfolg anzuknüpfen wie Jerome Salinger. Eine Fortsetzung des „Fängers im Roggen“ gibt es nicht, Salinger schrieb nicht einmal einen zweiten Roman. Die anderen drei Bücher, die von ihm erschienen sind, sind Sammlungen von Kurzgeschichten.

Auch einer Verfilmung hat Salinger nie zugestimmt. Dabei hätte Elia Kazan, der Regisseur von „Jenseits von Eden“ mit James Dean, Holden Caulfield Ende der fünfziger Jahre gerne auf die Leinwand gebracht. Salinger lehnte jedoch ab, wie Jochen Siemens 1997 im *Stern* rekonstruierte – zu einem Freund soll er gesagt haben: „Nein, ich glaube, Holden Caulfield würde die Idee nicht gefallen.“

Literatur

Ian Hamilton: *In Search of J. D. Salinger*. Bloomsbury, London 1998
Jochen Siemens: „Auf der Suche nach dem verschwundenen Dichter“, *Stern* 42/1997

Internet

Webseite zum „Fänger im Roggen“ von Bernd Wahlbrinck:
www.mitglied.lycos.de/BerndWahlbrinck/

33 Maid in Switzerland – Heidi

Erscheinungsjahr des Romans:	1880
Gesamtauflage:	20-50 Millionen
Übersetzungen in andere Sprachen:	ca. 50
Anzahl der jährlichen Hotelbuchungen durch Asiaten im Heidiland:	100.000

Manchmal kann ein Kult auch lästig sein. Das weiß man insbesondere in der Schweiz, wo man seit Jahrzehnten versucht, sich als weltoffenes, neutrales Land mit einer stabilen Demokratie zu präsentieren. Schade nur, dass eine aus dem 19. Jahrhundert stammende Literaturfigur namens „Heidi" dieses Ansinnen immer wieder zunichte macht und sich als kleines, naives Mädchen, das nur in der Bergwelt wirklich glücklich ist, zur Schweizer Galionsfigur erhoben hat. Vor allem Amerikaner und Japaner mögen die kleine Maid und ihren Freund, den Geißenpeter, und pilgern daher wie wild in Heidis literarische Heimat. Es ist vermutlich die Sehnsucht nach einem Leben in unberührter Natur, die sich im Heidi-Kult Bahn gebrochen hat und die Johanna Spyri (1827–1901) zur erfolgreichsten Autorin der Schweiz machte.

„Heidis Lehr- und Wanderjahre" hieß das 1880 von Spyri veröffentlichte Buch, das den Heidi-Kult auslöste. Die unter dem Namen Johanna Heusser als Tochter eines Arzts geborene Autorin war mit dem wohlhabenden Züricher Stadtschreiber Bernhard Spyri verheiratet und betrieb das Schreiben als Hobby, wobei sie erst im Alter von 44 Jahren ihr erstes literarisches Werk veröffentlichte. Beim Erscheinen des Heidi-Buchs war sie bereits 53. Abgesehen vom späteren Welterfolg sind alle ihre Werke wieder in Vergessenheit geraten, darunter auch eine im Jahr danach erschienene Fortsetzung. Vermutlich ist dies darauf zurückzuführen, dass Johanna Spyri als fromme Frau, die wenig von Gleichberechtigung hielt, mit ihren Erzählungen den heutigen Zeitgeist nicht mehr trifft. Dafür verkaufte sich „Heidis Lehr- und Wanderjahre" schon zu Lebzeiten Spyris hervorragend und bescherte der ohnehin nicht armen Autorin nach dem Tod ihres Mannes einen komfortablen Lebensabend.

Im Mittelpunkt des Heidi-Romans steht das Waisenmädchen Heidi, das von ihrer Tante zunächst bei ihrem Großvater, dem knorrigen „Almöhi", abgegeben wird und bei diesem in der Nähe eines abgelegenen Schweizer Bergdorfs aufwächst. Nachdem sie dort eine glückliche Zeit verbracht hat, wird sie von ihrer Tante wieder aus der heilen Bergwelt herausgerissen und zur reichen Kaufmannsfamilie Sesemann nach Frankfurt gebracht, wo sie zusammen mit der gelähmten Tochter Clara aufwächst. Obwohl sie im goldenen Käfig ihre Bergwelt sehnlichst vermisst, haucht sie Clara neuen Lebensmut ein, kehrt mit ihr nach einer schweren Zeit zum Almöhi zurück und unterstützt ihre gelähmte Freundin am Ende sogar erfolgreich beim Kampf gegen ihre Behinderung.

Heidi, das ist keineswegs die einseitige Verherrlichung der heilen Alpenwelt. Spyris kleine Protagonistin ist vielmehr eine Integrationsfigur, die als Projektionsfläche jene Ängste aufnimmt, die Menschen plagen, wenn sich ihre Welt im Umbruch befindet.

Neue Zürcher Zeitung

Wer nun denkt, Spyris Erfolgsgeschichte sei nicht mehr als ein kitschiger Groschenroman, täuscht sich. Zumindest im Original finden sich durchaus kritische Betrachtungen zur damals voranschreitenden Industrialisierung, und im Gegensatz zu zahlreichen anderen Kinderbüchern des 19. Jahrhunderts – man denke nur an den „Struwwelpeter" oder „Max und Moritz" – verzichtet Spyri auf den erhobenen Zeigefinger. Dafür zeigt sie Sympathien für kindliche Gemüter, während die von ihr beschriebenen Erziehungsversuche durch die Erwachsenen oft unglücklich enden. In den später entstandenen Film- oder Zeichentrickversionen treten solche Aspekte jedoch in den Hintergrund, sie machen „Heidi" zu einer einfach gestrickten Heimatgeschichte.

Nachdem „Heidi" zunächst im deutschsprachigen Raum viel und gerne gelesen wurde, eroberte die kleine Maid aus den Schweizer Bergen auch schnell andere europäische Länder und nicht zuletzt die USA. Gerade die

Johanna Spyris Romanfigur Heidi hat das Bild der Schweiz auf der ganzen Welt geprägt. Vor allem Japaner und US-Amerikaner lieben das kleine Mädchen aus den Bergen und ihren Freund, den Geißenpeter.

Amerikaner begeisterten sich für Heidi und sahen in ihr ein Symbol für die unberührte Bergwelt und nicht zuletzt auch für die Schweiz. In Deutschland förderten die Nazis die Verbreitung von Heidi-Büchern, da sich die Geschichte des naiven Mädchens und deren Liebe zur Natur mit ihrer Ideologie gut in Einklang bringen ließ. Nach dem Zweiten Weltkrieg entdeckten auch die Japaner ihre Liebe zu Heidi und entwickelten sich zu den größten Fans des kleinen Schweizer Mädchens überhaupt. Vor allem japanische Mädchen können sich bis heute für Heidi begeistern.

Bereits 1921 entstand in Hollywood die erste Heidi-Verfilmung, der etwa 20 weitere folgen sollten. Die erfolgreichste davon ist zweifellos die allseits bekannte Zeichentrickserie aus dem Jahr 1974, die in Japan produziert wurde. Die Japaner bescherten der Serie in ihrem Heimatland sensationelle Einschaltquoten von bis zu 48 Prozent, was das Heidi-Fieber zwischen Tokio und Yokohama natürlich weiter anheizte. Auch in Deutschland lief die Zeichentrickverfilmung mit großem Erfolg, und noch heute stellen sich die meisten unter Heidi die schwarzhaarige Manga-Trickfigur mit den roten Backen und dem ebenfalls roten Kleid vor.

Rund 125 Jahre nach ihrer literarischen Geburt kann „Heidi“ auf eine großartige Erfolgsgeschichte zurückblicken. Die Gesamtauflage der Heidi-Bücher wird auf 20 bis 50 Millionen geschätzt (genaue Zahlen gibt es nicht), es liegen fast 50 Übersetzungen vor. Damit gehört „Heidi“ zu den erfolgreichsten Büchern überhaupt und machte zudem Johanna Spyri zur weltweit bekanntesten Schweizer Persönlichkeit. Einer Studie von 1995 zufolge hat „Heidi“ einen ebenso großen Popularitätsgrad wie Coca Cola oder Boris Becker.

Angesichts dieses enormen Erfolgs verwundert es, dass es in der Schweiz lange Zeit keine nennenswerten Bestrebungen gab, den Heidi-Kult in bare Münze zu verwandeln. Dies lag offenbar daran, dass sich die Schweizer selbst nur ungern mit ihrem bekanntesten Markenzeichen identifizierten. „Jahrzehntelang hat man versucht, das Bild der heilen, traditionsbewussten Schweiz im Ausland durch Zeichen der Weltoffenheit zu ersetzen“, schrieb die *Neue Zürcher Zeitung*. „Doch Heidi war stärker.“ So dauerte es bis in die neunziger Jahre, bis Tourismus- und Marketingexperten in Heidis Heimatregion erstmals merkten, welches Juwel sie mit der beliebten Romanfigur in den Händen hielten. 1997 gründeten 14 Gemeinden im Umkreis von Sargans (Kanton St. Gallen) die „Ferienregion Heidiland AG“, um mit ihrem Heidi-Erbe Touristen anzulocken. Sinnvoll war diese Idee nicht zuletzt deshalb, weil die Umgebung von Sargans bis dahin nur wenig vom großen Schweizer Fremdenverkehrskuchen abbekommen hatte.

Dumm nur, dass Heidis eigentliche Heimat in der Nähe von Maienfeld und damit knapp jenseits der Kantonsgrenze in Graubünden liegt. Auf Grund dieser regionalen Konstellation hat sich Maienfeld nicht an der Ferienregion Heidiland beteiligt. Dies hat dazu geführt, dass sich Touristen nun zwischen zwei Heidi-Häusern mit jeweils eigenem Almöhi und Heidi-Wanderweg entscheiden können, wobei die Maienfelder für sich beanspruchen können, das Original zu sein. Nach einigen Streitereien haben sich die beiden konkurrierenden Heidi-Heimaten jedoch inzwischen auf einen gemeinsamen Internetauftritt einigen können, über den sich noch einige weitere Heidi-Verwerter präsentieren (www.myheidi.ch).

Doch obwohl die beiden Heidiregionen pro Jahr etwa 100.000 Hotelbuchungen von asiatischen Gästen zu verzeichnen haben, machen die Deutschen mit etwa 1,8 Millionen Übernachtungen pro Jahr den Löwenanteil aus. Dass man auch in Frankreich den „Inbegriff alpiner Natürlichkeit“ (*Neue Zürcher Zeitung*) namens Heidi schätzt, zeigt die Tatsache, dass dort zahlreiche Heidi-Fortsetzungen im Umlauf sind, die natürlich nicht von Johanna Spyri stammen. Eine davon: „Heidi als Großmutter“.

Literatur

Gerda Wurzenberger: „Heidi, das sind wir alle“, *Neue Zürcher Zeitung* vom 22.5.2001

Internet

Heidi-Webseite: www.myheidi.ch

34 Der Kult um Mittelerde – Der Herr der Ringe

Erscheinungsjahr des ersten Buchs:	1954
Jahr der Uraufführung des ersten Films:	2001
Produktionskosten für die Filme:	300 Millionen Dollar
Geschätzter Umsatz:	2-3 Milliarden Dollar

„Nomen est omen“ sagt der Lateiner. Für den britischen Kultschriftsteller J. R. R. Tolkien (1892–1973) gilt diese Weisheit allerdings mit Sicherheit nicht, denn dessen Name geht auf das deutsche „tollkühn“ zurück, und diese Eigenschaft konnte man dem Engländer mit deutschen Vorfahren nun wirklich nicht nachsagen. Schon eher sollte man sich unter Tolkien einen liebenswürdigen Literaturprofessor vorstellen, der in seinem Thema völlig aufging. Seine ersten Geschichten schrieb er nur für sich selbst und seine Familie, wobei er sicherlich nicht im Traum daran dachte, dass aus seiner schriftstellerischen Arbeit einmal ein Welterfolg werden würde. Tolkien gehörte jedenfalls nicht in die Kategorie derer, die sich in den Vordergrund drängen.

Geboren wurde Tolkien 1892 in Südafrika, wohin seine Eltern einige

Jahre zuvor von England aus gezogen waren. Im Alter von drei Jahren kehrte Tolkien mit seiner Familie wieder in die alte Heimat zurück, wo der spätere Schriftsteller in einem Vorort von Birmingham aufwuchs. Da seine Eltern früh starben, wuchs er bei Verwandten auf, sein Vormund war ein katholischer Priester. Tolkien interessierte sich schon in früher Jugend für Sprachen und zeigte in diesem Bereich ein großes Talent. Unter anderem beschäftigte er sich mit Gotisch und Finnisch, außerdem dachte er sich mit großem Eifer eigene Sprachen aus. Sein Talent nutzte er auch für sein Sprachenstudium an der Universität Oxford, wo er später auch Professor wurde. Dabei konnte er sich mit seinen Forschungsarbeiten über mittelalterliche Literatur und Mythologie großen Respekt in der Fachwelt verschaffen.

In den dreißiger Jahren entwickelte Tolkien ohne größere Ambitionen, aber mit großem Aufwand eine Geschichte um ein Fabelwesen namens „Hobbit“, das in einer Märchenwelt lebt. Eigentlich wollte Tolkien diese Hobbit-Story nur seinen Kindern erzählen, doch eine unvollendete Version davon landete auf Umwegen beim Verlag Allen and Unwin, wo man von dem spannend geschriebenen Kindermärchen begeistert war. Der Verlag beauftragte Tolkien mit der Fertigstellung der Geschichte und brachte sie 1937 unter dem Namen „The Hobbit“ als Buch auf den Markt. Es wurde sofort ein Erfolg.

Allen and Unwin war angesichts der guten Verkaufszahlen nun natürlich an weiteren Werken von Tolkien interessiert. Dem kam der Professor zwar gerne nach, doch von den Zwängen des Buchmarkts ließ er sich zum Ärger des Verlags nicht allzu sehr beeindrucken. So dauerte es nicht weniger als 16 Jahre, bevor nach einigen Streitereien mit dem Verlag schließlich der Nachfolger von „The Hobbit“ veröffentlicht werden konnte. Von einem Kinderbuch konnte nun jedoch keine Rede mehr sein. Vielmehr handelte es sich um einen Roman mit mehreren Handlungssträngen, der so umfangreich war, dass ihn der Verlag in drei Teile aufteilte. Diese wurden von 1954 bis 1955 unter dem Namen „Lord of The Rings“ („Der Herr der Ringe“) veröffentlicht.

Für seine 1.300 Seiten umfassende Romanreihe hatte Tolkien eine grandiose Parallelwelt entwickelt, die er „Mittelerde“ nannte. Geschichte, Geografie und Mythologie von Mittelerde legte er mit einer Fülle von Details fest, selbst Sprachen und sogar eine eigene Heraldik dachte sich Tolkien für seine Ringe-Saga aus. Dabei versteht es sich fast von selbst, dass der Literatur- und Sprachwissenschaftler seine Ideen nicht aus der Luft griff, sondern sich in der Welt alter Sagen und Mythen bediente, wobei er bis ins Detail auf Stimmigkeit achtete. Zwar gibt es auch andere Kultphänomene, in denen fiktive Welten genauestens beschrieben werden – man denke nur an „Star Wars" oder „Star Trek" –, doch diese können Mittelerde nicht das Wasser reichen.

Auch die Charaktere im „Herrn der Ringe" entwickelte Tolkien mit viel Liebe zum Detail. Titelfigur ist der bösartige Herrscher Sauron, der die absolute Macht über Mittelerde erringen will, wozu er einen magischen Ring in seine Gewalt bringen muss. Dieser landet auf Umwegen in den Händen des Hobbits Frodo, der als kleinwüchsiges Wesen einen sympathischen Antihelden verkörpert. Um Mittelerde zu retten, muss Frodo das magische Schmuckstück zurück an seinen Tausende Kilometer entfernten Ursprungsort bringen und am Schicksalsberg ins Feuer des Vulkans Orodruin werfen. Mit acht Gefährten tritt Frodo die Reise an, die ihm neben zahlreichen phantastischen Abenteuern auch allerlei Begegnungen mit Trollen, Orks, Ringgeistern, Elben und anderen mittelerdischen Fabelwesen beschert.

Der „Herr der Ringe" verkaufte sich von Anfang an besser, als Verlag und Autor es sich erhofft hatten. Eine 1965 erschienene unautorisierte Taschenbuchversion mit anschließenden publicityträchtigen Urheberrechtsstreitigkeiten heizte den Verkauf weiter an. In den sechziger Jahren bildete sich um den „Herrn der Ringe" eine Kultgemeinde, über die Tolkien selbst zwar nicht wirklich glücklich war, die aber immer weiter anwuchs. Vor allem Menschen aus der Hippieszene konnten sich zunächst für die Romanserie begeistern. Sie sahen in der Titelfigur Sauron ein Symbol für das Böse in der Welt und verbanden eine Lektüre der Ringe-Trilogie nicht selten mit dem Konsum von LSD. So mancher Literaturkritiker stand dem beginnenden Ringe-Kult daher eher skeptisch gegenüber und wertete die Trilogie als pubertäre Fluchtliteratur.

Auch wenn sich die phantasievoll konstruierte Parallelwelt Mittelerde für eine Flucht aus der Realität geradezu anbietet, so bieten die Ringe-Romane dennoch mehr als nur diesen Aspekt. Dies sprach sich herum, und so entwickelte sich „Der Herr der Ringe“ schnell auch außerhalb der alternativen Szene zu einem immer beliebteren Bestseller, der sich bis heute weltweit über 50 Millionen Mal verkaufte. Damit gehört Tolkiens Werk zu den meistgelesenen Büchern überhaupt. Mit der steigenden Popularität nahm auch das Interesse an den Hintergründen und den Gedankengängen Tolkiens zu und ließ eine äußerst aktive Fangemeinde entstehen. „Der Herr der Ringe“ wurde zu einem bedeutenden Kultphänomen.

Seine Institutionalisierung hat der Ringe-Kult in Form zahlreicher Tolkien-Gesellschaften erfahren, die sich in den letzten Jahrzehnten weltweit gegründet haben. Die bedeutendste davon ist die Tolkien Society in Tolkiens Heimat England, ähnliche Organisationen gibt es in zahlreichen weiteren europäischen Ländern und auf der ganzen Welt. In Deutschland ist seit 1997 die Deutsche Tolkien Gesellschaft e. V. aktiv, die inzwischen über 500 Mitglieder zählt. Gemäß dem zweiten Vorsitzenden Christian Weichmann gehören viele Literaturexperten, aber auch Naturwissenschaftler und Computerexperten zu den Ringe-Fans, die sich unter anderem auch mit den fiktiven Sprachen von Mittelerde beschäftigen. Zwei davon – die beiden elbischen Sprachen Quenya und Sindarin – wurden von Tolkien so detailliert ausgearbeitet, dass es dazu sogar Wörterbücher und Gedichte gibt. Durch die Verbreitung des Internets nahm das Interesse am „Herrn der Ringe“ weiter zu, was sich nicht zuletzt in über 100 Tolkien-Webseiten manifestiert.

Mit welcher Hingabe sich viele Tolkien-Fans ihrem Kult widmen, zeigt sich besonders auf diversen Veranstaltungen, die es inzwischen rund um den „Herrn der Ringe“ gibt. So organisiert die Deutsche Tolkien Gesellschaft neben informellen Tolkien-Stammtischen jährlich zwei als „Tolkien-Tage“ bezeichnete Ereignisse und einmal pro Jahr das „Tolkien Thing“. Mit der „Ring Con“ gibt es außerdem eine kommerzielle „Der Herr der Ringe“-Veranstaltung, die jährlich von der FedCon GmbH organisiert wird und sich vor allem an das Publikum der Verfilmung wendet. FedCon ist auch der

Ausrichter eines vergleichbaren Treffens von Star-Trek-Fans (siehe Kapitel 22). Weitere wichtige Treffen sind das Tolkien-Fest auf der Burg Hohensolms bei Gießen und das Mittelerde-Fest in der Schweiz. Auch in anderen Ländern gibt es zahlreiche Tolkien-Veranstaltungen, wobei das „Oxonmoot" in Tolkiens Heimatstadt Oxford die weltweit bedeutendste ist.

Ein echtes Denkmal wurde dem Ringe-Kult jedoch erst gesetzt, als Tolkiens Romantrilogie erstmals im großen Stil verfilmt wurde. Tolkien selbst hatte die Rechte an seiner Geschichte bereits in den sechziger Jahren an einen US-Filmproduzenten verkauft, doch eigentlich – da sind sich die Fans einig – lässt sich Tolkiens Romantrilogie nicht wirklich verfilmen. Dazu sind die Handlungsstränge zu komplex, und die zahlreichen Facetten von Mittelerde, die in den Büchern so detailreich beschrieben werden, lassen sich auf der Kinoleinwand ohnehin nicht darstellen. Dennoch gab es in den siebziger Jahren eine Trickfilmversion der Ringe-Trilogie, die jedoch floppte und dadurch das Interesse an einer Verfilmung des Ringe-Stoffs für Jahre auf null senkte.

Dies änderte sich erst Ende der neunziger Jahre, als eines der ungewöhnlichsten Projekte der Filmgeschichte seinen Anfang nahm. Ein bis dahin kaum bekannter neuseeländischer Filmemacher namens Peter Jackson hatte sich in den Kopf gesetzt, die Ringe-Trilogie zu verfilmen, und konnte dafür die ebenfalls wenig renommierte Produktionsfirma New Line Cinema gewinnen. Wer nun dachte, Jackson und New Line Cinema würden ein ambitioniertes Low-Budget-Projekt starten, sah sich getäuscht, denn die beiden Partner machten sich daran, das größte Filmprojekt aller Zeiten zu starten. Mit Investitionen von über 300 Millionen Dollar wurden alle drei Romane auf einmal verfilmt und anschließend ab 2001 im Abstand von jeweils einem Jahr in die Kinos gebracht. Die Dreharbeiten fanden in Jacksons Heimat Neuseeland statt, wo „Der Herr der Ringe" unter der Beteiligung von 20.000 Statisten in 15 Monaten auf Zelluloid gebannt wurde. Tausende von computeranimierten Sequenzen und Spezialeffekten sorgten dafür, dass die Phantasiewelt Mittelerde zum Kinoleben erweckt wurde. Keine Frage, mit diesem Monumentalprojekt setzte New Line Cinema seine Existenz aufs Spiel.

Die Macher der Ringe-Filme pokerten also hoch – doch sie gewannen elf

Oscars und eroberten die Herzen der Kinogänger im Sturm. Da spielte es auch keine Rolle, dass die echten Ringe-Fans erwartungsgemäß fanden, dass sich das Leinwandepos nicht mit der literarischen Vorlage messen konnte. „Papier ist mächtiger als Zelluloid“, schrieb etwa *Spiegel Online*, „denn in Buchform ist J. R. R. Tolkiens Trip nach Mittelerde noch viel fesselnder.“ So mancher Kritiker bezeichnete das gesamte Werk zudem als Kitsch oder sah Mängel in der Animierung der zahlreichen Fabelwesen. Doch die Zuschauer ließen sich nicht beirren, pilgerten in Scharen in die Kinos und machten den „Herrn der Ringe“ schließlich zu einem Megaerfolg. Bei Redaktionsschluss dieses Buchs schätzte man den Gesamtumsatz, den die drei Ringe-Filme an den Kinokassen einspielen würden, auf zwei bis drei Milliarden Dollar.

Selten haben phantastische Figuren so überzeugend bewiesen, dass sie aus Nullen und Einsen bestehen.

Spiegel Online über die Verfilmung von „Der Herr der Ringe“

Auch wenn sich die wenigsten Kinobesucher ausführlich mit der literarischen Vorlage des Ringe-Films beschäftigten, so erlebte der Tolkien-Kult mit der Kinoadaption einen neuen Höhepunkt. Die Zahl der Besucher bei den Veranstaltungen stieg an, neue Tolkien-Events, die sich eher an den Filmen orientierten, entstanden. Der Verlag Harper Collins, der die Rechte an den Büchern hält, sowie die Saul Zaentz Company, Inhaber der Namens- und Figurenrechte, konnten sich über einen Nachfrageschub freuen. Neben der Produktionsfirma und den Rechteinhabern konnte überraschenderweise auch der Staat Neuseeland vom „Herr der Ringe“-Fieber profitieren. Das Leinwandabenteuer sorgte dafür, dass 20 Prozent mehr Touristen den Inselstaat besuchten.

Literatur

Matthias Schmidt: „Worum es geht“, *Spiegel Online* vom 13.12.2001
Malte Oberschelp: „Der Kauz als Popstar“, *Der Tagesspiegel* vom 19.12.2001
Wiebke Brauer: „Winnetou in Mittelerde“, *Spiegel Online* vom 17.12.2002

Internet

Tolkien Society: www.tolkiensociety.org
Deutsche Tolkien Gesellschaft: www.tolkiengesellschaft.de

35 Der Werther-Effekt – Die Leiden des jungen Werther

Geburtsjahr Goethes:	1749
Erscheinungsjahr:	1774
Auflagen zu Lebzeiten Goethes:	50
Preis der Reclam-Studienausgabe:	7,60 Euro

Ein Kult manifestiert sich in der Regel dadurch, dass seine Anhänger Fanklubs gründen, eine Lebensphilosophie übernehmen oder eine irrationale Liebe entwickeln. Die aktive Verehrung eines Kultobjekts kann jedoch auch so weit gehen, dass sich Menschen sogar zum Selbstmord verleiten lassen. Zum Glück bleibt dies eine seltene Ausnahme, und daher stammt das bekannteste Beispiel für derart negative Kultfolgen auch nicht aus unserer Zeit, sondern aus dem 18. Jahrhundert. Gemeint ist der Roman „Die Leiden des jungen Werther" des jungen Johann Wolfgang von Goethe, der mit seinem ersten großen Bucherfolg eine ganze Reihe von Menschen zur Selbsttötung veranlasste. Ein tragisches Kultphänomen war geboren.

Was war das also für eine Geschichte, bei der es buchstäblich um Leben und Tod ging? Wie in vielen literarischen Werken, so steht auch in Goethes Werther-Buch eine Liebesbeziehung im Mittelpunkt. Diese wird fast ausschließlich in Form von fiktiven Briefen erzählt, welche die Hauptfigur – der junge, schöngeistige und künstlerisch veranlagte Werther – an einen

Freund namens Wilhelm sendet und die nur durch ein paar Anmerkungen eines ebenfalls fiktiven Herausgebers ergänzt werden. „Die Leiden des jungen Werther“ gehört daher zu den so genannten Briefromanen, die im 18. Jahrhundert recht populär waren, zumal es damals noch eine in Zeiten von Telefon und E-Mail längst vergessene Briefkultur gab.

In seinen Briefen berichtet Werther, dass er auf einem Ball eine junge Frau namens Lotte kennen gelernt und sich in sie verliebt hat. Obwohl auch Lotte eine Seelenverwandtschaft zwischen ihr und Werther bemerkt hat, muss sie dessen Liebe abweisen, da sie bereits mit einem Mann namens Albert verlobt ist. Werther ahnt zwar die Aussichtslosigkeit seines Begehrens, dennoch besucht er die Angebetete nun beinahe täglich, während sich Albert auf einer Geschäftsreise befindet. Als dieser wieder zurückkommt, verschlechtert sich Werthers Stimmung deutlich. Da hilft es auch nichts, dass Albert eigentlich ein sympathischer, durchaus gutmütiger Mensch ist. Um dem Elend zu entkommen, beschließt Werther wegzuziehen und einen Posten als Gesandter eines Grafen anzunehmen. Doch das neue Leben macht ihn nicht glücklich, und so kehrt Werther in Lottes Heimatort zurück. Eines Abends, als Albert gerade unterwegs ist, kommt es zum Showdown. Werther wirft sich vor Lotte auf den Boden, wird von dieser jedoch abgewiesen. Da ihn Lotte nach diesem Eklat nicht mehr sehen will, gibt Werther alle Hoffnung auf und schreibt einen Abschiedsbrief. Er leiht sich von Albert zwei Pistolen und erschießt sich.

Goethe war gerade 24 Jahre alt und noch weitgehend unbekannt, als er 1774 „Die Leiden des jungen Werthers“ schrieb (in einer 1787 erschienenen Neubearbeitung strich er das Genitiv-s aus dem Titel). Das Buch trägt autobiografische Züge, denn Goethe war damals selbst in eine unglückliche Liebesbeziehung verwickelt und musste außerdem den Freitod eines jungen Bekannten verarbeiten. In jedem Fall schrieb er in einer Form, die damals vor allem junge Leser faszinierte und sein Buch in ganz Europa zum Bestseller machte. Schon zu Goethes Lebzeiten kam es zu mehr als 50 Auflagen und zu Übersetzungen ins Französische, Englische und Italienische. Ein Werther-Fieber grassierte, von dem sich vor allem junge Intellektuelle anstecken ließen. So gesehen löste Goethe durch sein Buch eine ähnliche

Entwicklung aus wie knapp 200 Jahre später Jerome D. Salinger mit dem Kultroman „Der Fänger im Roggen“ (siehe Kapitel 32), in dem ebenfalls ein Jugendlicher und sein aufgewühltes Gefühlsleben im Mittelpunkt stehen. Wie Salingers Hauptfigur Holden Caulfield, so beeinflusste auch Goethes Werther die Art der Jugend, sich zu kleiden: Die „Werther-Tracht“ – blauer Frack, gelbe Weste, gelbe Beinkleider, Stulpenstiefel, runder Filzhut, ungepudertes Haar – wurde zum Markenzeichen und kam in Mode.

Das Tragische an Goethes „Werther“ waren jedoch die Selbstmorde, die das Buch hervorrief. Über zehn Selbsttötungen, die mit dem Briefroman zusammenhängen, sind belegt, wobei es sich in allen Fällen um junge Menschen handelte. Oftmals waren sie in der Werther-Tracht gekleidet und trugen das Buch bei sich. Wie groß die Anzahl der Werther-Selbstmorde tatsächlich war, lässt sich heute nicht mehr feststellen, doch selbst wenn die immer wieder beschriebene „Suizidepidemie“ ein etwas übertriebener Ausdruck sein dürfte, so gibt es mit Sicherheit mehr als nur die belegten Fälle. Unbestritten ist außerdem, dass nicht nur Deutschland, sondern auch einige andere europäische Länder vom Werther-Fieber und einer anschließenden Selbstmordwelle betroffen waren. Der Psychiater Volker Faust berichtet auf seiner Webseite sogar davon, dass es heute noch Werther-Suizide gibt. So nennt Faust beispielsweise den Fall einer Frau, die sich vergiftete und mit dem Kopf auf Goethes „Werther“ liegend aufgefunden wurde. Mediziner und Psychologen sprechen heute noch vom „Werther-Effekt“, wenn sich eine Person durch Medienphänomene zum Selbstmord verleiten lässt.

> **Die Wirkung dieses Büchleins war groß, ja ungeheuer.**
>
> **Johann Wolfgang von Goethe über „Die Leiden des jungen Werther“ in „Dichtung und Wahrheit“**

In manchen Städten – beispielsweise in Leipzig, Kopenhagen und Mailand – wurde Goethes „Werther“ sogar verboten. An anderen Orten drohte eine Geldstrafe bei widerrechtlichem Verkauf des Buchs, da die Obrigkeit eine Selbstmordwelle fürchtete. Teilweise wurde das Verbot auch auf das Tragen der Werther-Tracht ausgedehnt. Wenig begeistert vom Werther-Kult zeigte sich zudem die Kirche, die mit der damals aufkommenden Freude am Lesen nicht religiöser Literatur ohnehin ihre Probleme hatte. Erschwerend aus Kirchensicht kamen weitere Ungeheuerlichkeiten hinzu – etwa die Liebe zu einer verheirateten Frau, der Selbstmord und die Tatsache, dass Werther trotz seiner unglücklichen Lage keinerlei religiöse Neigungen zeigte. Kein Wunder, dass sich Goethe noch Jahrzehnte später für seinen Roman, der ihm zum literarischen Durchbruch verhalf, rechtfertigen musste. „Von euch wird Gott Rechenschaft fordern über die Anwendung eurer Talente!“, prophezeite ihm einer seiner Kritiker.

> **So verwirrten sich meine Freunde daran, indem sie glaubten, man müsse die Poesie in Wirklichkeit verwandeln (...) und sich allenfalls selbst erschießen: und was hier im Anfang unter Wenigen vorging, ereignete sich nachher im großen Publikum.**
>
> **Johann Wolfgang von Goethe über „Die Leiden des jungen Werther“ in „Dichtung und Wahrheit“**

Es wäre jedoch falsch, Goethes „Werther“ auf die damit verbundene Selbstmordwelle zu beschränken. Vielmehr ist das Buch ein frühes Beispiel für ein Kultobjekt, das beispielsweise auch die damalige Literatur stark beeinflusste. So entstanden zahlreiche so genannte „Wertheriaden“, in denen die Liebe zwischen einem Helden und einer verheirateten Frau geschildert wurde. Andere Autoren – darunter so namhafte Literaten wie Heinrich von Kleist, Alexandre Dumas oder Johann Nestroy – bearbeiteten das Thema neu oder verfassten Parodien. Als vorläufig letzte bedeutende Variation des Werther-Stoffs gilt „Die neuen Leiden des jungen W.“ von Ulrich Plenzdorf aus dem Jahr 1972. Neben Werther-Opern und -Baletten entstand schon früh ein schwunghafter Devotionalienhandel inklusive Werther-Gemälden und Porzellan-Werthern in der bekannten Tracht. Ausnahmsweise waren sich bei Goethes „Werther“ sogar einmal Publikum und Kritik einig: So bezeichnet die Literaturwissenschaft das Buch als das entscheidende Werk der Sturm- und-Drang-Epoche und als ersten modernen deutschen Roman.

Zu den zahlreichen Werther-Parodien zählte auch das 1775 erschienene Werk „Die Freuden des jungen Werthers“ von Friedrich Nikolai. Darin geht

Werthers Selbstmord daneben, weil Albert zuvor die beiden Pistolen, mit denen sich Werther umbringen will, mit Hühnerblut gefüllt hat. Anschließend überlässt er Werther sogar Lotte. Goethe war um eine Reaktion auf diese Provokation jedoch nicht verlegen: Er schrieb eine – allerdings nie veröffentlichte – Posse, in der Werther durch das auf ihn geschossene Hühnerblut erblindet.

Literatur

Johann Wolfgang von Goethe: *Die Leiden des jungen Werther.* Patmos, Düsseldorf 2001

Ulrich Plenzdorf: *Die neuen Leiden des jungen W.* Suhrkamp, Frankfurt 1976

Internet

Webseite zum Werther-Effekt von Prof. Volker Faust: www.psychosoziale-gesundheit.net/psychiatrie/werther.html

Werther-Seite von Cornelia Steinmann: cornelia.siteware.ch/literatur/litzusammenfassungen/Werther.html

36 Größtenteils harmlos – Per Anhalter durch die Galaxis

Erstausstrahlung der Radioserie:	1978
Erscheinungsjahr des ersten Buchs:	1979
Anzahl der Bände der Anhalter-Trilogie:	5
Vorschuss für den 5. Band:	600.000 Pfund

Wenn eine Hyperraum-Expressroute zu den Außenregionen der Galaxis gebaut werden soll, dann muss dafür schon mal ein im Weg stehender Planet gesprengt werden. Dumm nur, dass dieses Schicksal eines Tages ausgerechnet die Erde trifft. Beschweren dürfen sich die Erdenbürger darüber allerdings nicht, denn schließlich lagen alle Pläne 50 Jahre lang auf dem kaum vier Lichtjahre entfernten Planeten Alpha Centauri aus, ohne dass auch nur einer von ihnen Einspruch erhoben hätte. Im Grunde ist die ganze Angelegenheit ohnehin kaum der Rede wert, denn die Sprengaktion nimmt kaum zwei Minuten in Anspruch.

Eine Geschichte, die mit einem solchen Weltuntergangsszenario beginnt, kann natürlich nur eine Komödie sein. Und nichts anderes ist die Science-Fiction-Geschichte „Per Anhalter durch die Galaxis" des britischen Autors Douglas Adams, aus der die Episode mit der gesprengten Erde stammt. Natürlich ist die Handlung nach dem mutwillig herbeigeführten Weltuntergang noch nicht zu Ende, denn in Person des Engländers Arthur Dent wird ein Mensch im letzten Moment vom Außerirdischen Ford Prefect gerettet. Dieser ist gerade im Weltall unterwegs, um den elektronischen Reiseführer „Per Anhalter durch die Galaxis" zu aktualisieren. Mit seiner Rettung beginnt Arthur Dents reichlich skurriler Trip durch die Weiten des Universums.

Der Mann, der sich diesen kultigen Science-Fiction-Unsinn ausgedacht hat, hieß mit vollständigem Namen Douglas Noel Adams und wird von seinen Fans kurz DNA genannt. Adams wurde am 11. März 1952 in der britischen Universitätsstadt Cambridge geboren, wo er auch aufwuchs und studierte. Er begeisterte sich schon früh für Naturwissenschaften und Technik und zeigte in der Schule Talent als Schauspieler. Sein großes Vorbild war die britische Kult-Komikertruppe Monty Python (siehe Kap. 20), der er gerne nachgeeifert hätte, doch sein schauspielerisches Talent reichte dazu nicht aus. Dafür konnte er sich als Comedy-Autor erste Sporen verdienen und beschloss 1974, diese Tätigkeit zu seinem Beruf zu machen.

Adams musste jedoch schnell feststellen, dass ein Leben als Comedy-Autor ein hartes Brot sein kann. Von seinem hauptsächlich für das Radio verfassten Material konnte er kaum leben, da half auch eine Zusammenarbeit mit Monty-Python-Mitglied Graham Chapman nichts, die ihm immerhin eine Mitwirkung am Monty-Python-Film „Die Ritter der Kokosnuss" und der Fernsehsendung „Monty Python's Flying Circus“ einbrachte. Adams hatte in seinem Leben also noch nicht allzu viel bewegt, als er Anfang 1977 wieder einmal die Gelegenheit erhielt, als Comedy-Autor für das Radio aktiv zu werden. Die BBC war an einer Hörspielkomödie interessiert und ließ Adams ein Konzept dafür entwickeln. Dieser erinnerte sich bei seinen Überlegungen an ein Erlebnis in Österreich aus dem Jahr 1971. Adams war damals per Anhalter durch Europa unterwegs gewesen und trug dabei einen Reiseführer mit dem Namen „Hitchhiker's Guide to Europe“ mit sich. Eines Abends lag er in Innsbruck betrunken auf dem Boden, starrte in den Sternenhimmel und dachte, dass ein Reiseführer für die gesamte Galaxis eine schöne Sache wäre. Nun, da er auf der Suche nach einem interessanten Thema für ein Hörspiel war, beschloss er, die Idee mit dem Galaxis-Reiseführer wenigstens im Radio Realität werden zu lassen.

So konzipierte Adams die anfangs beschriebene Sprengung der Erde, die Rettung von Arthur Dent durch Ford Prefect sowie allerlei andere futuristischen Merkwürdigkeiten, die er in sechs Hörspielfolgen unterbrachte. Der Name der Radioshow lautete wie der Reiseführer: „Hitchhiker's Guide to The Galaxy“. In der deutschen Übersetzung wurde daraus später „Per Anhalter durch die Galaxis“. Die BBC akzeptierte schließlich Adams' Vorschlag, ließ das Hörspiel produzieren und strahlte es am 8. März 1978 erstmals aus. Der Sendeplatz jeweils mittwochs um 22.30 Uhr wirkte allerdings nicht gerade viel versprechend, zumal die BBC auf jegliche Form vorheriger Ankündigung verzichtet hatte.

Von nun an ging alles geradezu hypergalaktisch schnell. „Hitchhiker's Guide to The Galaxy“ entwickelte sich innerhalb der fünf Wochen, in denen die Folgen gesendet wurden, erst zum Geheimtipp, dann zum Massenphänomen und schließlich zum Kult. Eine derartige Begeisterung für ein Hörspiel hatte die BBC noch nicht erlebt. Kein Wunder, dass nun auf einmal Verlage und Plattenfirmen auf der Matte standen, die den Science-Fiction-Spaß in Buch- und Tonträgerform veröffentlichen wollten. Schon einige Wochen nach der Ausstrahlung kam die erste Schallplatte auf den Markt.

Für das Buch zur Radioserie, das ebenfalls „Hitchhiker's Guide to The Galaxy“ genannt wurde und 1979 erschien, bearbeitete Adams die ersten vier Folgen des Hörspiels neu. Der Verlag zeigte sich optimistisch und ließ in der ersten Auflage gleich 60.000 Exemplare drucken. Doch alle Beteiligten hatten die Begeisterung für Adams' Science-Fiction-Komödie unterschätzt: Innerhalb von nur drei Monaten gingen nicht weniger als 250.000 Exemplare über den Ladentisch und katapultierten „Hitchhiker's Guide to The Galaxy" an die Spitze der Bestsellerlisten. Der Erfolg war so überwältigend, dass Adams sich später beklagte, der Aufstieg aus dem Nichts zum gefeierten Bestsellerautor sei so schnell gekommen, dass er ihn unmöglich genießen konnte.

Die bekannteste Episode von „Per Anhalter durch die Galaxis" findet sich im letzten Viertel des Buchs. Darin muss Arthur Dent erfahren, dass Mäuse den Menschen haushoch überlegen sind. Die kleinen Vierbeiner sind nämlich in Wirklichkeit hyperintelligente Außerirdische, die sich schon vor Millionen von Jahren die Frage nach dem Sinn ihres Daseins gestellt haben – die Frage nach dem Leben, dem Universum und allem. Um die Antwort zu finden, bauten sie den Supercomputer „Deep Thought", der nicht weniger als 7,5 Millionen Jahre rechnete, bevor er schließlich die Antwort ausgab. Sie lautete „Zweiundvierzig". Da die Mäuse mit dieser Erkenntnis nicht wirklich glücklich waren, machten sie sich auf Empfehlung von Deep Thought daran, erst einmal die Frage richtig zu formulieren. Dazu bauten sie einen noch mächtigeren Supercomputer, dessen Komplexität alles bisher Dagewesene um ein Vielfaches überstieg. Dieser Supercomputer war die Erde. Zum Konzept dieses einzigartigen Computerexperiments gehörte es, dass sich die Mäuse in der uns bekannten Gestalt kleiner Säugetiere selbst in den

> **Zum Beispiel waren die Menschen auf dem Planeten Erde immer der Meinung, sie seien intelligenter als die Delphine, weil sie so vieles zustande gebracht hatten – das Rad, New York, Kriege und so weiter, während die Delphine doch nichts weiter taten, als im Wasser herumzutoben und sich's wohl sein zu lassen. Aber umgekehrt waren auch die Delphine der Meinung, sie seien intelligenter als die Menschen, und zwar aus genau den gleichen Gründen.**
>
> **Per Anhalter durch die Galaxis, Kapitel 23**

Computer hineinprojizierten. Was für ein Ärger, dass die Erbauer der Hyperraum-Expressroute den gesamten Erden-Computer in die Luft gesprengt haben, und das gerade einmal fünf Minuten, bevor das Experiment sein Ergebnis liefern sollte.

Ein wichtiges Utensil für jeden Anhalter-Enthusiasten ist ein Handtuch. Schließlich kann man ein solches, wie in „Per Anhalter durch die Galaxis" nachzulesen ist, für die unterschiedlichsten Dinge gebrauchen. Man kann sich darin beispielsweise einwickeln, wenn man über die kalten Monde von Jaglan Beta hüpft, oder darauf liegen, wenn man sich gerade an den leuchtenden Marmorsandstränden von Santraginus aufhält. Dagegen nimmt der Eintrag zum Stichwort „Erde" im Anhalter-Reiseführer einen deutlich geringeren Umfang ein. Genauer gesagt besteht er nur aus dem Wort „Harmlos", was daran liegt, dass angesichts von 100 Billionen Sternen im Universum für so unwichtige Planeten wie die Erde nicht allzu viel Platz im Reiseführer ist. Immerhin kann Ford Prefect nach seinem Erdenaufenthalt die Redaktion zu einer Erweiterung des Eintrags bewegen. Dieser lautet nun „Größtenteils harmlos".

Solche schrägen Geschichten aus den unterschiedlichsten Gegenden des Universums sorgten dafür, dass sich die immer zahlreicher werdenden Fans von „Per Anhalter durch die Galaxis" vor Lachen kugelten. Angesichts des Erfolgs ließen Anschlussaufträge für Douglas Adams nicht lange auf sich warten. Im Januar 1980 ging die zweite Staffel der Hörspielreihe auf Sendung, 1981 folgte eine Fernsehversion. Ebenfalls 1980 erschien ein weiteres Buch, das unter dem Namen „Das Restaurant am Ende des Universums" die Abenteuer von Arthur Dent und Ford Prefect fortsetzte.

Nach diesem zweiten Band der Anhalter-Reihe wollte Adams eigentlich aufhören und sich anderen Projekten widmen. Er ließ sich jedoch dazu überreden, noch ein weiteres – und damit das seiner Meinung nach definitiv letzte – Buch über Dent, Prefect und ihren Reiseführer zu schreiben, um „Per Anhalter durch die Galaxis" zu einer Trilogie zu machen. Daraus wurde „Life, the Universe, and Everything", dessen Titel mit „Das Leben, das Universum und der ganze Rest" übersetzt wurde. Nun kümmerte sich Adams tatsächlich um andere Projekte, doch seine Fans ließen nicht locker und versuchten ihn zu einem weiteren Band zu überreden. Als der Verlag dann noch mit einem Honorarangebot von 600.000 Pfund winkte, knickte Adams schließlich ein und nahm das vierte Buch aus der Reihe in Angriff. Dieses hieß „So Long and Thanks for All the Fish" („Macht's gut und danke für den Fisch") und erschien 1984. Bis heute bezeichnen zahlreiche Fans die Anhalter-Reihe gerne als „Trilogie in vier Teilen".

Douglas Adams gehörte sicherlich nie zu den produktivsten Schriftstellern. In den Jahren nach „Macht's gut und danke für den Fisch" kamen immerhin ein halbes Dutzend weiterer Bücher aus seiner Feder auf den Markt, die zwar auf Interesse stießen, den Anhalter-Erfolg jedoch nicht annähernd erreichten. So ließ sich Adams schließlich ein weiteres Mal überreden, an seine Kultbuchreihe noch ein Werk dranzuhängen. Dieses erschien 1992 unter dem Titel „Mostly Harmless" und trug in Deutschland den Namen „Einmal Rupert und zurück". Auch Adams musste jedoch die Erfahrung machen, dass sich der Kult nicht beliebig ausdehnen lässt und dass ein Anhänger einer vierteiligen Trilogie nicht widerstandslos einen fünften Teil akzeptiert. So zeigten sich die meisten Fans enttäuscht, und der Erfolg blieb hinter den Erwartungen zurück.

Der Kult um „Per Anhalter durch die Galaxis" und die Nachfolger erreichte geradezu außerirdische Dimensionen. Vor allem bei Studenten und jüngeren Akademikern naturwissenschaftlicher Ausrichtung erreichen die Abenteuer von Dent und Prefect einen höheren Kultfaktor als alle anderen in diesem Buch beschriebenen Phänomene. Wer die Bücher nicht selbst lesen will, kann sich die wichtigsten Inhalte von nahezu jedem höheren Semester erklären lassen. Von Bedeutung ist beispielsweise der „pangalaktische Donnergurgler", ein Getränk mit Zutaten von unterschiedlichen Planeten des Universums, das auch bei vielen Studentenpartys auf der Karte steht. Am tiefsten hat sich jedoch die Zahl 42 in die naturwissenschaftliche Kultur eingegraben. Sie ist an sich schon Kult, und daher ist es auch kein Zufall, dass in diesem Buch gerade 42 Kultphänomene beschrieben werden.

Kein Scherz ist, dass der frühe Tod von Douglas Adams – er starb am 11. Mai 2001 in seinem privaten Fitnessraum an einem Herzinfarkt – zwei

Besonderheiten aufweist. Erste Besonderheit: Zufälligerweise gab ein Expertengremium am selben Tag bekannt, dass ein neu entdeckter Asteroid „Arthurdent" genannt werden sollte. Zweite Besonderheit: Als Douglas Adams starb, befand sich ein Handtuch in seiner unmittelbaren Nähe.

Literatur

Neil Gaiman: *Don't Panic. Douglas Adams & The Hitchhiker's Guide to the Galaxy.* Titan Books, London 2002

Internet

Douglas Adams FAQ: www.faqs.org/faqs/douglas-adams-FAQ

37 Gekotzt wird später – Werner

Erscheinungsjahr des ersten Buchs:	1981
Gesamtauflage:	über 10 Millionen
Besucher beim Rennen von Werner gegen Holgi:	200.000
Konsumierte Biermenge beim Rennen:	450.000 Liter

Sind bekannte Comicfiguren ein Spiegelbild der Kultur ihres Heimatlandes? Bei den Disney-Figuren trifft dies ohne Frage zu, denn die genauso unterhaltsamen wie belanglosen Geschichten von Micky Maus und Donald Duck passen nur zu gut zu unserem USA-Bild, das von Erscheinungen wie Hollywood, Coca Cola, Disneyland und Elvis Presley geprägt ist. Auch Frankreich ist ein gutes Beispiel, denn dessen bedeutendste Comicfigur Asterix steht gleichermaßen für einen hohen künstlerischen Anspruch und den französischen Nationalstolz. Und wie verhält es sich mit Werner, der erfolgreichsten Comicfigur Deutschlands? Nun, sie steht für einen hohen Bierkonsum, wilde Partys, Fäkalhumor, Motorrad-Rowdytum und eine unübersehbare Ihr-könnt-mich-alle-mal-Einstellung. Vielleicht sollte man die Sache mit dem Spiegelbild der Kultur doch nicht so ernst nehmen.

In jedem Fall hat der Kult um Werner in Deutschland zeitweise Dimensionen erreicht, von denen selbst Micky Maus und Asterix in ihren Heimatländern nur träumen können. Auch wenn manche Spielverderber den Werner-Humor für so flach wie dessen Heimat Schleswig-Holstein halten, entwickelte sich der langnasige Norddeutsche mit vier Haaren von einer simplen Comicfigur zum Lebensgefühl einer ganzen Generation. Inzwischen ist der Werner-Kult zwar wieder abgeebbt, doch seinen Platz als unerreichtes Phänomen in der deutschen Mediengeschichte wird der trinkfreudige Motorradliebhaber so schnell nicht verlieren.

> **Wir trampeln durchs Getreide,**
> **wir trampeln durch die Saat.**
> **Hurra, wir verblöden, für uns bezahlt der Staat.**
>
> **Werner in seinem ersten Comicabenteuer**

Der Erfinder von Werner nennt sich Brösel, heißt bürgerlich Rötger Feldmann und kann eine geistige Verwandtschaft mit seiner beliebten Comicfigur nicht verleugnen. Der 1950 in Travemünde geborene Zeichner machte nach seiner Schulzeit eine Lehre zum Lithografen, die er – angeblich weil er während seiner Arbeitszeit lieber Cartoons zeichnete – vorzeitig beenden musste. Anschließend versuchte Feldmann mit wenig Erfolg, sich als Comiczeichner durchzuschlagen. Dank der Kontakte seines Freundes Holger „Holgi“ Henze, Besitzer der Kneipe „Club 68“ in Kiel, gelang es ihm 1978 dann doch, einige Cartoons in der Satire-Zeitschrift *Pardon* unterzubringen. Später kam auch das Konkurrenzblatt *Titanic* hinzu.

Die Idee seines Lebens kam Rötger Feldmann irgendwann Ende der siebziger Jahre. Der Motorradfreund, der in seiner Freizeit bis heute am liebsten an seinen heißen Öfen herumbastelt, schuf die Figur eines Klempnerlehrlings mit norddeutschem Akzent, der mit Vorliebe mit seinem Motorrad durch die Gegend brettert, ansonsten gerne mit seinen Freunden Partys feiert und dabei größere Mengen Bier der Marke Flensburger („Flens“)

trinkt. Nach seinem zweiten Vornamen nannte Feldmann diese Figur „Werner". Auf die Fragen seiner Fans erläuterte der geistige Vater die Lebensphilosophie seiner Schöpfung auf der Webseite von Planet-Interview wie folgt: „Werner macht, was er will, und er ist gegen alles, was Scheiße ist." 1981 gründete Feldmann zusammen mit einem Partner den „Semmel Verlach", der unter dem Namen „Werner oder was?" das erste Abenteuer des langnasigen Helden in Buchform veröffentlichte. Die darin enthaltenen Comicepisoden drehen sich hauptsächlich um Motorräder, allerlei andere Fahrzeuge, dämliche Polizisten und Betrunkene. Zur Abrundung gab es Gedichte wie „Der Werwolf hatte auf der Hand 5 Asse, jetzt trinkt er aus der Schnabeltasse."

Ein großes Vermarktungsbudget stand dem Semmel Verlach natürlich nicht zur Verfügung, daher musste Feldmann auf Mundpropaganda hoffen. Einige Stadtzeitungen, die Werner-Comics abdruckten, sorgten für zusätzliche Verbreitung. So verkaufte sich das erste Werner-Buch erstaunlich gut und Feldmann konnte mit „Normal ja!", „Wer sonst?" und „Alles klar?" weitere Bände nachlegen. Ohne besondere Werbung stieg die Beliebtheit von Werner ständig an und wurde immer mehr zu einem Symbol der Spaßgesellschaft. Offenbar verkörperte er genau das, wovon viele Jugendliche insgeheim träumten: durch die Gegend fahren, Partys feiern bis zum Abwinken, sich nicht um die Konventionen der Gesellschaft kümmern. Spätestens Mitte der achtziger Jahre hatte Werner Kultstatus erreicht.

Erstaunlicherweise waren es nicht nur die Jugendlichen in Norddeutschland, die von Werner begeistert waren, obwohl seine Sprache, sein Bier und einige andere Inhalte des Buchs den Titelhelden eindeutig als Nordlicht auswiesen. So machte sich auch und gerade im Süden der Republik einer der auffälligsten Bestandteile des Werner-Kults breit: Seine Fans imitierten seine Sprache. Auf einmal gehörten Ausdrücke wie „Flaschbier", „taucht nix" und „Paadie" zum Wortschatz der Jugend. Man düste auf seiner „Schüssel" (Motorrad) durch die Gegend und prostete sich beim Trinken von „Bölkstoff" (Bier) mit „Hau wech den Scheiß!" zu. Zum Glück trank Werner auch alkoholfreies Bier, das er als „bleifrei" bezeichnete, was in dieser Bedeutung ebenfalls Einzug in die deutsche Sprache fand. Einen

Norddeutscher Akzent, exzessiver Bierkonsum und ein Motorrad, das sind die Markenzeichen von Deutschlands kultigster Comicfigur Werner. Über 10 Millionen verkaufte Bücher und Kalender sind einfach beinhart.

großen Nutzen aus dem Werner-Kult zog zudem die Flensburger Brauerei, die bis dahin nur regionale Bedeutung hatte. Dank Werner war ihr Name inklusive dem Kürzel „Flens" nun selbst in Garmisch-Partenkirchen ein Begriff. Kein Wunder, dass das Unternehmen seinen Absatz dank Werner um 75 Prozent steigern konnte.

Seinen Höhepunkt erlebte der Werner-Kult im Jahr 1988 mit einem Ereignis, das unter den Anhängern als deutsche Antwort auf Woodstock gehandelt wird. Anlass dafür war eine Episode aus dem dritten Werner-Buch, in dem der Titelheld eine Wette eingeht: Mit einem Motorrad vom Typ Horex, das er zu einem viermotorigen Ungetüm umgebaut hat, behauptet er schneller zu sein als sein Freund mit einem getunten Porsche. Die Details der Wette werden als „Vertrach" auf einem Kneipenblock festgehalten. Dabei wird ein Stück Autobahn in Schleswig-Holstein als Rennstrecke festgelegt, und der Verlierer soll mit Katzenkot („Katzenschiss") beworfen werden. Angesichts der Tatsache, dass die Werner-Comics im Allgemeinen und diese Episode im Besonderen autobiografische Züge haben, fiel es nicht schwer, diese Comicwette in die Realität zu übertragen: Die Rolle von Werner übernahm Rötger Feldmann, der eigens eine Horex mit vier Motoren und 152 PS konstruieren ließ. Sein Gegner wurde sein Freund, Kneipenbesitzer und Porschefahrer Holgi, der sein 1967 hergestelltes Gefährt für den Wettkampf entsprechend tunte und auf 215 PS hochrüstete.

Im September 1988 stieg dann die „goilste Paadie seit Ben Hur", deren Höhepunkt das kaum 20-sekündige Rennen zwischen „Brösel" Feldmann auf der Horex und „Holgi" Henze im Porsche werden sollte. Eine Autobahn kam dafür natürlich nicht in Frage, und so verlegten die beiden Kontrahenten ihre Wettfahrt auf den Flugplatz von Hartenholm nördlich von Hamburg. Die Veranstalter rechneten angesichts des grassierenden Werner-Kults mit 100.000 Zuschauern bei diesem Spektakel – für die Wettfahrt eines Comichelden eine gigantische Zahl. Doch die Organisatoren hatten die Rechnung ohne die Werner-Fans gemacht. So waren es schließlich etwa 200.000 Besucher, die auf den kleinen Flugplatz drängten und für einen kompletten Zusammenbruch der Infrastruktur sorgten.

Auf der Bundesstraße 206, die zur Party führte, kam der Verkehr zum Erliegen, was dazu führte, dass viele Werner-Fans erst gar nicht bis zum Ort des Geschehens vordringen konnten. Auf dem Flugplatzgelände zeigten sich die Ordner mit den Besuchermassen überfordert, über die Hälfte der Teilnehmer kam um den Kauf einer der 55 Mark teuren Karten herum. Verpflegung und sanitäre Anlagen reichten nicht mehr aus. „Was sich da in nordischer Weite über Koppeln und Äcker verteilte, hatte mit dem üblichen Schmutzbild nach Großveranstaltungen nicht mehr viel gemein", schrieb der *Spiegel* über die Zustände am Veranstaltungsort nach dem Ereignis. Angesichts dieser Umweltschäden lehnte Greenpeace eine Spende ab, die Feldmann der Organisation zukommen lassen wollte.

Obwohl sich in Hartenholm das Chaos breit machte, blieb zum Glück – wie einst in Woodstock – alles friedlich. Dabei sorgten 450.000 Liter „Bölkstoff" für teilweise hohe Alkoholpegel. Die Polizei, die nach der Veranstaltung sogar von Rötger Feldmann ein dickes Lob erhielt, zeigte Fingerspitzengefühl und hielt sich zurück. Einige Werner-Fans, die so sturzbetrunken am Steuer ihres

Autos saßen, dass sie nach dem Öffnen der Tür herauskippten, wurden von Polizisten wieder auf den Sitz zurückgeschoben.

Trotz des unglaublichen Andrangs konnte das Programm nach Plan durchgezogen werden. Musiker wie die Kölner Gruppe BAP und Roger Chapman traten auf, ein Bierlaster der Flensburger Brauerei zeigte einen Sprung über 27 Motorräder. Und dann trat Brösel gegen Holgi an. Dummerweise startete er vor lauter Nervosität im zweiten statt im ersten Gang, kam nicht recht auf Touren und musste so Holgis Porsche den Sieg überlassen.

Zwei Jahre nach dem legendären Festival in Hartenholm kam der erste Werner-Film ins Kino. „Werner Beinhart“ bestand aus diversen Zeichentrickepisoden, die immer wieder von Realfilmsequenzen mit Rötger Feldmann unterbrochen wurden, der sich selbst spielte. Obwohl die Produktionskosten mit 8 Millionen Mark überschaubar blieben, kamen über 5 Millionen Besucher ins Kino und machten Werners beinhartes Kinoabenteuer zu einem vollen Erfolg. Auch der Begriff „beinhart“ gehörte nun auf einmal zum aktiven Wortschatz der jugendlichen Bevölkerung Deutschlands. Der Fußballtrainer Werner Lorant, in den neunziger Jahren in Diensten des Fußballvereins 1860 München, erhielt „Werner Beinhart“ als Spitznamen.

Der Aufstieg von Werner zur Kultfigur hatte sicherlich auch damit zu tun, dass Autor Rötger Feldmann in perfekter Weise das lebende Pendant zu seinem Comichelden verkörpert. Feldmann tritt mit Vorliebe in einer Lederjacke und mit zerzausten Haaren in der Öffentlichkeit auf, wobei er sich keine Mühe gibt, seinen norddeutschen Akzent zu verbergen, der selbst in gedruckten Interviews noch deutlich erkennbar ist. Obwohl sich Feldmann nach außen hin immer gegen eine übertriebene Kommerzialisierung seiner Figur zur Wehr setzt und sich auch sonst wenig für materielle Güter zu interessieren scheint („Ich schmeiß mein Geld zum Fenster raus!“), kann man ihm einen gewissen Geschäftssinn nicht absprechen.

So gesehen ist es auch kein Wunder, dass mit dem Kult auch ein umfangreiches Merchandising-Geschäft in Gang kam. Von der Meister-Röhrich-Zigarre über das Werner-Kondom bis zum „Azvenzkalender“ reicht die

Palette der Werner-Devotionalien. Sogar Werner-Spardosen kamen auf den Markt, und das obwohl Feldmann selbst zugab, dass das Sparen nun wahrlich nicht zu den Tugenden seines Comic-Helden gehört. Im Gegensatz dazu passte Bier, bei dem Werner bekanntlich Flens bevorzugte, bestens zu dem trinkfesten Proleten. Genau hier ergab sich jedoch ein Problem: Für die enorme Popularität, die Werner seinem Lieblingsgetränk verschafft hatte, hatte die Flensburger Brauerei nie etwas bezahlt. Da Feldmann und seine Geschäftspartner jedoch auch und gerade im Bierbereich ein Lizenzgeschäft in Gang bringen wollten, mussten sie etwas Eigenes entwickeln, das der Werner-Terminologie gemäß natürlich nur „Bölkstoff" heißen konnte. Für die Lizenz, Bölkstoff verkaufen zu dürfen, bot Flensburger allerdings nur lächerliche 20.000 Mark, weshalb schließlich die Gilde Brauerei aus Hannover den Zuschlag erhielt. In einem seiner Comics ließ Feldmann Werner anschließend als Hobby-Bierbrauer aktiv werden und dabei das neue Getränk erfinden, das seine Fans nun als Bölkstoff kaufen konnten. Auch wenn so mancher echte Werner-Liebhaber angesichts dieser aus rein kommerziellen Überlegungen gestarteten Aktion die Nase rümpfte, so wurde Bölkstoff dennoch zum erfolgreichsten Werner-Merchandising-Produkt.

1992 kaufte Feldmann seinem Partner die Buchrechte des Semmel Verlachs ab und gründete anschließend die Firma Achterbahn, die von da an die Werner-Comics auf den Markt brachte. 1996 ging die Achterbahn AG an die Börse, musste jedoch 2002 Insolvenz anmelden. Die Freundschaft Feldmanns mit Holger „Holgi" Henze war zu diesem Zeitpunkt schon längst in die Brüche gegangen, nachdem dieser für eine Wiederholung des legendären Wettrennens 150.000 Mark Gage gefordert hatte. Feldmann rächte sich auf seine Art: In einem Werner-Comic ließ er den Titelhelden auf dem Motorrad Holgi mit seinem Porsche überfahren.

Das Produkt „Werner" blieb von den betriebswirtschaftlichen Turbulenzen jedoch unberührt, und so sind bis heute 13 Comicbücher und 20 Kalender auf den Markt gekommen. Die Auflage der Werner-Comics hat inzwischen die 10-Millionen-Grenze überschritten. Nach der Leinwandpremiere 1990 kamen mit „Das muss kesseln!!!" (1996), „Volles Roooäää!!!" (1999) und „Gekotzt wird später" (2003) vier weitere Werner-Filme in die Kinos.

Trotz allen Erfolges zeigt auch „Werner“, dass Kult nicht ewig währt. Mitte der neunziger Jahre hatte sich die aktive Verehrung des Comichelden wieder weitgehend gelegt, auch wenn die Comics und die Filme weiterhin gut liefen. Gewisse Abnutzungserscheinungen waren einfach nicht mehr zu leugnen. „Feldmann hat einen Freund verloren – und den Witz“, schrieb 1994 der *Spiegel*. Der *Kölner Stadtanzeiger* sah es im Jahr 2003 ähnlich: „80er-Revival hin oder her, die gute alte Zeit, in der Werner noch Witz hatte, ein wilder junger Prolet und viel versprechender Comicheld war, ist definitiv vorbei.“

Literatur

„Augen zu“, *Spiegel* 37/1988
„Binärer Blödsinn“, *Spiegel* 50/1990
„Holgis Tod“, *Spiegel* 44/1994
Frank Kaspar: „Baujahr 1987“, *Kölner Stadt-Anzeiger* vom 17.7.2003

Internet

Offizielle Werner-Webseite: www.werner.de
Interview mit Rötger Feldmann auf www.Planetinterview.de

Teil 5 Kultgruppierungen und Kultpersonen

38 Populärer als Jesus – Beatles

Jahr des Durchbruchs:	1963
Anzahl der verkauften Tonträger:	1,3 Milliarden
Anzahl der Nummer-eins-Hits in den USA:	22
Anzahl der Platinalben in den USA:	13

Von den zahlreichen in diesem Buch aufgeführten Kultphänomenen können es sicherlich nur wenige mit dem aufnehmen, was sich in den sechziger Jahren um die Rockgruppe „The Beatles" abspielte. Kein anderer Kult erfasste die ganze Welt so schnell und so heftig, und so ist es kein Wunder, dass diese Begeisterung einen eigenen Namen erhielt: „Beatlemania". Selbst über drei Jahrzehnte nach Auflösung der Kultband sind die Nachwirkungen der Begeisterung noch längst nicht verebbt.

Die Heimatstadt der Beatles ist bekanntlich Liverpool, wo die vier späteren Mitglieder in einfachen Arbeiterklasseverhältnissen aufwuchsen. Ende der fünfziger Jahre, als die späteren „Fab Four" noch Teenager waren, grassierte in der englischen Industriestadt die Begeisterung für den Rock 'n' Roll, was zahlreiche Bands entstehen ließ, die jedoch oft schnell wieder verschwanden. John Lennon, der Älteste der späteren Beatles, spielte damals in einer dieser Rockgruppen und nahm den zwei Jahre jüngeren Paul McCartney darin auf. Später stieß der Gitarrist George Harrison dazu. Die drei jungen Musiker, zu denen sich in wechselnder Besetzung noch ein Schlagzeuger gesellte, nannten sich „Silver Beatles". Der erste Teil des Namens fiel jedoch schnell weg. Wie die meisten damaligen Liverpooler Bands pflegten die Beatles den „Mersey-Beat" (manchmal auch schlicht „Beat" genannt), eine neue, mit dem Rock 'n' Roll verwandte Musikrichtung. Ihr Name ergab sich als Wortspiel aus den Begriffen „Beat" und „beetle" (Käfer).

1960 und 1961 reisten die Beatles mehrfach nach Hamburg und spielten dort in diversen Klubs. In Liverpool konnte sich die Band mit der Zeit eine kleine Fangemeinde erarbeiten, was schließlich auch den Plattenhändler Brian Epstein auf das Quartett aufmerksam machte. Epstein bot den Beatles an, für eine Beteiligung von 25 Prozent als Manager für sie zu arbeiten. Diese willigten ein. Als eine der ersten Amtshandlungen ekelte Epstein den damaligen Schlagzeuger Pete Best aus der Band und holte für ihn Richard Starkey, der sich Ringo Starr nannte. Mit John Lennon, Paul McCartney, George Harrison und Ringo Starr war die legendäre Besetzung der Beatles komplett.

Brian Epstein erwies sich als Glücksfall für die Beatles. Er verpasste den ungestümen Nachwuchsmusikern ein gepflegteres Auftreten und eine einheitliche Garderobe, bestehend aus kragenlosen Anzügen mit Krawatte. Kombiniert mit den berühmten Pilzfrisuren, die die Beatles aus ihren Hamburger Zeiten mitgenommen hatten, stachen die vier nun schon allein optisch aus der damals großen Masse an Liverpooler Beatbands heraus. Für ihre Musik galt das angesichts des großen Liederschreibertalents von John Lennon und Paul McCartney ohnehin.

Brian Epstein war es dann auch, der den Beatles einen Plattenvertrag verschaffte. Zunächst hatten einige Plattenfirmen abgewunken, weil sie dachten, derartige Musik sei schon wieder aus der Mode, mit EMI zeigte allerdings dann doch noch ein namhafter Tonträgerproduzent Interesse. So kam am 5. Oktober 1962 mit „Love Me Do" die erste Beatles-Single auf den Markt, ohne jedoch größeres Aufsehen zu erregen. Dies änderte sich mit der zweiten Platte „Please Please Me", die zum ersten Nummer-eins-Hit des Quartetts wurde. Spätestens mit der kurz danach veröffentlichten LP, die ebenfalls „Please Please Me“ hieß, hatten die Beatles den Durchbruch geschafft.

Von nun an ging es Schlag auf Schlag. Mit „From Me To You“, „She Loves You“, „I Want To Hold Your Hand“ und einigen anderen Songs lieferten die Beatles Hitparadenerfolge am Fließband. Das Rezept war einfach, aber wirkungsvoll: Eingängige Melodien im Beatsound mit belanglosen Texten kombiniert mit dem von Epstein inszenierten Auftreten, brachten das Publikum zum Rasen. Die Beatles hatten sichtlich Spaß an ihren Auftritten, rissen das Publikum mit und schafften in puncto Image geschickt die Balance zwischen frechen Rebellen und Schwiegermuttertypen.

Schon bald machte der Begriff „Beatlemania“ die Runde. Wo immer die Beatles auftraten, waren die Hallen voll und die Fans nicht mehr zu bändigen. Das Gekreische der Fans übertönte meist die Musik. Vor allem Frauen weinten während der Konzerte, verfielen in Ekstase und fielen reihenweise in Ohnmacht. Besonders hartnäckige Verehrer kletterten in die Kanalisation unterhalb von Straßen, über die ein Fahrzeug mit den Beatles fuhr, um ihren Lieblingen wenigstens einen Augenblick lang nahe zu sein. Nachdem zunächst nur die Briten von der Beatlemania infiziert waren, schwappte das Fieber 1964 auch in die USA und in andere Länder über. Die Beatles wurden zu einem weltweiten Kultphänomen.

> **Wir sind populärer als Jesus.**
>
> **John Lennon**

Mit ihrem Erfolg stießen die Beatles in neue Dimensionen vor. Nach einer Reihe von Superhits machten die vier auch einen Ausflug auf die Kinoleinwand, wobei die Filme „A Hard Day’s Night“ (1964) und „Help!“ (1965) entstanden. Obwohl beide Kassenknüller wurden, konzentrierten sich die Beatles lieber auf die Musik und legten keine weiteren Filme nach – im Gegensatz etwa zu Elvis Presley, der mit Filmproduktionen am Fließband bekanntlich zum viel beschäftigten, allerdings auch viel belächelten Schauspieler wurde.

1965 erreichte der Beatles-Erfolg einen weiteren einzigartigen Höhepunkt: Die Königin von England erhob die vier Band-Mitglieder in den

Adelsstand. Angesichts der weltweiten Popularität der Gruppe, die natürlich auch auf ihr Heimatland abstrahlte, war diese Maßnahme durchaus verständlich, zumal sich die Beatles längst auch zu einem Wirtschaftsfaktor entwickelt hatten. Dennoch war eine solche Ehre für Rockmusiker zu dieser Zeit derart ungewöhnlich, dass sich anschließend einige andere in den Adelsstand erhobene Briten gekränkt fühlten und ihre Auszeichnung an die Queen zurückschickten.

An ihrem Erfolg änderte sich jedoch auch durch den Adelstitel nichts. Auf ihrer ersten Welttournee spielten die Beatles vor vollen Häusern, stellten reihenweise Rekorde im Kartenverkauf auf und lockten bis zu 100.000 Menschen zu einem einzigen Konzert. Schon an den Bahnhöfen und Flughäfen wurden die vier Bandmitglieder regelmäßig von großen Menschenmassen empfangen, umjubelte Autokorsos brachten sie oft von dort zu ihren Hotels. Als die Beatles 1966 für jeweils zwei Konzerte in München, Essen und Hamburg Station machten, erlebte die Beatlemania auch in Deutschland ihren Höhepunkt. John Lennon verleitete die weltweite Begeisterung zu seinem umstrittenen, aber sicherlich zutreffenden Satz „Wir sind populärer als Jesus."

Tatsache ist, dass die Plattenumsätze der „Beatles" mehr für Großbritanniens Außenhandelsbilanz taten als die gesamte britische Automobilindustrie.

Aus dem Rockmusik-Lexikon von Christian Graf

Nachdem die Beatles in den ersten Jahren musikalisch noch vor allem durch einfache Melodien und belanglose Texte aufgefallen waren, änderte sich Mitte der sechziger Jahre ihr Stil. Ihre Musik wurde tiefgründiger und vielseitiger, ihre Texte anspruchsvoller. Die „Fab Four", wie sie inzwischen genannt wurden, entdeckten neue musikalische Ausdrucksformen und experimentierten mit klassischen und fernöstlichen Instrumenten. Lennon und McCartney konnten dabei ihr Ausnahmekönnen als Songschreiber voll ausspielen. Mit Liedern wie „Yesterday", „Yellow Submarine" oder „When I'm Sixty-Four" schufen die Beatles echte Klassiker, die neben dem Publikum immer mehr auch die Musikkritiker in Entzücken versetzten. So mancher Musikliebhaber, der anfangs noch die Nase über die vier ungestümen

Beatmusiker aus Liverpool gerümpft hatte, begann nun, deren Lieder ernst zu nehmen.

Als künstlerischer Höhepunkt der Beatles gilt die 1967 erschienene Langspielplatte „Sgt. Pepper's Lonely Hearts Club Band", die bis heute von vielen Rockmusikexperten als beste LP überhaupt bezeichnet wird. In jedem Fall gilt „Sgt. Pepper" als die einflussreichste Platte der Rockmusikgeschichte. Sie markierte den Übergang des Genres von einer einfachen zu einer immer komplexer werdenden Musikgattung mit aufwendiger Studiotechnik und unterschiedlichsten Einflüssen.

Nachdem sich die Beatles 1966 von der Bühne zurückgezogen hatten, waren ihre neuen Produktionen nur noch auf Schallplatte zu hören. Mit „Here Comes The Sun", „Get Back", „Let It Be" und anderen Songs schufen die vier weitere Klassiker, auch wenn es hinter den Kulissen längst ordentlich knirschte. Alle vier widmeten sich Soloprojekten, John Lennon fand in der exzentrischen Japanerin Yoko Ono eine neue, öffentlichkeitswirksame Liebe. Mit „Abbey Road" (1969) und „Let It Be" (1970) gelangen dem Quartett noch einmal zwei viel gelobte Langspielplatten, doch die Luft war nun raus. 1970 gab Paul McCartney die Auflösung der Beatles bekannt.

Die vier Beatles-Mitglieder blieben sich auch als Solisten treu. Der intellektuelle John Lennon schrieb nachdenkliche Lieder wie „Imagine" und sorgte mit Yoko Ono immer wieder für Schlagzeilen. Der pragmatische Paul McCartney blieb bei etwas weniger tiefgründigen, aber oftmals äußerst erfolgreichen Liedern wie dem 1977 veröffentlichten „Mull of Kentyre", das zum größten Erfolg eines Ex-Beatles werden sollte. McCartney orientierte sich an kommerziellen Zielen und wurde durch seine Musik zum Milliardär und zeitweise zum erfolgreichsten Komponisten aller Zeiten (inzwischen hat ihn Andrew Lloyd Webber überholt). Der introvertierte George Harrison ließ es in seiner Nach-Beatles-Zeit erwartungsgemäß ruhiger angehen und konnte mit „My Sweet Lord" und „Got My Mind Set on You" insgesamt nur zwei nennenswerte Hitparadenerfolge verbuchen. Ringo Starr wurde der musikalisch am wenigsten aktive Ex-Beatle, erreichte jedoch dank seines darstellerischen Talents einige Achtungserfolge als Schauspieler.

40 Jahre nach dem Höhepunkt der Beatlemania hat sich die Begeisterung

um die größte Rockgruppe längst wieder gelegt. Dennoch gehören die Beatles-Lieder zum festen Repertoire zahlreicher Radiosender und zu den Lieblingssongs vieler Rockmusikfans. Als der Südwest-Rundfunk seine Hörer im Herbst 2003 die besten Rock-Titel aller Zeiten wählen ließ, erreichten acht Beatles-Lieder eine Platzierung unter den ersten 100, wobei „Yesterday“ mit Platz zwei am besten abschnitt. Mehrere von Branchenmagazinen durchgeführte Umfragen unter Musikjournalisten bestätigen, dass „Sgt. Pepper“ bis heute seinen Status als bestes Album der Rockgeschichte behalten hat.

Auf eine Wiedervereinigung des erfolgreichsten Quartetts aller Zeiten besteht freilich bereits seit 1980 keine Hoffnung mehr. Im Dezember jenes Jahres wurde John Lennon in New York von einem psychisch kranken Fan erschossen, der ihn zuvor noch um ein Autogramm gebeten hatte. 2001 starb als zweites Beatles-Mitglied George Harrison an Krebs. Er hatte schon Jahre früher erkannt: „Es gibt mehr im Leben, als ein Beatle zu sein.“

Literatur

Christian Graf: *Rockmusik-Lexikon Europa*. Taurus Press, Hamburg 1993
Harry Benson: *Die Beatles*. Knesebeck, München 2003

Internet

Fanseite: www.iamthebeatles.com/

39 Der King – Elvis Presley

Geburtsjahr:	1935
Gewicht bei seinem Tod:	159 kg
Nummer-eins-Hits in den USA:	18
Anzahl der verkauften Tonträger:	1 Milliarde

Fragt man nach den größten Kultphänomenen der Musikgeschichte, dann kann die Antwort neben den Beatles nur Elvis Presley heißen. „Das Leben und die Erfolge von Presley können nur durch Superlative ausgedrückt werden", schreibt Christian Graf in seinem „Rockmusik-Lexikon". Und noch mehr als seine einzigartigen Verkaufszahlen, Hitparadenplatzierungen und Filmerfolge beeindruckt die Art und Weise, wie Elvis Presley verehrt wurde und bis heute wird. 25 Jahre nach seinem Tod ist Elvis nach wie vor ein Kultstar.

Geboren wurde der spätere Megastar am 8. Januar 1935 in einer kleinen Stadt im US-Bundesstaat Mississippi. Er hatte einen Zwillingsbruder, der jedoch kurz nach der Geburt starb. Presley wuchs in bescheidenen Verhältnissen in einer Farmerfamilie auf, zeigte in einem Kirchenchor erstmals sein musikalisches Talent, spielte Gitarre und begeisterte sich für Blues- und Countrymusik. 1949 zog er mit seiner Familie nach Memphis im Staat Tennessee, wo er in den Schwarzenvierteln weitere musikalische Erfahrungen sammelte. Um seinen Lebensunterhalt zu verdienen, jobbte Presley als Hilfsarbeiter und Lastwagenfahrer.

Mit seiner Stimme und seiner Ausstrahlung beeindruckte Presley den Inhaber der kleinen Plattenfirma Sun Records, der ihn unter Vertrag nahm. Seine erste, 1953 aufgenommene Single „My Happiness" war noch ein selbst finanziertes Geburtstagsgeschenk an seine Mutter, doch später agierte er als regulärer Vertragskünstler von Sun. Presley erreichte mit seinen ersten Platten und Liveauftritten lokale Achtungserfolge, schaffte jedoch noch nicht den Durchbruch. Immerhin konnte er sich einen Ruf als Nachwuchshoffnung im Bereich der in den USA sehr populären Countrymusik erarbeiten. Ihm gelang sogar ein Auftritt in der bedeutendsten Countryarena überhaupt, der „Grand Ole Opry" in Nashville, Tennessee. Angeblich empfahl ihm ein Manager anschließend, lieber wieder als Lastwagenfahrer zu arbeiten.

Presley ließ sich jedoch nicht beirren. Nach den insgesamt viel versprechenden Anfängen strebte vor allem sein Manager Tom „Colonel" Parker, der einen großen Anteil am Aufstieg des späteren King hatte, nach Höherem. Er kaufte seinen Schützling aus dem Vertrag mit Sun Records heraus und verschaffte ihm einen Kontrakt mit dem Branchenriesen RCA. Gerade einmal 35.000 Dollar erhielt Sun Records für den Verzicht auf den späteren Weltstar, wodurch dieser Deal bis heute als einer der größten Flops in der Geschichte des Showgeschäfts gilt.

50 Millionen Elvis-Fans können sich nicht irren.
Aufschrift eines Plattencovers von Elvis Presley

Mit dem Wechsel zu RCA wandte sich Presley von der Countrymusik ab und legte seinen Schwerpunkt auf den damals immer populärer werdenden Rock 'n' Roll. Diesen Musikstil hatten ursprünglich nur schwarze Künstler betrieben, bevor ihn der weiße Musiker Bill Haley für ein breiteres Publikum interessant machte. Haleys aus heutiger Sicht harmlose Liedchen wie „Rock Around The Clock" galten damals als rebellisch, wurden vor allem von der älteren Generation abgelehnt und fanden nicht zuletzt deshalb ihre Anhänger. Der Rock 'n' Roll etablierte sich als Musikrichtung der Jugend der fünfziger Jahre und begründete damit gleichzeitig die Rockmusik in ihrer heute bekannten Form.

Ihren Höhepunkt erreichte die Begeisterung für den Rock 'n' Roll jedoch erst mit Elvis Presley. Mit seiner zweiten bei RCA veröffentlichten Single „Heartbreak Hotel", die zum Nummer-eins-Hit wurde, schaffte er 1956 seinen Durchbruch. „Hound Dog", „Jailhouse Rock" und „All Shook Up" hießen weitere Rock-'n'-Roll-Nummern, die der neue Star nachlegte und mit denen er schnell alle anderen Interpreten dieser Musikrichtung in den Schatten stellte.

Für einen Rock-'n'-Roll-Star war Presley zu dieser Zeit sicherlich eine

Idealbesetzung. Seine ausdrucksstarke Stimme ergänzte sich ideal mit seinem Aussehen und seinem Auftreten, an dem Colonel Parker entsprechend gefeilt hatte. Presley verstand es, seine Fans durch rhythmische Körperbewegungen, insbesondere den berühmten Hüftschwung, zum Rasen zu bringen. Elvis strahlte eine Erotik aus, die junge Frauen in Ohnmacht fallen ließ, von Konservativen und Bürgerlichen jedoch entschieden abgelehnt und sogar verteufelt wurde.

Elvis Presley verursachte eine Begeisterung, wie sie die Welt noch nicht gesehen hatte. Seine Frisur mit den nach hinten gekämmten Haaren, seine Kleidung und die später oft von ihm getragene Sonnenbrille prägten die damalige Mode, und noch heute ist jeder, der sich entsprechend in Schale schmeißt, sofort als Elvis-Imitat zu erkennen. Mit dem Erfolg wurde Elvis Presley zum reichen Mann. 1957 erwarb er in seiner Heimat Memphis eine ehemalige Kirche und ließ diese zu einer großzügig ausgestatteten Villa ausbauen, die unter dem Namen Graceland bekannt wurde.

1958 wurde Elvis Presley in die Armee eingezogen. Er hätte der Einberufung sicherlich entgehen können, doch sein Manager Colonel Parker hatte den genialen Plan, den Militärdienst seines Schützlings für dessen Karriere auszunutzen. Mit seiner Entscheidung für den Wehrdienst machte sich Presley quasi über Nacht auch in bürgerlichen Kreisen beliebt und gewann so zahlreiche neue Anhänger. Während seiner Militärzeit, die Presley größtenteils in einer US-Militärbasis im hessischen Friedberg verbrachte, sorgte sein Manager Parker dafür, dass es um seinen Schützling zwar ruhiger, aber nie ganz still wurde. Auch einige zuvor aufgenommene Platten erschienen in dieser Zeit.

Nach seiner Entlassung knüpfte Presley nahtlos an seine früheren Erfolge an. Vom Rebellenimage verabschiedete sich der Rock-'n'-Roll-Star jedoch immer mehr, was sich auch in seinen Liedern widerspiegelte. An die Stelle wilder Rock-'n'-Roll-Gesänge traten immer mehr sanfte Balladen für die ganze Familie. Selbst vor einem Wiener Walzer oder einer englischen Version des Schlagers „O Sole Mio" („It's Now Or Never") schreckte Presley nicht zurück und hatte damit Erfolg.

Nachdem Presley bereits 1956 seinen ersten Film gedreht hatte, feierte

Für seine Fans ist er nur der „King“: Elvis Presley. Der ehemalige Lastwagenfahrer gilt als größte Kultfigur der Rockmusik.

der gefeierte Musiker nun auch einen Leinwanderfolg nach dem anderen. Die für einen Gesangsstar ordentlichen Schauspielkünste des King kamen zwar nur in lieblosen Billigstreifen wie „Blue Hawaii“ oder „Fun In Acapulco“ zur Geltung und eine ausreichende Zahl von Elvis-Songs schien dabei wichtiger als die Handlung. Doch das Publikum ließ sich davon nicht beirren und strömte in die Kinos. Ein Film mit Elvis in der Hauptrolle, auch wenn er noch so schlecht war, galt als sichere Bank für den wirtschaftlichen Erfolg. In Hochzeiten lieferte der King drei Filme in einem Jahr ab. Presleys erste Filmrolle endete noch mit dem Tod der von ihm verkörperten Figur, doch heftige Proteste seiner Fans sorgten dafür, dass sich ein solcher Fauxpas der Produktionsfirma nicht wiederholte.

1967 erreichte die weiblichen Elvis-Anhänger eine schlechte Nachricht. Ihr Idol heiratete die elf Jahre jüngere Schauspielerin Priscilla Beaulieu, die ihm 1968 die Tochter Lisa Marie gebar. Nachdem Presley 1961 seinen Bühnenrücktritt bekannt gegeben hatte, gab er 1968 sein Comeback, das trotz seiner inzwischen etwas rundlicheren Figur triumphal ausfiel. Mit „In The Ghetto“ erschien im selben Jahr einer der stärksten Elvis-Songs, der den Star darüber hinaus erstmals mit einem sozialkritischen Liedtext präsentierte.

Auch in den siebziger Jahren feierte der inzwischen recht zahm gewordene ehemalige Musikrevolutionär weiterhin Erfolge. Er bewältigte ein beachtliches Pensum an Liveauftritten, wobei er insbesondere mehrere Wochen ununterbrochen vor vollen Zuschauerrängen in Las Vegas gastierte. Die Fernsehshow „Aloah From Hawaii“, die weltweit mit enormen Einschaltquoten übertragen wurde, wurde 1973 zu seinem letzten ganz großen Erfolg.

Diverse Missstände in seinem Privatleben konnte er damit jedoch nicht überdecken. 1972 trennte er sich von seiner Frau Priscilla und zog sich in den Folgejahren immer mehr aus der Öffentlichkeit zurück. Seine Villa Graceland ließ er von Leibwächtern abschotten, während er immer mehr mit seinem Übergewicht und seiner Tablettensucht zu kämpfen hatte. Seine Auftritte und Plattenproduktionen wurden seltener, die Qualität nahm ab. Terminabsagen und Gerüchte über gesundheitliche Probleme häuften sich.

Mit einem gelungenen Konzert am Neujahrstag 1976, dem 60.000 Zuschauer beiwohnten, konnte Presley noch einmal zahlreiche Kritiker Lügen strafen, die seine Karriere schon am Ende gesehen hatten. Weitere Auftritte in Las Vegas und eine Sommertournee 1977 ließen seine Fans hoffen, doch dann kam das plötzliche Ende. Am 16. August 1977 wurde Elvis Presley in einem Badezimmer seiner Villa Graceland tot aufgefunden. Als Todesursache gilt durch Tablettensucht ausgelöstes Herzversagen. Eine anschließend durchgeführte Untersuchung ergab, dass der King nicht weniger als 14 unterschiedliche Suchtstoffe zu sich genommen hatte.

Der Tod Presleys löste in seiner immer noch gewaltigen Fangemeinde großes Entsetzen aus. Nicht weniger als 80.000 Menschen – bei keinem von Presleys Konzerten gab es so viele Zuschauer – nahmen an seinem Begräbnis teil. Wie so oft, wenn ein Idol zu früh stirbt, so bildeten sich auch bei Elvis schnell obskure Verschwörungstheorien. So mancher Fan wollte den Tod Presleys nicht wahrhaben und vermutete daher, der King habe sein

Sterben nur inszeniert, um von Fans und Presse in Ruhe gelassen zu werden. Zahlreiche Personen sind sich sicher, den angeblich verblichenen Star nach seinem Tod getroffen zu haben. Es gibt sogar eine Webseite, die Elvis-Sichtungen entgegennimmt und auflistet. Einige Spinner behaupten sogar allen Ernstes, sie selbst seien Elvis Presley oder zumindest seine Wiedergeburt. Britische Wettbüros nahmen Wetten entgegen, die auf eine Rückkehr Presleys in einem UFO setzten.

Über 25 Jahre nach seinem Tod gehört Elvis Presley immer noch zu den bekanntesten Menschen der Erde. Nach wie vor ist eine ganze Legion von Elvis-Imitatoren aktiv. Seit 1982 ist die Villa Graceland für den Publikumsverkehr geöffnet, und bis heute ist das feudale Anwesen eine Touristenattraktion ersten Ranges. Auf dem Gelände sind neben den Wohnräumen auch Presleys Cadillacs, sein Flugzeug und natürlich sein Grab zu sehen.

Bei so viel Kult verwundert es nicht, dass sich viele andere Künstler oft und gerne auf Elvis Presley beziehen. Der Rockpoet Paul Simon (bekannt durch das Duo „Simon & Garfunkel") widmete dem Elvis-Kult den Titelsong seiner erfolgreichsten Langspielplatte, „Graceland". Billy Joel, ebenfalls bekannter Musiker und Liederschreiber, erwähnte den King in seinem Lied „We Didn't Start The Fire", dessen Text aus einer Aneinanderreihung zeitgeschichtlicher Ereignisse und Personen besteht.

Selbst in den Hitparaden ist Elvis noch präsent. Die CD „30 Number 1 Hits" fand allein im Jahr 2002 stolze 9 Millionen Käufer, während eine neu abgemischte Aufnahme des Titels „A Little Less Conversation" zu einem respektablen Singlehit wurde. Das US-Magazin *Forbes* kürte den King 2003 bei einem Jahreseinkommen von 40 Millionen Dollar zum bestverdienenden Toten der Welt, noch vor Peanuts-Erfinder Charles Schulz. Gleichzeitig registrierte man in Graceland einen Anstieg der Besucherzahlen.

Für eine neue Facette des Elvis-Kults sorgte überraschenderweise der Autohersteller Audi. In einem seiner Werbespots ließ das Unternehmen eine Plastikfigur im Elvis-Look auftreten, die bei Autos anderer Marken während der Fahrt heftig mit den Hüften wackelt. Bei einem Audi tut sie das hingegen nicht, was auf die besonders ruhige Fahrweise des Autos hinweisen sollte. Die Puppe, die ursprünglich als Einzelstück für den Werbefilm hergestellt worden war, ging angesichts des großen Erfolgs des Spots in Serie und wurde zum Verkaufsschlager. Dabei stellt die Figur streng genommen gar nicht Elvis Presley dar, denn die Werbemanager von Audi hatten die dafür notwendige Lizenz nicht erworben. Um rechtlichen Schwierigkeiten aus dem Weg zu gehen, statteten sie ihre Figur mit einem Merkmal aus, das Elvis definitiv nicht hatte: weiße Haare.

Literatur

Christian Graf: *Rockmusik-Lexikon Übersee.* Taurus Press, Hamburg 1989

Johanna Braun, Günter Braun: *Elvis Presley. Bilder seines Lebens.* Schwarzkopf & Schwarzkopf, Berlin 2003

Marc Hendrickx: *Elvis A. Presley. Die Musik – Der Mensch – Der Mythos.* Hannibal, Planegg 2003

Internet

Offizielle Webseite von Elvis Presley: www.elvis.com

Elvis-Sichtungen: www.elvissightingbulletinboard.com

40 Die mythische Figur – Heino

Geburtsjahr:	1938
Bekanntheitsgrad in Deutschland:	98 Prozent
Verkaufte Tonträger:	50 Millionen
Zahl der gesungenen Titel:	1.000

Blonde Haare, dunkle Sonnenbrille und eine unverwechselbare Baritonstimme, das sind die Merkmale eines der bekanntesten und langlebigsten

Markenartikel, die Deutschland je hervorgebracht hat. Es ist wohl unnötig zu erwähnen, dass es sich dabei um Heino handelt und dass sich der heute 65-jährige Musiker zu einem Phänomen entwickelt hat, wie es in Deutschland kein zweites gibt. Heino ist Kult.

Dabei wurde dem Sänger mit dem prägnanten Aussehen eine Mitgliedschaft in der Hall of Fame des Kults sicherlich nicht in die Wiege gelegt. Heino, der mit bürgerlichem Namen Heinz-Georg Kramm heißt, wurde am 13. Dezember 1938 in Düsseldorf geboren und wuchs dort im Arbeiterstadtteil Oberbilk auf. Nachdem sein Vater im Krieg gefallen war, verbrachte der spätere Star seine Kindheit in bescheidenen Verhältnissen zusammen mit seiner Mutter und der fünf Jahre älteren Schwester Hannelore (nicht zu verwechseln mit seiner heutigen Ehefrau, die ebenfalls Hannelore heißt). Schon als Kind gehörte Singen zu Heinos Lieblingsbeschäftigungen, als Autodidakt entwickelte er sich zu einem ordentlichen Musiker. Doch da an eine Karriere im Showgeschäft oder ein Musikstudium nicht zu denken war, begann der schmächtige Junge eine Lehre als Bäcker.

Je mehr man auf Heino eingehauen hat, desto größer ist Heino geworden.

Stern 1995

Mit zwei Bäckerkollegen hatte Heino um 1953 seinen ersten Auftritt in einem Düsseldorfer Karnevalszelt. Zu seinem Repertoire, das er nun in wechselnden Formationen vortrug, gehörten vor allem aktuelle Schlager von René Carol („Rote Rosen, rote Lippen, roter Wein“) und Freddie Quinn. Da sich Heinos Musikerleben schlecht mit seiner Arbeit als Bäckerlehrling vertrug, unterbrach er seine Lehre und schlug sich mit allerlei Gelegenheitsjobs durch. Heino arbeitete als Schrottsortierer, schleppte Zementsäcke, arbeitete als Dressman und ging als singender Verkäufer von TV-Zeitschriften hausieren. Schon damals war Heino also ein cleverer Vermarkter seiner selbst, der sich für skurrile Auftritte nicht zu schade war. 1959 legte er dann doch noch seine Prüfung als Bäckereigeselle ab.

1965 sah der Schlagersänger und Produzent Ralf Bendix Heino auf der Bühne und war von seinen Sangeskünsten so beeindruckt, dass er ihm einen Plattenvertrag anbot. So nahm Heino als erste Single seiner Karriere das Seemannslied „Dreizehn Mann und ein Kapitän" auf, auf der Rückseite war das bekannte Quasi-Volkslied „Jenseits des Tales" zu hören. Mit dieser Aufnahme landete Heino auf Anhieb einen Treffer, wobei interessanterweise die B-Seite der Single den Erfolg brachte. In der Blütezeit der Beatles und im Jahr von „Satisfaction" von den Rolling Stones kletterte damit ein Lied mit Volksliedcharakter in der Hitparade nach oben, interpretiert von einem völlig unbekannten Sänger.

Produzent Ralf Bendix ließ Heino nun mit „Wenn die bunten Fahnen wehen", „Bergvagabunden" und „Kein schöner Land" nachlegen. Offenbar stieß der blonde Nachwuchssänger damit in eine Marktlücke, denn die von ihm gesungenen Fahrtenlieder hatte trotz ihres hohen Bekanntheitsgrads zu dieser Zeit kein Schlagerstar im Programm. Dies lag nicht zuletzt daran, dass viele dieser Stücke im Dritten Reich in den Jugendorganisationen der Nazis besonders populär waren. Vielen Radiosendern war Heino dadurch erst einmal suspekt, denn ein blonder Sänger, der mit tiefer Stimme Lieder sang, die aus dem Nationalsozialismus noch in unguter Erinnerung waren, ließ viele Programmchefs auf eine rechtsradikale Gesinnung schließen. Natürlich ist heute längst bekannt, dass Heino mit nationalsozialistischem Gedankengut nichts am Hut hat, zumal seine Lieder auch schon lange vor der Naziherrschaft gesungen wurden.

Da viele Radiosender Heino nicht spielten, musste seine wachsende Fangemeinde seine Platten kaufen, um ihn zu hören. Ein intellektuelles Publikum erreichte der Volkssänger damit zwar nicht und die Presse entwickelte schnell eine Vorliebe für Heino-Verrisse. Doch die so genannten einfachen Leute kauften seine Platten wie wild. Den endgültigen Schritt zu einem unverwechselbaren Image schaffte Heino jedoch erst 1971. Damals plagte ihn ein Augenleiden, das sich zwar nicht heilen, mit dem Aufsetzen einer Sonnenbrille jedoch lindern ließ. Fortan wurde Heino nie mehr ohne Sonnenbrille gesehen. So entwickelte sich aus der Not heraus ein Markenzeichen, ohne das Heino heute nicht mehr denkbar ist. Das immer wieder kolportierte Gerücht, Heino sei ein Albino und seine Sonnenbrille habe etwas damit zu tun, ist falsch.

An der Entwicklung Heinos zur unverwechselbaren Marke war sein langjähriger Manager Ralf Bendix maßgeblich beteiligt. Er achtete darauf, dass der blonde Barde vor allem mit seinen Liedern an die Öffentlichkeit trat und sich ansonsten in den Medien zurückhielt. „Heino, du musst arm und einsam sein, blass aussehen und schön singen", zitierte Heino seinen Manager später in seiner 1995 erschienenen Autobiografie. „Je weniger du sagst, umso mehr müssen die Leute deine Platten kaufen." Die Strategie funktionierte und machte Heino zusammen mit seinem unverwechselbaren Aussehen nahezu zu einer Kunstfigur.

In den siebziger Jahren konnte Heino seine Erfolge nahtlos fortsetzen, auch wenn die Presse nach wie vor nicht auf seiner Seite stand. 1977 erfuhr er von einer Tochter, die er sieben Jahre zuvor bei einem Seitensprung gezeugt hatte – sie starb 2003 durch Selbstmord. Schon zuvor hatte er mit der angeheirateten Prinzessin Hannelore von Auersperg die Frau kennen gelernt, die zu seiner dritten Ehefrau werden sollte. Heinos Manager Ralf Bendix versuchte, Heino von dieser Liaison abzubringen, da er befürchtete, seine Fans würden einen Eintritt in die Welt des Adels nicht akzeptieren. Doch die Befürchtungen erwiesen sich als unbegründet. Im Gegenteil: Hannelore entwickelte sich zu einer idealen Ergänzung Heinos, trat mit ihm auf und sorgte so für zusätzliche Medienpräsenz.

Auch wenn die Zeit der ganz großen Hits in den Achtzigern vorbei war, änderte dies nichts am enormen Bekanntheitsgrad des Volkssängers, den bis heute um die 98 Prozent aller Deutschen kennen. Heino polarisierte wie kein Zweiter: Das junge und intellektuelle Publikum konnte den blonden Barden nicht ausstehen, während vor allem ältere Menschen mit einem niedrigen Bildungsabschluss von ihm begeistert waren. Seine Beliebtheit und sein markantes Aussehen machten ihn zum mit Abstand meistparodierten deutschen Künstler.

Eine Parodie war es dann auch, die sich zu einer Art Vorbote für die Wandlung Heinos zum Kultbarden entwickelte. 1983 trat ein gewisser Norbert Hähnel zusammen mit der Punkband „Die toten Hosen" als „Der wahre Heino" auf, ohne dies jedoch als Parodie zu kennzeichnen. Plakate vermittelten den Eindruck, es handle sich um den echten Heino, was viele sei-

Jahrzehntelang galt Heino als Schnulzensänger für kleine Leute. Der Dreck, der ständig auf ihn geschüttet wurde, konnte nicht verhindern, dass er in den Achtzigern schließlich zur Kultfigur wurde.

ner Fans zum Besuch eines Tote-Hosen-Konzerts verleitete. Erst nachdem Hähnel sein Treiben gerichtlich untersagt wurde, hörte der Spuk auf. Die Hassliebe, die gerade viele Jugendliche gegenüber Heino pflegten, verstärkte sich durch diesen Vorfall noch. Doch gerade deswegen gab es nun erste Teenager, die sich – natürlich nicht ohne Ironie – als Heino-Fans bekannten.

Dass Heino es nicht nötig hatte, über eine Kopie eine völlig neue Fangemeinde zu erschließen, zeigte sich ein paar Jahre später. 1988 nahmen ein paar junge Musiker mit ihm Kontakt auf, die eine Rapversion von „Blau blüht der Enzian" abgemischt hatten und ihm vorschlugen, diesen Titel unter seinem Namen als Single zu veröffentlichen. Eigentlich eine unsinnige Idee, denn die Geschichte mit den Toten Hosen war noch in schlechter Erinnerung, und nun sollte sich Heino auf einmal selbst parodieren. Kein Wunder, dass ihm seine Berater dringend von diesem Unterfangen abrieten. Doch Heino ließ sich nicht irritieren und sagte zu. Die Platte wurde sofort ein Hit, und auf einmal kauften Leute Heino-Scheiben, die eine solche noch Wochen zuvor nicht einmal mit der Beißzange angefasst hätten. Heino war auf einmal Kult.

Erstaunlicherweise schadete der Ausflug ins Popgeschäft Heino nicht im Geringsten. Gleiches galt für die zunehmende Offenheit, die der Volkssänger nun an den Tag legte: In den zahlreicher werdenden Interviews nahm Heino kein Blatt vor den Mund, präsentierte sich selbstbewusst und zögerte auch nicht, sich selbst zu loben. Es ist zweifellos eine interessante, aber schwer zu beantwortende Frage, ob seine Fans sein neues Auftreten schätzten oder ob seine Markenpersönlichkeit inzwischen so stark war, dass es nicht auffiel, wenn er sich selbst nicht treu blieb.

Endgültig zur Kultfigur wurde Heino, als er 1996 erneut zeigte, dass er sich selbst nicht immer ernst nahm. Er trat in einem Werbespot für McDonalds auf und pries darin einen Doppel-Burger an („ein dickes Ding"). Der Spot erregte einiges Aufsehen und das „dicke Ding" wurde zum geflügelten Wort. Kurz darauf ging auf RTL II eine Fernsehserie mit dem Titel „Dicke Dinger" auf Sendung, in der es um witzige Werbespots ging, und Heino selbst nahm eine Single mit einem Titel dieses Namens auf. In einem weiteren Werbeauftritt, dieses Mal für den Kreditkartenanbieter American Express, sah man Heino 1999 geknebelt und an einen Baum gefesselt. Diese Pose erinnerte an den gallischen Barden Troubadix aus der Comicserie Asterix (siehe Kapitel 31), dessen Sangeskünste bekanntlich so schrecklich sind, dass er von seinen Stammesgenossen auf diese Weise am Singen gehindert wird.

Eigentlich darf ich dich ja nicht mögen, aber ich mag dich unheimlich gern.

Udo Lindenberg in Heinos Autobiografie

Seine Selbstironie gepaart mit einer wachsenden Popularität als Kultfigur für Jugendliche brachte Heino sogar ein Interview im Heavy-Metal-Magazin *Animalize* ein. „Klar, von der Musik her hat er in diesem Magazin nichts zu suchen", hieß es zur Einführung, „doch vom Kultfaktor her ist Heino nahezu unschlagbar." Heino nutzte die ungewöhnliche Chance und gab erneut Dinge zum Besten, die man dem Milchbubi von einst nicht zugetraut hätte. „Wie sich einer nennt, ist mir doch scheißegal und ungefähr so wichtig, als ob in Peking ein Fahrrad umfällt", schimpfte er, als die Sprache auf seinen Imitator Norbert Hähnel kam. Es interessiere ihn nicht, ob dieser sich „drei Brillen sonstwo hinklemmt“, und im Übrigen gehe ihm das „doch so was von am Arsch vorbei“. So viel Direktheit kam selbst bei den hartgesottensten Heavy-Metal-Freaks an.

Bis heute hat Heino etwa 50 Millionen Tonträger verkauft, in Deutschland sind es sogar mehr als von den Beatles. Über 1.000 Lieder hat er inzwischen aufgenommen, trat jedoch als Komponist oder Texter nicht in Erscheinung. Es sind also ausschließlich sein Erscheinungsbild und seine Stimme, die ihn zur Ikone machten. In deren Glanz sonnten sich auch Politiker wie Franz-Josef Strauß und Willy Brandt gerne, Letzterer galt sogar als Heino-Fan. Inzwischen sind die Pfiffe gegen ihn seltener, „Heino“-Rufe dagegen umso häufiger geworden. Viele sehen ihn als mythische Figur, vielleicht sogar er selbst, jedenfalls spricht er oft von sich in der dritten Person.

In seiner jetzigen Heimat Bad Münstereifel betreibt Heino seit 1996 sein „Rathaus-Cafe“ mit der Spezialität Haselnusskuchen. Seine neuerliche Neigung, seine traditionellen Fans durch ungewöhnliche Aktivitäten zu irritieren und sich dabei selbst ad absurdum zu führen, führte unter anderem zu einem Auftritt mit der exzentrischen Sängerin Nina Hagen. Dabei überraschte Heino mit einer einleuchtenden Begründung: „Musikalisch korrespondiere ich nun mal mehr mit Nina Hagen als mit dem Naabtal-Duo.“

Literatur

Heino: *Und sie lieben mich doch. Die Autobiografie.* Bastei Lübbe, Bergisch Gladbach 1996

Peter Lawandowski, Annette Ruprecht: „Das meiste ist einfach nur Mist“, *Stern* 3/1994

Sven Michaelsen: „Heino“, *Stern* 40/1995

Marika Schaertl: „Der war richtig billig“, *Focus* 5/1996

Internet

Offizielle Webseite von Heino: www.heino.de

Fan-Webseite: www.geocities.com/Hollywood/5991

Heino-Interview in *Animalize*: www.animalize.de/heino.html

41 Der Teufelsgeiger – Nicolo Paganini

Geburtsjahr:	1782
Todesjahr:	1840
Tägliches Übungspensum in seiner Jugend:	15 Stunden
Anzahl der von Paganini komponierten Violinkonzerte:	8

Wer denkt, Kultphänomene seien ein Kind des 20. Jahrhunderts, der hat sich noch nie mit dem Leben des italienischen Geigenvirtuosen Nicolo Paganini beschäftigt. Der aus Genua stammende Meisterviolinist setzte bereits in der ersten Hälfte des 19. Jahrhunderts seine Zeitgenossen auf eine Art und Weise in Verzückung, die man später bei den Beatles und Elvis Presley antraf. Doch damit nicht genug. Die Begeisterung um Paganini nahm sogar Formen an, die zum Glück heute nicht mehr üblich sind. So dichtete man dem Musikgenie düstere Legenden an, gegen die er vergeblich ankämpfte und die seine Ausnahmestellung dennoch untermauerten. Das schlimmste Gerücht von allen: Paganini, dessen Fähigkeiten für viele seiner Zuhörer über das Menschenmögliche hinausgingen, steckte nach Ansicht vieler seiner Zeitgenossen mit dem Teufel unter einer Decke.

Wie praktisch alle anderen bekannten Musikgenies, so ist auch Paganini von frühester Kindheit an mit der Musik aufgewachsen. Geboren wurde er als eines von sechs Geschwistern 1782 in Genua, wo sein Vater Hafenarbeiter war und den bescheidenen Unterhalt der Familie als Musikant und Instrumentenhändler aufbesserte. Bereits mit fünf Jahren spielte Paganini auf einer Mandoline seines Vaters, kurz danach kam die Geige dazu. Paganini senior erkannte schnell das Talent seines Sohnes und beschloss, diesen mit unglaublicher Strenge zu einem Geigenvirtuosen zu formen. Mit Schlägen und Essensentzug zwang er den kleinen Nicolo, von morgens bis abends zu üben. Trotz dieses Zwangs entwickelte Paganini eine große Begeisterung für sein Instrument.

Mit acht Jahren komponierte Paganini sein erstes Stück und trat mit neun erstmals öffentlich auf. Er wurde schnell als Wunderkind gefeiert. Er erhielt zwar Unterricht von einigen Genueser Geigern, in den Genuss einer Ausbildung durch einen großen Meister kam Paganini jedoch zunächst nicht. Erst 1795 schickte ihn sein Vater zu einem bekannten Geigenlehrer nach Parma, doch dieser stellte schnell fest, dass er seinem hochbegabten Schüler nichts mehr beibringen konnte. So musste Paganini alleine versuchen, seine Fähigkeiten weiter zu verbessern. Dies tat er, indem er täglich bis zu 15 Stunden Geige spielte, wobei sein Vater nach wie vor großen Druck ausübte.

Schon mit 15 Jahren feierte Paganini auf einer Tour durch Norditalien erste Konzerterfolge, denen schnell weitere folgen sollten. Dabei verdiente er genug Geld, um sich 1798 von seinem Elternhaus inklusive dem strengen Vater loslösen zu können. Doch die neugewonnene Freiheit hatte für Paganini auch ihre Schattenseiten, denn der Virtuose verfiel dem Glücksspiel. Teilweise verlor er an einem einzigen Abend die Gagen mehrerer Konzerte, und mindestens einmal musste er sogar seine Geige – also die Grundlage seiner Existenz – verpfänden, um Spielschulden begleichen zu können.

Zwischen 1802 und 1805 verschwand Paganini für drei Jahre aus der Öffentlichkeit. Es ist bis heute völlig ungeklärt, was sich in dieser Zeit im Leben des mittlerweile schon recht bekannten Geigenvirtuosen ereignet hat. Manche Quellen wollen wissen, dass Paganini diese Jahre in Gesellschaft einer ersten großen Liebe auf einem Schloss verbracht hat. Andere vermuten, dass sich der Meistergeiger zurückgezogen hat, um ungestört seine Fähigkeiten perfektionieren zu können. Paganini-Biograf Werner Fuld hält in seinem äußerst empfehlenswerten Buch „Paganinis Fluch“ jedoch beide Erklärungen für reine Spekulation und nennt noch eine dritte, die sich jedoch ebenfalls nicht beweisen lässt. Diese lautet, dass Paganini – vielleicht als Folge seiner Spielsucht – drei Jahre im Gefängnis verbrachte.

> **Wer Paganini nicht gehört hat, kann auch keine Ahnung von ihm haben.**
>
> **Theaterzeitung Wien 1828**

1805 tauchte Paganini plötzlich wieder aus der Versenkung auf und gab erneut mit großem Erfolg Konzerte. Die erste von vielen Frauen, die angesichts seiner Künste in Ohnmacht fiel, war der Überlieferung nach die Prinzessin von Lucca, eine Schwester des französischen Kaisers Napoleon. Die Prinzessin war derart von Paganini begeistert, dass sie diesen Ende 1805 als Hofviolinist engagierte. Am Hof seiner neuen Herrin in Lucca bei Pisa sowie an deren diversen anderen Wohnsitzen verbrachte Paganini die folgenden fünf Jahre. Zwar gewährte die Prinzessin ihrem Geiger, mit dem sie ein Liebesverhältnis begann, zahlreiche Privilegien, dennoch war die Arbeit für die sprunghafte, cholerische Adlige nicht einfach. So fiel Paganini in Ungnade und suchte am Neujahrstag 1810 das Weite.

Paganini nutzte seine Unabhängigkeit und gab als freischaffender Künstler wieder Konzerte in italienischen Städten. Damit begann seine große Zeit. Paganini spielte seine Geige in einer Art, die das Publikum noch nie gehört hatte. Mit unglaublicher Fingerfertigkeit meisterte er scheinbar mühelos die schwierigsten Stücke. Er variierte bekannte Weisen mit einer einzigartigen Virtuosität und präsentierte Eigenkompositionen, die damals kein anderer Geiger der Welt spielen konnte. Er intonierte drei- und sogar vierstimmig und erweckte damit den Eindruck, dass mehrere Geiger auf einmal spielten.

Paganini imitierte mit seiner Geige auf täuschend echte Weise andere Musikinstrumente sowie die Laute von Hunden, Eseln, Katzen und Vögeln. Riss eine Saite, was oft vorkam, dann spielte er mit den verbliebenen Saiten weiter, ohne dass sein Spiel darunter litt. Oft entfernte er sogar alle Saiten bis auf die G-Saite und spielte allein damit virtuose Stücke. In seinen Konzerten bot er außerdem an, auf Zuruf ihm unbekannte Musikstücke auf Anhieb perfekt zu spielen, was ihm so gut wie immer gelang. Selbst ein versehentlich auf dem Kopf stehendes Notenblatt gab er fehlerfrei wieder.

Kein Wunder, dass Paganini in diesen Jahren zu einer Kultfigur wurde. Wo er auftauchte, bildeten sich Menschenmassen, die den Star aus der Nähe sehen oder berühren wollten. Stieg er in einem Hotel ab, dann konnte er sein Zimmer kaum verlassen. Manche Verehrer näherten sich seinem Zimmer durch das Erklimmen der Fassade und sangen, um den Meister wenigstens kurz zu sehen, wenn er ans Fenster kam. In seinen Konzerten rissen sich Frauen die Kleider auf oder fielen gleich in Ohnmacht. Menschen beiderlei Geschlechts verfielen in Weinkrämpfe.

Die Begeisterung für Paganini nahm irrationale Züge an, die von keinem anderen in diesem Buch beschriebenen Kultphänomen bekannt sind. So hielten sich hartnäckig und gegen alle Dementis von Paganini Gerüchte, der berühmte Geiger habe wegen Mordes eine längere Zeit im Gefängnis verbracht. In Gefangenschaft – so die Legende – sei ihm die Geige als einziges Mittel zur Bekämpfung seiner Einsamkeit geblieben, wodurch er sich in einer langen Zeit des Übens seine ungewöhnlichen Fähigkeiten angeeignet habe. Zum Teil behauptete man auch, seine Aufseher hätten ihm drei der vier Geigensaiten abgenommen, um einen Selbstmord durch Erhängen zu verhindern, und so sei sein Spiel mit einer einzigen Saite entstanden.

Doch damit nicht genug. Das Geigenspiel von Paganini erschien seinen Zeitgenossen so unerklärlich, dass viele dachten, der berühmte Geiger stände mit dem Teufel im Bunde. Manche Konzertbesucher behaupteten gar, den Teufel leibhaftig neben dem Künstler auf der Bühne gesehen zu haben. Einige, die Paganini versehentlich berührten, bekreuzigten sich anschließend. Auftritte in Kirchen, seinerzeit einer der wichtigsten Schauplätze für musikalische Aufführungen, blieben Paganini durch seine vermeintliche Nähe zum Teufel verwehrt. Der für Paganini häufig verwendete Begriff „Teufelsgeiger“ wurde von seinen Zeitgenossen also durchaus wörtlich genommen.

Trotz oder gerade wegen dieser ungeheuerlichen Gerüchte waren seine Konzerte grundsätzlich ausverkauft. Im Laufe der Zeit erhöhte er die Eintrittspreise und verlangte meist ein Mehrfaches anderer Künstler, und trotzdem konnte er sich vor dem Ansturm von Besuchern kaum retten. Immer wieder musste er vor einem skeptisch eingestellten Publikum auftreten, das er innerhalb kürzester Zeit zur Raserei brachte. Nachdem Paganini zunächst in der Provinz sein Publikum faszinierte, wagte er sich 1813 erstmals an die berühmte Mailänder Scala, wo er erneut das Auditorium im Handstreich eroberte. Innerhalb einiger Wochen gab er elf weitere Konzerte an gleicher Stelle, bevor schließlich die politischen Verhältnisse in der Stadt sein Gastspiel beendeten. Paganini tourte weiter durch Italien und begeisterte überall die Massen.

Schon früh hatte Paganini allerdings mit Gesundheitsproblemen zu kämpfen. Er litt an der Syphilis, die man zur damaligen Zeit noch nicht wirksam bekämpfen konnte. Seine Therapieversuche mit Quecksilber und diversen Diäten – damals die üblichen „Gegenmaßnahmen" – dürften ihm dabei mehr geschadet als genutzt haben. Seine Leiden waren Paganini mit der Zeit immer deutlicher anzusehen, doch der Begeisterung um seine Person tat dies keinen Abbruch. Im Gegenteil: Als abgemagerte Gestalt mit kränklichem Gesicht wirkte Paganini erst recht wie ein unnahbarer Dämon und löste damit beim Publikum einen zusätzlichen Gruseleffekt aus.

Nachdem ihm eine Sängerin, die mit ihm Konzerte gab, 1825 seinen ersten und einzigen Sohn geboren hatte, dehnte Paganini 1828 seine Konzertreisen erstmals ins Ausland aus. Seine erste Station auf einer sechsjährigen Tournee außerhalb Italiens war Wien, wohin ihm sein Ruf längst vorausgeeilt war. Auch in der österreichischen Hauptstadt brach ein Paganini-Kult aus, der alle bis dahin bekannten Dimensionen sprengte. In seiner Paganini-Biografie berichtet Werner Fuld außerdem über einen schwunghaften Devotionalienhandel mit Produkten vom Zuckerguss-Paganini bis zum Spazierstock mit dem Porträt des Meisters. Nach Paganini-Vorbild trugen viele Wiener Frauen halb offene Zöpfe.

Wo unser Denken aufhört, da fängt Paganini an.
Unbekannter Zeitgenosse Paganinis laut „Paganinis Fluch" von Werner Fuld

Obwohl sich sein Gesundheitszustand weiter verschlechterte, setzte Paganini seine sechsjährige Europatournee fort. Es ist bewundernswert, wie der gefeierte Geigenvirtuose trotz aller Schmerzen, die er gespürt haben muss, die damals beträchtlichen Reisestrapazen auf sich nahm und klaglos ein Konzert nach dem anderen durchzog. Auch sonst galt Paganinis Lebenswandel als anspruchslos, obwohl er für seine Darbietungen hohe Honorare forderte und auch erhielt. So spielte er in Deutschland, Polen, Frankreich und England, und überall, wo er auftrat, grassierte das Paganini-Fieber. Damit wurde der gefeierte Virtuose zur ersten europäischen Kultfigur.

Als Paganini 1834 nach seiner sechsjährigen Europatournee nach Genua zurückkehrte, war seine Popularität ungebrochen. Gesundheitlich hatte er jedoch immer größere Probleme. Seine Sehkraft hatte inzwischen stark nachgelassen, durch eine Kehlkopftuberkulose konnte er kaum noch sprechen. So beendete der gefeierte Meister nun seine aktive Zeit, reiste jedoch 1837 noch einmal nach Paris, um sich dort – ohne Erfolg – an der Gründung eines Spielkasinos zu beteiligen. Die letzten beiden Jahre seines Lebens verbrachte Paganini in Marseille und Nizza, wo er 1840 starb.

Viel ist darüber gerätselt worden, wie es zum unglaublichen Kult um den Teufelsgeiger Paganini kommen konnte. Zweifellos waren seine außergewöhnlichen Fähigkeiten als Geiger, die alles bis dahin Bekannte übertrafen, der wichtigste Faktor. Neben seinem exzessiven Übungspensum in jungen Jahren spielte dabei zweifellos auch sein gigantisches Talent eine wichtige Rolle. Paganini hatte ein angeborenes absolutes Gehör, das selbst feinste Tonunterschiede herauszuhören vermochte. Seine zahlreichen Kompositionen, die zu seinen Lebzeiten meist nur er selbst spielen konnte, sind weit mehr als einfach nur Stücke, mit denen der Interpret seine Fingerfertigkeit demonstrieren konnte. Hinzu kommt, dass Paganini vermutlich am Ehlers-Danlos-Syndrom litt, einer Krankheit, zu deren Symptomen eine übergroße Beweglichkeit der Gelenke zählt. Dadurch gelangen ihm die unglaublichsten Griffe.

Darüber hinaus war Paganini jedoch zweifellos auch ein Showtalent, das ein sicheres Gespür für publikumswirksame Effekte hatte und auch vor Clownerien wie dem Imitieren von Tierstimmen nicht zurückschreckte. Der nachhaltige Eindruck, den seine Konzerte hinterließen, wurde von seiner kränklichen Gestalt noch unterstützt. Den Rest besorgten die Gerüchte: Als angeblicher Mörder und Verbündeter des Teufels wurde er für die Massen erst recht zum Faszinosum.

Es ist eine interessante Beobachtung, dass Paganini als einziges in diesem Buch aufgeführtes Kultphänomen untrennbar mit einer absurden Verschwörungstheorie und übernatürlichen Gerüchten verbunden ist. Dies ist vor allem deshalb erstaunlich, weil Verschwörungstheorien – etwa zur Mondlandung oder zum 11. September – in unserem Medienzeitalter weit verbreitet sind und auch Übersinnliches und Übernatürliches groß in Mode ist. Angesichts der Tatsache, dass Kult immer etwas Irrationales an sich hat, ist es durchaus erstaunlich, dass bisher noch niemand verbreitet hat, Elvis Presley stamme von einem anderen Stern, „Star Wars“ sei ein Tatsachenbericht oder der Citroën 2 CV sei in Wirklichkeit eine Erfindung der Nazis. Vielleicht hat die Menschheit ja seit dem frühen 19. Jahrhundert doch etwas dazugelernt.

Literatur

Werner Fuld: *Paganinis Fluch*. Schöffling & Co., Frankfurt 2001

42 Dark Lover – Rudolph Valentino

Geburtsjahr:	1895
Todesjahr:	1926
Teilnehmer an seinem Begräbnis:	zwischen 60.000 und 100.000
Anzahl der Filme:	36

Wer heute einen der Stummfilme des einstigen Hollywoodstars Rudolph Valentino (1895–1926) betrachtet, könnte einen solchen für eine Komödie halten. Die überzogene Mimik und Gestik der Schauspieler erinnern an Charlie Chaplin oder Buster Keaton, und die opulenten Kostüme, gepaart mit überdramatischen Handlungen, entbehren ebenfalls nicht einer gewissen Komik. Dabei waren die Filme von Valentino weder als Komödien gedacht, noch verstand sie die damalige erste Kinogängergeneration der Filmgeschichte so. Im Gegenteil: Valentino brachte seine zumeist weiblichen Anhänger regelmäßig zum Weinen.

Mit seinen Filmen stieg Valentino in den Jahren vor seinem allzu frühen

Rudolph Valentinos Filme wirken heute nur noch unfreiwillig komisch. In den zwanziger Jahren entfachten die Kinoauftritte des Italieners jedoch eine ungeheure Begeisterung und machten ihn zur ersten Kultfigur Hollywoods.

Tod zum ersten Superstar Hollywoods auf. Angesichts der unfreiwillig komischen Filmwerke, die Valentino hinterlassen hat, ist es aus heutiger Sicht kaum noch nachzuvollziehen, wie punktgenau der italienische Einwanderer den Nerv seiner Zeitgenossen traf und dadurch heftiger verehrt wurde als jeder andere Schauspieler nach ihm. Rudolph Valentino war die erste Kultfigur der Filmära und ist gemessen an den Reaktionen seiner Anhänger bis heute die größte geblieben.

Geboren wurde Rudolph Valentino 1895 im süditalienischen Castellaneta bei Tarent als Rudolfo Guglielmi. Sein Vater war Tiermediziner, Valentino wuchs in einer Mittelklassefamilie mit zwei Geschwistern auf. Im Alter von 15 Jahren wurde seine Bewerbung für eine Militärschule wegen körperlicher Defizite abgewiesen, was für den späteren Star der Anlass war, sich durch ständiges Training fit zu halten. Seine Fitness, die er dadurch erwarb, sollte sich später als gute Voraussetzung für seine Karriere erweisen. Dass er sich mit seinem hohen Zigarettenkonsum diesbezüglich keinen Gefallen tat, war damals noch nicht bekannt.

1913 wanderte Rudolph Valentino in die USA aus. Er schlug sich zunächst mühevoll mit Gelegenheitsjobs durch, wobei er auch als Tänzer arbeitete und dabei neben seinem Bewegungs- und Ausdruckstalent seinen ungeheuren Sexappeal nutzte. Frauen flogen geradezu auf den jungen, bildhübschen Italiener, obwohl oder gerade weil er keinen Macho, sondern einen sehr sanften, unaufdringlichen Typen verkörperte. Seine Attraktivität verschaffte ihm bereits 1915 eine erste Nebenrolle in dem unbedeutenden Film „My Private Wife". Heute wäre es für einen Tänzer und Schauspieler nahe liegend, sein Glück in Hollywood zu versuchen, doch damals steckte die Filmindustrie noch in den Kinderschuhen, und so landete Valentino erst 1917 über den Umweg San Francisco in der aufstrebenden Zelluloid-Metropole.

Valentino etablierte sich im Filmgeschäft und trat bis 1921 in etwa 20 Filmen als Nebendarsteller auf, wobei er oft einen Tänzer spielte. 1921 schließlich schaffte er mit seiner ersten Hauptrolle im Film „Four Horsemen of The Apocalypse" den Durchbruch und stieg noch im selben Jahr mit „The Sheik" zum Megastar auf. Damit begann der kurze, aber äußerst heftige Triumphzug des Rudolph Valentino, der fünf Jahre und 14 Filme dauerte. Weitere erfolgreiche Valentino-Streifen hießen „The Hooded Falcon", „The Eagle", „Cobra" und „Son of The Sheik", und mit jedem Leinwandauftritt wurde Valentinos Fangemeinde größer. Der gut aussehende Italiener wurde in Nord- und Südamerika sowie in Europa zum Star und entfachte dabei eine Begeisterung, wie sie die Welt noch nicht gesehen hatte. Frauen schmolzen dahin und vergossen ihre Tränen literweise, wenn sie ihren „Rudy" auf der Leinwand sahen. Als „Great Lover", „Latin Lover" oder „Dark Lover" feierte ihn die ekstatische Damenwelt.

Tango-Pirat, Gigolo, Puderquaste, Adonis – all diese Begriffe sind schon verwendet worden, um die Stummfilm-Ikone namens Valentino zu beschreiben.

Emily W. Leider, Valentino-Biografin

Über die Begeisterung, die Valentinos Filme auslösten, kann man sich heute nur noch wundern, denn längst wirken die Auftritte des gefeierten Helden nur noch komisch. Zur damaligen Zeit entsprachen sie jedoch dem Stand des Kinos. Das Spiel der Schauspieler war damals noch vom Theater geprägt und daher reich an Gestik und Mimik, und die im Stummfilm fehlenden Dialoge mussten die Darsteller ebenfalls durch Theatralik wettmachen. Die exotischen Figuren, die Valentino verkörperte – er trat beispielsweise als Scheich, Römer, Stierkämpfer oder antike Gottheit auf –, waren letztendlich nur eine Antwort auf die Sehnsüchte des Publikums und wurden nicht als kitschig empfunden. Auch die künstlich wirkenden Kulissen störten damals noch niemanden. Die Filmfirma Paramount, die Valentino zunächst unter Vertrag hatte (später war es United Artists), unterstützte die Ausnahmestellung ihres Stars zusätzlich dadurch, dass sie die weiblichen Rollen in seinen Filmen stets mit zweitklassigen Schauspielerinnen besetzte.

Vermutlich hatte die Begeisterung um Valentino im sechsten Jahr nach seinem Durchbruch noch nicht einmal ihren möglichen Höhepunkt erreicht, als dieser im August 1926 überraschend an den Folgen einer Bauchfellentzündung starb. Die Nachricht vom Tod ihres Idols traf seine riesige Fangemeinde bis ins Mark, und so manche Verehrerin vergoss noch mehr Tränen, als sie dies im Kino getan hatte. Beim Trauerzug anlässlich des Begräbnisses, der über den Broadway in New York führte, spielten sich tumultartige Szenen ab. Die Anzahl der Menschen, die den Weg säumten, wird von verschiedenen Quellen auf 40.000 bis 100.000 geschätzt. Der Verkehr in New York kam angesichts der Massenhysterie für mehrere Tage zum Erliegen. Mehrere Frauen versuchten, sich am Grab das Leben zu nehmen, es soll andernorts auch erfolgreiche Selbstmordversuche gegeben haben. In einem zweiten Begräbnis wurde der tote Star in Hollywood beigesetzt, wo noch bis zum Zweiten Weltkrieg regelmäßig Verehrerinnen in Trauerkleidung gesichtet wurden, die Blumen auf Valentinos Grab legten. Anlässlich Valentinos Geburtstag kamen alljährlich Tausende von Fans an seinem Grab zu einer Gedenkfeier zusammen.

> **Lasst die Rollos oben. Ich fühle mich gut. Ich will, dass mich das Sonnenlicht grüßt.**
>
> **Die letzten Worte Valentinos vor seinem Tod, aufgeschrieben von seiner Biografin**

Wie United Artists auf Valentinos Tod reagierte, zeigt, wie wenig Erfahrung man in Hollywood damals noch im Umgang mit Filmstars hatte. Das

Unternehmen versuchte, Valentino durch eine Art Doppelgänger zu ersetzen, und veranstaltete dazu einen weltweiten Ähnlichkeitswettbewerb. Der Sieger hieß Alberto Rabagliati und war ebenfalls Italiener, doch der Versuch, ihn als neuen Valentino zu platzieren, ging völlig daneben. Mehrere andere Schauspieler versuchten ebenfalls, dem verstorbenen Star nachzueifern, doch Valentino blieb unerreicht. Nach diesen Erfahrungen setzte sich in Hollywood die heute selbstverständlich scheinende Erkenntnis durch, dass es völlig aussichtslos ist, einen Star zu kopieren.

Obwohl auch Valentinos Karriere nicht ohne Affären wie beispielsweise eine kurze Inhaftierung wegen angeblicher Bigamie abging, zeigte dieser kaum Starallüren. Dennoch wäre es beinahe zu einem fragwürdigen Auftritt gekommen, nachdem die *Chicago Tribune* Valentino vorgeworfen hatte, den amerikanischen Mann zu verweiblichen. Daraufhin forderte der gekränkte Star den Verfasser des Artikels zu einem Boxkampf heraus, der möglicherweise sogar stattgefunden hätte. Zu diesem peinlichen Duell kam es jedoch nicht mehr, da Valentino zuvor starb.

Literatur

Emily W. Leider: *Dark Lover. The Life And Death of Rudolph Valentino.* Faber and Faber, London 2003

Internet

Valentino-Webseite: www.geocities.com/ffirudyfa

Epilog: Die Kultrangliste

RTL suchte mit Deutschland den Superstar, SAT.1 startete die „Star Search" und das ZDF ließ die Deutschen „Unsere Besten" wählen. Höchste Zeit also, dass nun auch die bedeutendsten Kultobjekte ihre Größe miteinander messen dürfen. Dies geschieht in diesem letzten Teil des Buchs in Form einer „Kultrangliste".

Doch wie kann man Kulterscheinungen überhaupt miteinander vergleichen? Natürlich ist dies schwierig und nur subjektiv möglich, weshalb der Autor für die folgenden Betrachtungen auch nicht den Anspruch der Unumstößlichkeit erhebt. Um die Sache dennoch so objektiv wie möglich zu gestalten, wurden verschiedene Kriterien aufgestellt, nach denen jedes in diesem Buch vorkommende Kultobjekt bewertet wird. Pro Kriterium erhalten die beschriebenen Fälle entweder 0 Punkte (Kriterium nicht oder kaum erfüllt), 1 Punkt (Kriterium erfüllt) oder 2 Punkte (Kriterium in besonderem Maße erfüllt). Am Ende werden die Punkte für jedes Objekt zusammengezählt, so dass sich eine Kultrangliste ergibt.

Die Kriterien

Insgesamt sind es 14 Kriterien, die zur Erstellung der Kultrangliste herangezogen werden. Auf eine Begründung, warum welches Kultobjekt für ein bestimmtes Kriterium eine bestimmte Punktzahl erhält, hat der Autor aus Platzgründen verzichtet. Dafür werden stets einige der Objekte mit ihrer Bewertung exemplarisch erwähnt. Hier also die Kriterien.

- **Fanklubs**: Viele Kultjünger organisieren sich in Fanklubs. Beim Citroën 2 CV gibt es beispielsweise besonders viele davon (deshalb 2 Punkte), bei „Dinner for One" ist dem Autor dagegen kein einziger bekannt (0 Punkte).

- **Veranstaltungen**: Kulte werden oft auf Veranstaltungen zelebriert. Da es zum Beispiel große Trabi-Treffen gibt, hat das DDR-Kultauto zwei Punkte erhalten, „Derrick“ dagegen mangels Derrick-Treffen keinen.
- **Rituale**: Ausgesprochene Kultrituale gibt es beispielsweise in den Fußballstadien, weshalb die beiden Fußballvereine Schalke 04 und FC St. Pauli in dieser Rubrik zwei Punkte erhalten.
- **Abgeleitete Produkte**: Der Star-Wars-Kult hat Mechandising-Produkte im Wert von Milliarden in Umlauf gebracht. Die Jeanshose hat in Kleidungsstücken wie Jacken und Blusen ihre Fortsetzung gefunden. Beide genannten Objekte erhalten daher zwei Punkte in dieser Kategorie. Rolex existiert dagegen ausschließlich als Uhr und geht deshalb leer aus.
- **Hysterie**: Viele Kultobjekte haben eine regelrechte Hysterie ausgelöst. Man denke nur an die Beatles, Elvis Presley oder Paganini. Sie alle haben deshalb zwei Punkte erhalten.
- **Lebensstil**: Harley-Davidson steht für einen Lebensstil, der von einem Teil der Kultanhänger auch praktiziert wird. Daher erhalten das Kult-Motorrad und einige andere Kultobjekte an dieser Stelle zwei Punkte. Asterix hat dagegen beim besten Willen nichts mit einem Lebensstil zu tun und erhält deshalb keinen Punkt.
- **Wirtschaftlicher Erfolg**: Da dieses Buch ein Wirtschaftsbuch ist, gilt der wirtschaftliche Erfolg eines Kultobjekts als positive Eigenschaft. Der VW Käfer bescherte seinem Hersteller Milliardenumsätze und erhält daher für dieses Kriterium zwei Punkte. Die Marke Rolls-Royce ist dagegen derzeit ein Zuschussgeschäft und muss sich deshalb mit null Punkten begnügen.
- **Masse**: Für dieses Kriterium gilt: Je größer der Anteil der Kultjünger in der „betroffenen“ Bevölkerung, desto mehr Punkte gibt es. Der Bayern-Hass erhält beispielsweise als echter Massenkult unter den Fußballfans zwei Punkte, während das Betriebssystem Linux wegen seiner wenigen Anwender keinen Punkt erhält.

- **Internationalität**: Einige Kultphänomene, wie etwa „2001: Odyssee im Weltraum" genießen weltweit eine große Verehrung und erhalten deshalb zwei Punkte. Die Fernsehserie „Ein echter Wiener geht nicht unter" geht dagegen als österreichisches Phänomen, das schon in den Nachbarländern kaum bekannt ist, leer aus.
- **Dauer**: Nahezu alle in diesem Buch beschriebenen Objekte wurden mindestens zehn Jahre lang verehrt. Ab 25 Jahren gibt es einen Punkt, und Objekte wie die Harley-Davidson, die offensichtlich einen Dauerkult ausgelöst haben, erhalten zwei.
- **Erweiterung**: Einen Kult von einem Objekt auf ein anderes zu übertragen ist nicht einfach. BMW ist es mit dem MINI jedoch gelungen, was zwei Punkte ergibt. Die meisten anderen Kultobjekte gehen dagegen diesbezüglich leer aus.
- **Sprache**: Dass viele Kultobjekte die Sprache beeinflusst haben, wurde bereits im Einführungskapitel erwähnt. Da dies bei Asterix in besonderem Maße gegeben ist, erhält der kleine Gallier zwei Punkte, während das wenig sprachbeeinflussende Betriebssystem Linux keinen Punkt erhält.
- **Alltagsleben**: Einflüsse von Kultobjekten auf das Alltagsleben sind vielfältig. Goethes „Werther" (2 Punkte) löste sogar eine Selbstmordwelle aus. Der Kultfilm „Das Leben des Brian" (0 Punkte) kann dagegen weder darauf noch auf eine andere Alltagsbeeinflussung verweisen.
- **Literatur/Film/Fernsehen**: Der Kultfilm „Casablanca" hat das Kino maßgeblich beeinflusst und ist oft zitiert worden, was zwei Punkte in dieser Rubrik ergibt. Der Apple-Computer erhält aus nahe liegenden Gründen keinen Punkt.

Die Kultrangliste

So also sieht sie aus, die Kultrangliste, in der die 42 größten Kultobjekte aller Zeiten aufgeführt sind:

	Fanklubs	Veranstaltungen	Rituale	Produkte	Hysterie	Lebensstil	Kommerzieller Erfolg	Masse	Internationalität	Dauer	Erweiterung	Sprache	Alltagsleben	Literatur / Film …	Summe
42. Jägermeister	0	1	0	1	0	0	2	0	1	0	0	0	0	0	**5**
41. DDR-Kultobjekte	0	1	0	2	0	1	0	1	0	0	0	0	1	0	**6**
40. Derrick	1	0	0	0	0	0	1	1	2	0	0	1	0	1	**7**
Ein echter Wiener geht nicht unter	0	0	1	0	0	0	1	2	0	1	0	2	0	0	**7**
Rudolph Valentino	0	0	0	1	2	0	2	0	1	0	0	0	0	1	**7**
37. Linux	2	2	0	0	0	1	1	0	2	0	0	0	0	0	**8**
Opel Manta	1	1	1	0	0	1	2	0	0	0	0	0	1	1	**8**
Wiener Opernball	0	2	1	0	0	1	1	0	0	2	0	0	0	1	**8**
Heino	1	2	0	0	0	0	2	1	0	1	0	0	0	1	**8**
33. Bayern München (Antikult)	0	0	2	0	0	1	0	2	0	2	0	1	0	1	**9**
2001: Odyssee im Weltraum	1	1	0	0	0	0	2	0	2	2	0	0	0	1	**9**
Mini	1	1	0	0	0	0	2	0	1	2	1	0	0	1	**9**
Per Anhalter durch die Galaxis	1	1	0	1	0	0	2	0	2	2	0	0	0	0	**9**
29. Rolls-Royce	1	1	0	1	0	1	0	1	2	2	0	0	0	1	**10**
Trabant	2	2	0	1	0	1	0	1	0	1	0	0	1	1	**10**
Werner	0	1	1	1	0	2	2	0	0	0	0	2	1	0	**10**

Rolex	0	0	0	0	0	2	2	0	2	2	0	1	0	1	**10**
Das Leben des Brian	0	0	1	0	1	0	2	0	2	2	0	2	0	0	**10**
Aldi	0	0	1	2	0	1	2	1	0	0	0	1	1	1	**10**
Fänger im Roggen	0	0	1	0	0	2	1	1	1	2	0	1	0	1	**10**
Dinner for One		0	2	0	0	0	1	1	1	2	0	2	0	1	**10**
Casablanca	0	0	0	0	0	0	2	0	2	2	0	2	0	2	**10**
20. Apple-Computer	2	2	0	1	0	1	1	0	2	2	0	0	0	0	**11**
Oktoberfest	0	2	2	0	0	0	2	1	1	2	0	1	0	0	**11**
Werther	0	0	2	1	0	2	2	0	1	1	0	0	0	2	**11**
Heidi	0	0	1	2	0	1	2	1	1	2	0	0	0	1	**11**
Nicolo Paganini	0	2	0	1	2	0	2	1	1	1	0	0	0	1	**11**
15. Citroën 2 CV	2	2	0	0	0	2	2	0	1	1	0	0	1	1	**12**
Blues Brothers	0	1	2	1	1	0	2	0	2	2	0	0	0	1	**12**
Rocky Horror Picture Show	1	1	2	1	0	0	2	0	2	2	0	1	0	0	**12**
12. Levi's 501	0	0	0	0	0	2	2	2	2	2	0	0	2	1	**13**
Asterix	1	1	0	1	0	0	2	1	2	2	0	2	0	1	**13**
18. FC Sankt Pauli	2	2	2	2	1	2	0	1	0	2	0	0	0	0	**14**
Harley-Davidson	2	2	1	1	0	2	1	0	2	2	0	0	0	1	**14**
Schalke 04	2	2	2	2	1	1	1	1	0	2	0	0	0	0	**14**
7. VW Käfer	2	2	0	1	0	0	2	0	2	2	1	0	1	2	**15**
Herr der Ringe	2	2	0	2	0	0	2	0	2	2	1	1	0	1	**15**
5. Beatles	1	2	1	1	2	1	2	1	2	1	0	0	1	1	**16**
4. Elvis Presley	1	2	1	1	2	1	2	1	2	2	0	0	1	1	**17**
3. James Bond	1	1	0	2	2	0	2	1	2	2	1	2	1	2	**19**
2. Star Wars	2	2	1	2	2	1	2	1	2	2	1	1	1	2	**22**
1. Star Trek	2	2	1	2	2	1	2	1	2	2	2	2	1	2	**24**

Die Nummer eins der Kultrangliste heißt damit „Star Trek", bekannt auch unter dem deutschen Namen „Raumschiff Enterprise". Zweifellos handelt es sich dabei um einen würdigen Sieger, denn der Enterprise-Kult ist gigantisch und hält sich nun schon seit Jahrzehnten ungebrochen. Dass auf Platz zwei mit „Star Wars" ein weiterer Science-Fiction-Kult folgt, zeigt, welche wichtige Rolle dieses Genre im Kultbereich spielt. Der kultigste Musiker heißt Elvis Presley, während der VW Käfer das Auto mit dem größten Kultfaktor ist. Überraschend ist sicherlich die Platzierung des FC St. Pauli als ebenso kultiger Fußballverein wie Schalke 04. Auf Platz 41 und 42 finden sich mit den DDR-Kultprodukten und Jägermeister zwei Objekte, deren Kult noch entwicklungsfähig ist, weshalb ein Aufstieg in höhere Sphären durchaus möglich erscheint. Auch sonst ist die Kultrangliste natürlich alles andere als endgültig, da sich in der Welt des Kults zweifellos noch viel tun wird. Sicher ist dabei nur eines: Der Kult um den Kult wird bestehen bleiben.

Bildnachweis

S. 21: Apple
S. 26: Citroën
S. 34: Harley-Davidson
S. 41: Jägermeister
S. 62: BMW
S. 77: Rolls-Royce
S. 88: Volkswagen
S. 94: picture alliance/kpa
S. 103: picture alliance/kpa
S. 113: picture alliance/kpa
S. 139: picture alliance/kpa
S. 145: picture alliance/kpa
S. 159: picture alliance/kpa
S. 173: picture alliance/kpa
S. 179: picture alliance/kpa
S. 189: picture alliance/kpa
S. 200: Ferienregion Heidiland
S. 221: picture alliance/kpa
S. 236: picture alliance/kpa
S. 243: picture alliance/kpa
S. 253: picture alliance/kpa

Stichwortverzeichnis

2001: Odyssee im Weltraum 149
20th Century Fox 134, 144

A

Adams, Douglas 9, 128, 213
Adler, Lou 133
Albrecht, Karl 156
Albrecht, Theo 156
Aldi 15, 17, 155
Algiers 102
Allison, Joan 102
Anderson, Pamela 172
Apple-Computer 15, 19
Assauer, Rudi 185
Asterix 22, 187
Atkinson, Rowan 95
Aykroyd, Dan 97

B

BAP 223
Bardot, Brigitte 36
Baumgart, Reinhard 194
Beamen 138
Beastie Boys 196
Beatlemania 227
Beatles 15, 17, 227, 246
Beaulieu, Priscilla 236
Beckenbauer, Franz 163
Becker, Boris 106, 162, 200
Belafonte, Harry 114
Belushi, John 97
Bendix, Ralf 240
Bergman, Ingrid 101
Bergquell Brauerei 84
Best, Pete 228
Blackpool 115
Blane, Rick 102
Blues Brothers 17, 96
BMW 77
Bogart, Humphrey 101
Böll, Heinrich 196
Bongiovi, John 36
Bostwick, Barry 134
Boulanger, Pierre Jules 25
Bowman, David 152
Brando, Marlon 33, 46
Brandt, Willy 245
Broccoli, Albert 92
Brosnan, Pierce 93
Brown, James 99
Burkhard, Ingrid 121
Burnett, Murray 102
Buster, Dolly 172

C

Casablanca 16, 101
Casino Royale 92
Caulfield, Holden 194, 210
Chaplin, Charlie 252
Chapman, Graham 126, 213
Chapman, Roger 223
Charles, Ray 99
Cher 36
Citroën 2 CV 9, 14, 17, 25
Citroën, André 24
Clarke, Arthur C. 150
Clavier, Christian 191
Cleese, John 126
Connery, Sean 92
Cooper, John 62
Coppola, Francis Ford 144
Curry, Tim 134

D

Dalton, Timothy 93
Das Leben des Brian 9, 15, 125
DDR-Kultobjekte 65
de Gaulle, Charles 71

Dean, James 46, 197
Deep Thought 215
Dent, Arthur 213
Depardieu, Gérard 191
Depp, Johnny 195
Derrick 15, 106
Deutinger, Erika 121
Die Leiden des jungen Werther 208
Dietrich, Marlene 75
Dinner for One 16, 17, 111
Disney, Walt 87, 102
DJ Ötzi 172
Domingo, Placido 172
Don Quijote 107
Dudu 87
Dumas, Alexandre 211
Dunkhase, Heinz 115

E

Eco, Umberto 108
Ein echter Wiener geht nicht unter 17, 18, 119
Emily 76
Ente 25
Epstein, Brian 228

F

Falco 172
Faust, Volker 210
FC Bayern München 161
FC St. Pauli 17, 176
Feldmann, Rötger 219
Fierek, Wolfgang 36
Fischer, Ralf Michael 151
Fleming, Ian 91
Fonda, Peter 34, 36
Ford, Henry 75
Franckh, Pierre 110
Frank-N-Furter 133
Frankenfeld, Peter 115
Franklin, Aretha 99
Frinton, Freddie 112
Fuld, Werner 247

G

Gates, Bill 20, 53, 195
George, Götz 107
Gilliam, Terry 126
Gleitze, Mercedes 71
Goethe, Johann Wolfgang von 208
Goscinny, René 187
Gott, Antony 76
Gottschalk, Thomas 172
Graceland 235
Graf, Steffi 106
Grant, Cary 92
Guns 'n' Roses 196
Gürtler, Elisabeth 172
Gysi, Gregor 12

H

Haas, Robert D. 47
Hagen, Nina 245
Hahne, Wilhelm 74
Hähnel, Norbert 242
HAL 152
Haley, Bill 196, 234
Hallervorden, Dieter 124
Harley-Davidson 14, 23, 32
Harrison, George 129, 227
Heidi 15, 198
Heiniger, André 71
Heiniger, Patrick 73
Heino 17, 239
Henreid, Paul 104
Henze, Holger „Holgi“ 219
Herbie 87
Herr der Ringe 202
Heynckes, Jupp 162
Hinterberger, Ernst 120
Hipke, Peter 83
Hitler, Adolf 86
Hobbit 203
Hoeneß, Uli 162, 181

Holender, Ioan 172
Hooker, John Lee 97, 99
Hopper , Dennis 34
Horn, Guildo 36
Horten, Heidi 171
Hyams, Peter 152

I

Idle, Eric 126
Internationales Trabant-Register e.V. 83
Issigonis, Alec 60

J

Jackson, Peter 206
Jägermeister 17
James Bond 15, 16, 91
James-Bond-Filme 9
Jeanshose 17
Jobs, Steven 20
Jockel, Klaus 100
Joel, Billy 195, 238
Jones, Terry 126
Julius Cäsar 192
Jürgens, Udo 172
Jusits, Rudolf 123

K

Kaempfe, Hasso 42
Kazan, Elia 197
KdF-Wagen 86
Keaton, Buster 252
Kennedy, John F. 71
Kenobi, Obi-Wan 145
King, Ben E. 47
Kipling, Rudyard 75
Kirk, James T. 138
Klein, Harry 106
Kleist, Heinrich von 211
König, Franz 122
Kremer, Peter 110
Krieg der Sterne 9, 16
Kubrick, Stanley 149
Kultrangliste 257
Kuzorra, Ernst 183

L

Laszlo, Victor 103
Lawrence, T. E. 75
Lazenby, George 93
Lennon, John 79, 195, 227
Leno, Jay 36
Leukoplastbomber 82
Levi's 501 44
Libuda, Reinhard „Stan“ 184
Lindenberg, Udo 12
Linux 22, 49
Lippert, Wolfgang 69
Lorant, Werner 223
Loren, Sophia 172
Lorenz, Wolfgang 122
Lucas, George 143
Ludwig von Bayern 166
Lugner, Richard 172

M

Mac 19
MacIntosh 19
Madonna 195
Maffay, Peter 36
Mai-Käfer-Treffen 89
Maier, Sepp 163
Majors, Brad 133
Management-Buy-outs 35
Martin, Steve 98
Mast, Günter 39
Mauritius Brauerei 84
Max I. Joseph von Bayern 166
Mayr, Stefan 113
McCartney, Paul 2 27
Meatloaf 134
Merkatz, Karl 121
Messner, Reinhold 71
MGM 102

Microsoft 49
Miller, Karl 177
Mini 18, 60, 64
Mittag, Günter 82
Monroe, Marilyn 46
Monty Python 9, 125, 213
Monty Python's Flying Circus 127
Morrison, Van 196
Mörwald, Regina 148
Müller, Gerd 163
Müllers Büro 7
Münchener Oktoberfest 17
Myers, Mike 95

N

Nestroy, Johann 211
New Beetle 18, 89
Newman, Paul 71
Nicholson, Jack 34
Nielsen, Leslie 95
Nikolai, Friedrich 211
Nimoy, Leonard 140
Nixon, Richard 71
Nowitzki, Dirk 162

O

O'Brien, Richard 132
Ockermüller, Kurt 124
Ode, Erik 107
Oktoberfest 166
Ono, Yoko 231
Opel Manta 54

P

Paganini, Nicolo 246
Palin, Michael 126
Pansa, Sancho 107
Paprota, Astrid 159
Paramount Studios 140
Parker, Tom „Colonel" 234
Paulick, Otto 179
Per Anhalter durch die Galaxis 9, 13, 212
Piccard, Jean-Luc 142
Piper, Heinz 116
Plenzdorf, Ulrich 196, 211
Poole, Frank 152
Porsche, Ferdinand 86
Prefect, Ford 213
Presley, Elvis 17, 33, 46, 233, 246
Prinz Ernst August von Hannover 36
Prinzessin Therese von Hildburghausen 166

R

Rains, Claude 104
Raumpatrouille Orion 138
Raumschiff Enterprise 9, 18, 137
Reagan, Ronald 101
Reinecker, Herbert 107
Renault, Louis 104
Rennpappe 80
Rocky Horror Picture Show 9, 15, 17, 131
Roddenberry, Gene 137
Rolex 70
Rolls, Charles 75
Rott, Klaus 121
Royce, Henry 75
Rudolph Valentino 14, 18
Ryder, Winona 195

S

Sachs, Gunter 171
Sachs, Lo 171
Sackbauer, Edmund „Mundl" 120
Salinger, Jerome D. 193, 210
Saltzman, Harry 92
Sampras, Pete 195
Saturday Night Live 97
Schalke 04 176, 182
Schenk, Otto 120
Schimanski, Horst 107
Schneider, Regina 159
Schönfeld, Eike 197

Schröder, Gerhard 106
Schulte, Helmut 178
Schumacher, Michael 106
Schwabenitzky, Reinhard 119
Schwarzenegger, Arnold 36
Scott, Montgomery 138
Shatner, William 138
Siemens, Jochen 197
Simon & Garfunkel 196, 238
Simon, Paul 238
Skywalker, Luke 145
Solo, Han 145
Spielberg, Steven 153
Springsteen, Bruce 36
Spyri, Bernhard 198
Spyri, Johanna 198
Star Trek 9, 137
Star Wars 9, 143
Starr, Ringo 228
Stein, Thomas M. 37
Strauß, Franz-Josef 175, 245
Strauss, Levi 44
Stumph, Wolfgang 69, 84
Sykes, Charles 76
Szepan, Fritz 183

T

Tappert, Horst 106
Tesche, Siegfried 93
Tolkien, J. R. R. 202
Torvalds, Linus 50
Trabant 16, 17, 65, 80
Trabi 10
Troubadix 244
TSV 1860 München 176

U

Uderzo, Albert 187
Ulbricht, Walter 81
Universal Pictures 99

V

Vader, Darth 145
Valentino, Rudolph 252
Vercingetorix 188
Vickers 77
Volkswagen 86
VW 77
VW Käfer 15, 17, 18, 85

W

Wächter, Alexander 121
Warden, May 112
Warner Brothers 102
Weichmann, Christian 205
Weimar, Karlheinz 36
Weiss, Janet 133
Wepper, Fritz 106
Werner 14, 15, 218
Wernesgrüner 84
Werther 208
Wicki, Bernhard 120
Wiener Opernball 170
Wiesn 166
Williams, John 145
Wilsdorf, Hans 70
Wimmer, Thomas 167
Wolfsburg 87
Woodstock 221
Wozniak, Steven 20
Wylie, Lauri 113

Z

Zeffirelli, Franco 129
Zuhause 35
Zweiundvierzig 215
Zwickau 80
ZZ Top 36